中经金课通识类专业精品课程
新时代高等教育创新型教材

U0993567

卫生健康类
大学生就业指导

主　编　刘峻齐　崔红光　张立萍
副主编　崔健鑫　秦　雨　董　康
参　编　秦光丽　刘　璐　张爱华
魏　巍　刘园园　张晓雪
蒋　正　孙　洋　尹学磊
郑　磊　辛　月　张　斌
隋华磊　丁　洁　汪德玺
李京献　王　连　侯　阳

中国经济出版社
CHINA ECONOMIC PUBLISHING HOUSE

图书在版编目（CIP）数据

卫生健康类大学生就业指导 / 刘峻齐，崔红光，张立萍主编. -- 北京 : 中国经济出版社，2024. 12.

ISBN 978-7-5136-8040-0

Ⅰ. G647.38

中国国家版本馆CIP数据核字第2024CB3718号

选题策划　雷　生
责任编辑　彭　欣
责任印制　李　伟
封面设计　牧野春晖

出版发行　中国经济出版社
印 刷 者　北京科信印刷有限公司
经 销 者　各地新华书店
开　　本　787 mm×1092 mm　　1/16
印　　张　12
字　　数　291 千字
版　　次　2024 年 12 月第 1 版
印　　次　2024 年 12 月第 1 次
定　　价　49.80 元
广告经营许可证　京西工商广字第 8179 号

中国经济出版社　网址 www.economyph.con　社址　北京市东城区安定门外大街 58 号　邮编　100011
本版图书如存在印装质量问题，请与本社销售中心联系调换（联系电话：010-57512564）

前言

PREFACE

就业是高校毕业生面临的重要问题，随着我国经济迅速发展及高等院校的不断扩招，大学生就业形势越发严峻。教育部与人力资源和社会保障部数据显示，2025年全国普通高校毕业生预计达到 1 222 万人。2024 年 9 月，中共中央、国务院发布的《关于实施就业优先战略　促进高质量充分就业的意见》，明确提出二十四条实实在在的措施，持续促进大学生就业质的有效提升和量的合理增长。这是新时代以来，首次从中央层面出台的促进就业的指导性文件。促进高校毕业生高质量充分就业，是新时代就业工作的新定位、新使命。党的二十届三中全会强调，高校毕业生等青年群体是就业工作的重中之重，它一头连着万家灯火，另一头系着经济大局。同时，中共中央、国务院印发的《“健康中国 2030”规划纲要》推进健康中国建设，将卫生与健康事业发展摆在经济社会发展全局的重要位置。在此背景下，对于卫生健康类大学生来说，合理的择业至关重要。为更有效地应对我国当前就业形势，我们以科学性、系统性、针对性、操作性为原则，对择业过程进行优化和调整，确保高校毕业生基于自身实际情况设定合理的职业目标，最终实现高质量就业。

《卫生健康类大学生就业指导》一书紧扣新时代人才培养的要求，为大学生提供全方位、科学的就业指导，旨在激发大学生职业生涯发展的自主意识，树立正确的就业观，促使其理性规划未来发展，自觉提升职业生涯管理能力，增强就业竞争力，让无业者有业、有业者敬业、敬业者乐业、乐业者创业。本书立足医学特色与学校实战案例，深入剖析提升大学生就业之策。

本书内容分为认清形势——大学生就业环境、生涯觉醒——开启职业人生航程、自我定位——点亮职业蓝海灯塔、心理调适——筑就职场坦途、职业能力培养——驶向职业成功彼岸、打造名片——大学生求职材料准备、职场敲门砖——大学生就业信息收集、决胜职场——大学生求职技巧、开启征程——大学生就业手续、规避风险——大学生就业权益等十个模块，结构合理，内容全面。

本书的特色之处体现在以下四个方面：

1. 内容系统全面，构建了完整的知识体系。理论知识与典型医学案例相结合，凸显应用型人才培养特色。以“案例 + 分析”的方式构建主要内容，增强本书的趣味性和可操作性，让大学生通过对案例的思考，提升在就业过程中分析和解决问题的能力。

2. 图文并茂，注重实践应用。结合大数据和新时代背景下大学生就业新特点，以数据和图表分析当今大学生就业特点，尤其采用“自我定位”模块引导大学生思考未来职业生涯，不同于以往单纯解决就业的内容。

3. 内容针对性强，就业导向明确。结合新时代背景和国家的就业政策，以大学生为根本，从求职过程出发，涵盖求职中可能遇到的各个阶段关键性问题，“想学生之所想，做学生之所需”。

4. 融入课程思政，提升人文素养，强化立德树人，为党培养合格人才，为党培育有用之才。本书编写团队由高等院校一线优秀辅导员组成，将课程思政融入教材。

本教材由潍坊护理职业学院与山东优众职汇教育科技有限公司联合编写，作为“产教融合、校企合作”的创新成果，教材深度结合卫生健康行业需求与院校教学实践，通过校企共建课程体系并共享实训资源。本教材教学内容能让学生精准对接产业岗位，助力学生实现“入学即上岗，毕业即就业”的育人目标。

本书遵循适用性、时代性、可操作性的指导思想，集理论、案例与实训于一体，既可作为高等院校毕业生就业指导的专用教材，也可作为对医学类就业领域感兴趣的从业人员或普通读者的参考书籍。

编　者

2024 年 10 月

目录

CONTENT

第一章　认清形势——大学生就业环境

第一节　我国大学生当前就业形势

我国大学生当前就业面临挑战性、复杂性，同时也具备众多新机遇、新发展前景。本节主要从就业规模与压力、市场需求与发展机遇、政府与社会支持、就业观念与偏好四个方面进行阐释。

一、就业规模与压力

全国2024届普通高校毕业生人数达到1 179万人，突破新高；2025届普通高校毕业生人数将达到1 222万人，比上年增加43万人，毕业生群体体量庞大，竞争压力依然巨大。随着高等职业教育的发展，医学生人数快速增加，造成的就业难问题越发突出。例如，医护岗位数量相对减少，市场准入制度的存在，以及国有大中型医院更倾向选择高学历或有经验的毕业生，而二级以下医院与民营医院虽然需要大量高素质人才，但待遇相对较低对毕业生吸引力不足，等等。2024年政府工作报告指出："要突出就业优先导向，加强财税、金融等政策对稳就业的支持，加大促就业专项政策力度。落实和完善稳岗返还、专项贷款、就业和社保补贴等政策，加强对就业容量大的行业企业支持。""要强化促进青年就业政策举措，优化就业创业指导服务。"

二、市场需求与发展机遇

新质生产力与传统生产力相比，发生了质变。数智经济、新业态、新模式的产生使传统产业受到冲击，对高校毕业生整体素质提出更高要求。部分高校毕业生因专业新知识及技能匮乏，无法胜任新的工作模式。新质生产力引发市场需求的转变，并对高校毕业生就业能力提出新的要求。尽管面临压力，但当前就业市场也存在诸多机遇。例如，健康中国背景下智慧养老、国际人才合作培养成为新的就业增长点，医药企业的健康发展对于扩大就业、缓解就业结构性矛盾有着举足轻重的作用。

三、政府与社会支持

政府高度重视高校毕业生的就业创业工作。2024年5月14日，由教育部、人力资源和社会保障部联合召开的全国普通高校毕业生等青年就业创业工作视频会议提出："要持续挖潜拓宽高校毕业生就业渠道，稳住存量岗位，扩大增量规模帮助毕业生尽早实现就业。""各地各部门各高校要加强组织领导，强化责任落实，加大政策支持，狠抓督促检查，做好宣传引导，确保完成高校毕业生就业目标任务"，社会各界也要积极参与到促进高校毕业生就业的行动中来，共同打造支持高校毕业生就业的良好局面。

政府不断完善就业服务体系，提供个性化、适切性就业指导服务。学校优化就业创业服务，健全学生的就业实习和见习制度，帮助创业学生解决好缺资金、缺场地、缺经验等问题，做好"三支一扶"计划、西部计划等的宣传、报名工作。

四、就业观念与偏好

智联招聘网站发布的《2024年大学生就业力调研报告》指出：随着国内经济转型升级和新就业形态的快速发展，高校毕业生的选择更加多元。自由职业、慢就业比例上升，越来越多的大学生择业观念发生变化，通过自由职业实现自我价值。求稳心态明显，考公、考编、考研热度不减，慢就业、缓就业等现象持续存在。期望进入国企工作的应届生比例持续上升，反映出毕业生对稳定工作的强烈需求。

综上所述，我国大学生当前就业虽然面临一定的挑战和压力，但政府、社会、高校及用人单位都在积极应对并努力创造更多就业机会。通过各方共同努力，能够切实有效缓解就业压力并推动高校毕业生高质量充分就业。

案例

山东高校毕业生就业质量年度报告

山东省2014—2018年连续5年发布就业质量年度报告。各年度报告对本年度就业情况进行汇总统计，包含毕业生基本情况、毕业生就业市场分析、毕业生就业情况调查分析、近5年毕业生就业发展趋势等内容。山东省内高校建立了就业质量年度报告制度，对毕业生的就业情况进行了综合分析与数据统计，便于对年度就业情况进行宏观把握，利于对来年就业工作进行引导与总体布局。

以职业院校W为例，截取其2021—2024年毕业生就业质量年度报告部分内容，便于同学们对就业质量年度报告形成初步认识。

1. 毕业去向分布

按照教育部有关高校毕业生毕业去向统计标准，W学校2024届毕业生中，就业3 660人，占毕业生总人数的72.42%；升学739人，占毕业生总人数的14.62%。具体毕业去向见表1-1。

表 1-1　2024 届毕业生毕业去向

一级分类	二级分类	毕业去向
就业	单位就业	签就业协议
		签劳动合同
		其他聘用形式
		科研（管理）助理
		应征义务兵
		国家基层项目
		地方基层项目
	自主创业	自主创业
	自由职业	自由职业
升学	升学	境内升学
		境外留学

2. 升学

W 学校 2023 届毕业生境内升学 604 人，境外深造 14 人；其中境内升学毕业生进入 26 所省内高校继续深造。2024 届毕业生中，境内升学 739 人，占毕业生总人数的 14.62%，境外深造 8 人；其中境内升学毕业生进入 31 所省内高校继续深造。2023 届和 2024 届毕业生流入省内高校排名见表 1-2、表 1-3。

表 1-2　2023 届毕业生境内升学流向 TOP10

序号	升学高校名称	升学人数 / 人	所占比例 /%
1	齐鲁医药学院	113	18.99
2	青岛滨海学院	96	16.13
3	山东协和学院	70	11.76
4	齐鲁理工学院	56	9.41
5	山东英才学院	49	8.24
6	潍坊医学院	35	5.88
7	青岛黄海学院	35	5.88
8	青岛恒星科技学院	35	5.88
9	潍坊科技学院	34	5.71
10	烟台南山学院	19	3.19

表 1-3　2024 届毕业生境内升学流向 TOP5

序号	升学高校名称	升学人数 / 人	所占比例 /%
1	山东协和学院	119	16.28
2	青岛滨海学院	111	15.18
3	齐鲁医药学院	110	15.05
4	齐鲁理工学院	68	9.30
5	潍坊科技学院	60	8.21

3．就业行业流向

2022—2024 届毕业生就业行业流向排名前 3 位的是卫生和社会工作、批发和零售业、制造业。2022 届、2023 届、2024 届毕业生就业行业流向如图 1–1、图 1–2 和表 1–4 所示。

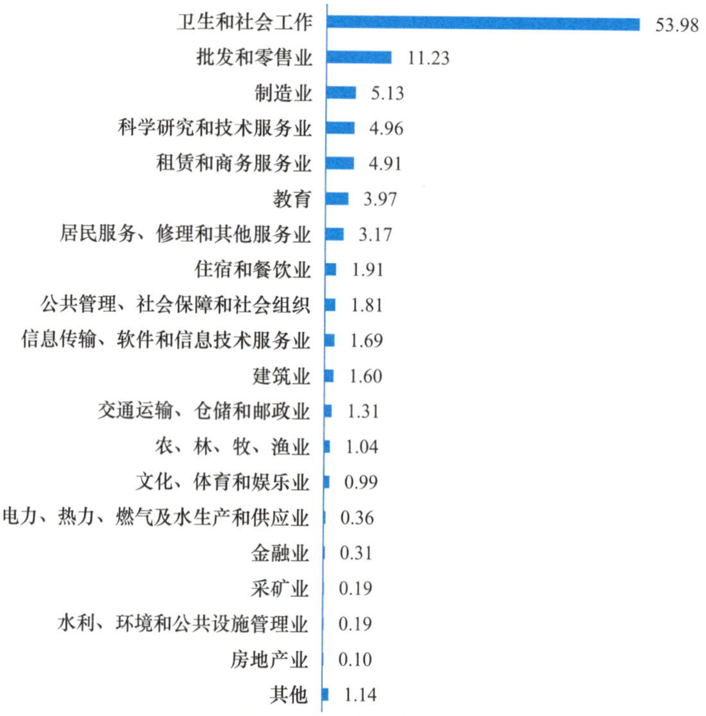

图 1–1　2022 届毕业生就业行业流向（单位：%）

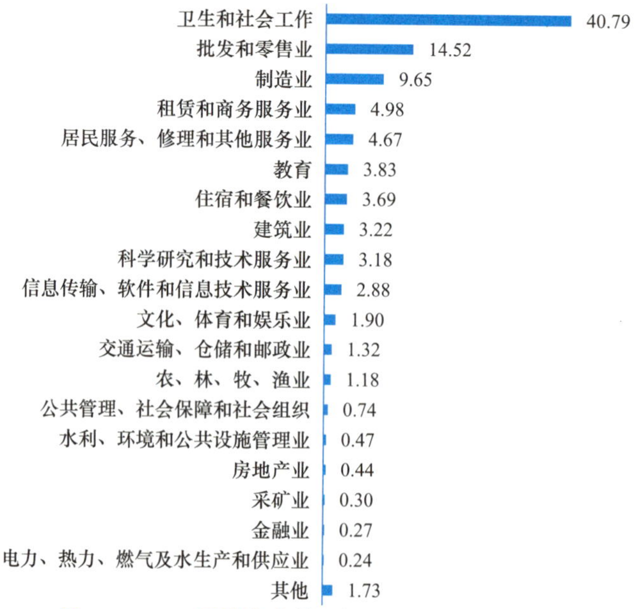

图 1–2　2023 届毕业生就业行业流向（单位：%）

注：上面所有调查数据均四舍五入后保留小数点后两位。

表 1-4　不同性别 2024 届毕业生就业行业流向

序号	行业名称	男生 / 人	女生 / 人	合计人数 / 人	所占比例 /%
1	卫生和社会工作	303	868	1 171	31.99
2	批发和零售业	160	528	688	18.80
3	制造业	148	308	456	12.46
4	租赁和商务服务业	58	180	238	6.50
5	居民服务、修理和其他服务业	48	149	197	5.38
6	科学研究和技术服务业	50	119	169	4.62
7	建筑业	39	100	139	3.80
8	信息传输、软件和信息技术服务业	39	81	120	3.28
9	教育	19	93	112	3.06
10	住宿和餐饮业	19	55	74	2.02
11	文化、体育和娱乐业	14	46	60	1.64
12	交通运输、仓储和邮政业	12	42	54	1.48
13	农、林、牧、渔业	15	38	53	1.45
14	房地产业	5	11	16	0.44
15	公共管理、社会保障和社会组织	5	9	14	0.38
16	水利、环境和公共设施管理业	3	9	12	0.33
17	金融业	3	5	8	0.22
18	电力、热力、燃气及水生产和供应业	2	5	7	0.19
19	采矿业	1	5	6	0.16
20	其他	56	10	66	1.80
	合计	999	2 661	3 660	100.00

4．用人单位对 W 学校毕业生的满意度

2024 年，W 学校对近 3 年招聘录用过该校毕业生的用人单位进行了满意度调查，共收回有效问卷 181 份。调查结果显示，用人单位对 W 学校毕业生的总体满意度、工作表现情况及综合素质能力等方面均给予了较高评价。用人单位对毕业生的总体满意度为 98.35%，对其政治素养、工作态度、专业技能、职业能力、发展潜力的满意度均达 96% 以上，如图 1-3 和图 1-4 所示。

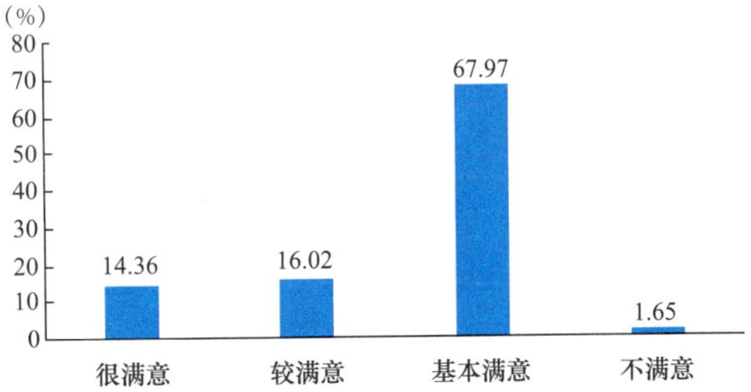

图 1-3　用人单位对 W 学校毕业生的总体满意度

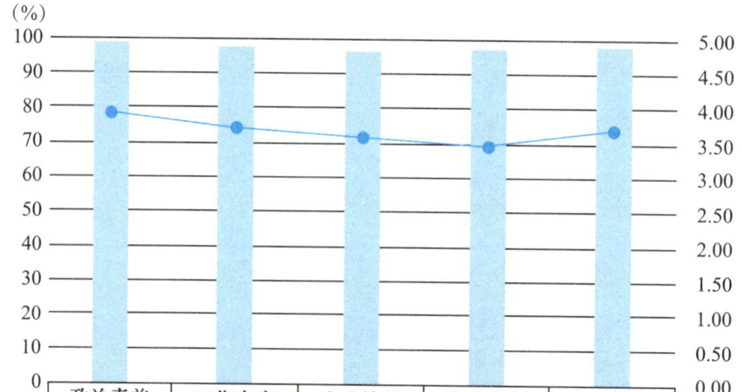

	政治素养	工作态度	专业技能	职业能力	发展潜力
满意度	98.90	97.79	96.69	97.24	98.35
均值	3.93	3.71	3.59	3.46	3.70

图 1-4　用人单位对 W 学校毕业生有关素质能力的满意度

W 学校对 2021 届毕业生求职过程中存在的不足进行了调查（本调查题项为多选）。调查结果显示，“缺乏社会经验”“就业期望值过高”和“实践能力差”是用人单位不满意的 3 个主要方面，比例分别为 41.83%、34.62% 和 29.81%，如图 1–5 所示。

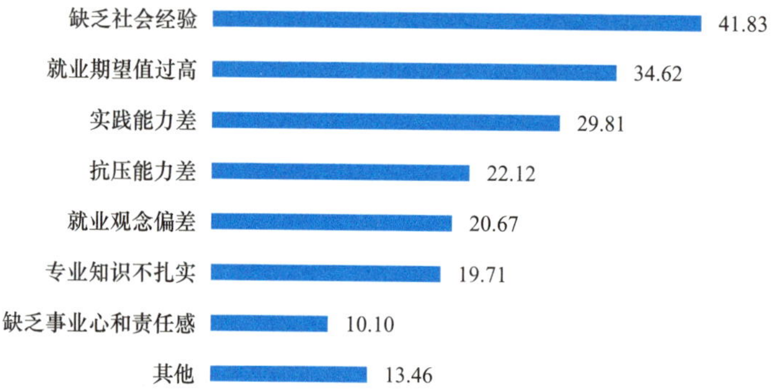

图 1–5　用人单位反馈 W 学校毕业生应聘时存在的不足（单位：%）

5. 毕业生素质提升

“适应社会能力”和“人际交往能力”是 W 学校 2023 届未就业毕业生最希望提升的两项基本能力，选择比例分别为 56.38% 和 50.67%。

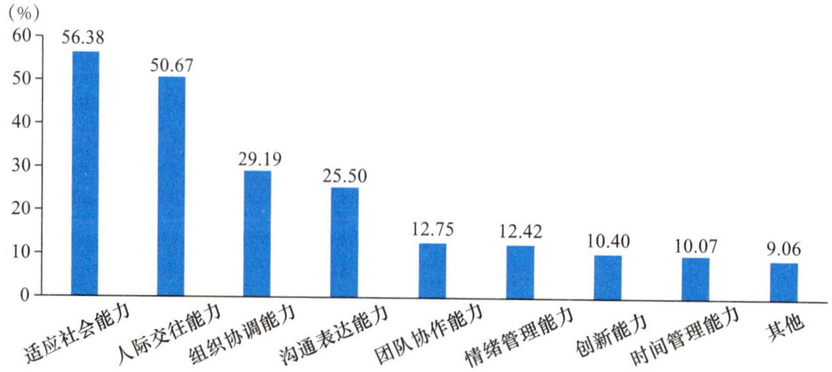

图 1–6　未就业毕业生希望提升的基本能力

第二节 影响大学生就业的主要因素

影响大学生就业的因素来自多方面，主要集中于全球化趋势与技术进步、政策环境、经济环境、地域差异、市场竞争、教育与技能匹配、社会关系网络、个人能力素质与心理因素等。

一、全球化趋势与技术进步

全球化带来国际竞争与合作，加速了国际人才流动，为大学生提供了更广阔的就业空间和机会，使大学生具备了更强的跨文化交流能力和国际视野。同时，全球化也带来了更大的挑战，技术的快速进步导致一些传统产业被更新迭代，新职业持续涌现，这要求大学生不断更新知识和技能以适应全球化。并且，伴随AI技术、人工智能的快速发展，一些传统行业可能会因受到冲击而逐渐萎缩，新兴行业则会崛起。

二、政策环境

政府的就业政策、创业扶持政策及对医疗行业的支持政策都会影响大学生的就业。例如，政府提供的就业指导服务、创业资金支持等有助于提高大学生的就业率。企业吸纳、基层就业、自主创业、能力提升、参军入伍、就业见习、就业服务、就业手续等相关政策对大学生的就业也会产生重要影响。

三、经济环境

当前全球经济环境复杂多变，国内产业结构调整加快，经济环境变化对大学生就业产生深远影响。我国产业结构调整带来了新职业和新岗位，为大学生提供了新的就业机会。大学生应该着眼新时代，根据国内外经济环境形成就业路径。

四、地域差异

不同地区的经济发展水平、产业结构和就业机会存在差异，这导致大学生在不同地区的就业难度和薪资水平存在较大差异。部分偏远地区由于经济发展滞后、教育资源匮乏等，导致大学生就业困难，因而需要引进更多优质毕业生参与到当地经济建设进程中。

五、市场竞争

随着职业教育的普及，大学生面临着日益激烈的就业竞争，部分热门行业和岗位的竞争尤为激烈，导致部分大学生难以找到理想的工作。同时，一些冷门行业和岗位则出现了人才短缺的现象。大学生需要应对来自同龄人及有经验的职场人士的竞争，即同一工作岗位可能会面临专科、本科、研究生不同学历的人才竞聘或求职。

六、教育与技能匹配

专业与市场需求之间的匹配程度是影响就业的重要因素。职业院校部分专业设置与市场需求脱节，导致毕业生就业难问题凸显。如果大学生的专业选择与市场需求不吻合，或者所学技能无法满足岗位要求，其就业难度就会增加。各高校目前以行业发展与市场需求为导向，正逐步淘汰陈旧落伍并与市场需要不符合专业，建立新兴专业，制订符合市场需求的专业与人才培养计划。

七、社会关系网络

社会关系网络在求职过程中扮演着重要角色。拥有广泛社会关系的大学生更容易获得就业信息和推荐机会，更具有竞争力。一方面，社会关系网络为大学生提供了更多的就业资源。通过家庭、朋友、老师、校友等社会关系，学生能够得到更多的就业推荐帮助，提高就业机会。另一方面，社会关系网络还为大学生提供了职业发展的支持与指导。通过与社会关系网络中的成功人士建立联系，大学生能够获得宝贵的职业经验和建议，有助于更完善地规划自己的职业道路。

八、个人能力素质与心理因素

包括专业知识、实践能力、沟通技巧、团队合作能力等在内的个人综合素质，是决定大学生能否成功就业的关键因素。同时，大学生的就业观念、职业期望、自我认知等心理因素也会影响就业决策和就业结果。

案例

案例一：多方合力让高校毕业生“就好业”

就业是关系国计民生的大事，关系到国家经济发展与社会稳定，关乎学生发展前景。为组织学生承袭潍坊护理职业学院优良就业传统，聚焦医护领域积极就业、优质就业，学院多方聚力，多举措共施，为学生就业打通人才培养“最后一公里”。

一、构建“三维三融”人才培养体系

聚焦专业建设、教师发展、学生成长3个维度，实现产学研就融合、医教科融汇、训育创融通。潍坊护理职业学院分专业拟订人才培养方案，对学生成绩实施学分制管理，学生综合表现依据《潍坊护理职业学院大学生综合测评条例》进行赋分，致力于学生的德育、智育、身心、能力、第二课堂全方位综合素质培养。各部门重视双创教育，组建双创师资库，引导学生参加中国国际大学生创新大赛、其他各类国家级及省级创新创业赛事。加强校企合作，学院与100多家教学单位签订协议，同时充分尊重学生意愿，支持自主选择实习单位；组织学生实习实训，校企联合培养，为当地经济发展与产业发展输送高质量人才。

二、组建“四个一”育人工作团队

坚持立德树人根本任务，在学院党委领导下组建“四个一”团队（包含一名领导干部、一名辅导员、一名思政课教师、一名专业课教师），对学生进行思想政治教育、职业生涯规划教育，组织谈心谈话、就业帮扶，实现全员育人、全环境育人。分析学生性格优势，主动提供与之相契合的工作岗位，引导学生结合自身实际与个体能力，选择适合自己的工作岗位。集中团队优势力量培养高素养的技术技能人才，为学生就业成才打好基础。

三、完善全方位学生就业促进机制

此外，学院构建“1234”高质量工作机制促就业。一体系：强化组织领导，抓好统筹推进，构建高质量工作体系保就业。二渠道：强化开源拓岗，抓好岗位供给，“走出去＋引进来”稳就业。三服务：强化就业育人，抓好价值引领，“三服务”促就业。四活动：强化就业帮扶，抓好重点群体，多措并举助就业。全面展开实效行动，让学生“就好业”。

强化组织领导，抓好统筹推进，构建高质量工作体系保就业。落实“一把手”工程。成立毕业生就业工作领导小组，定期召开就业工作调度推进会，确保就业工作的统一指挥、有力推进。形成“一盘棋”格局。实施院、系两级就业工作目标责任制，强化就业过程考核，形成齐抓共管的“全员、全过程、全方位”大就业工作格局。加强“招培就”联动。聚焦国家战略和产业需求，动态调整专业设置和招生数量，以“招生—培养—就业”闭环反馈提升学校就业工作质效。

强化开源拓岗，抓好岗位供给，“走出去＋引进来”稳就业。一是高频次开展访企拓岗行动。持续拓展市场岗位，精准绘制访企拓岗路线图，实行地区网格化包靠，走访用人单位288家，拓展优质就业岗位3 000余个。拓展校企合作新空间，深化产学研就融合联动，学院发起成立了全国医养康养、全国孕婴童、全国中医药康养护产教融合共同体，组织参加校企、校地座谈会30余次。二是高质量办好各类招聘会。优化校园招聘模式，构建贯穿全年、类型丰富、形式多样的校园招聘矩阵，开展线上线下招聘活动10余次。通过举办春季大型综合双选会，承办人社部2024年大中城市联合招聘，以及组织企事业单位专场宣讲会、网络招聘会等，高精度实施岗位推送，邀约到校用人单位500余家，提供就业岗位13 000余个。

强化就业育人，抓好价值引领，“三服务”促就业 。一是加强就业教育观念指导服务。配强配齐“四个一”工作团队，邀请行业专家、优质校友等开展就业育人主题教育10余场，引导毕业生树立积极求职心态。二是加强职业生涯规划指导服务。学校结合国家所需、行业所用、个人所长，打造全链条全覆盖个性化职业发展与就业指导体系，将职业发展与就业指导内容纳入必修课程，其中《职业生涯规划与发展》课程获山东省高校就业创业金课。三是加强实习就业一体化服务。深度对接行业企业人才需求，健全全员深度参与、校企合作全面深化、供需对接协调配套的实习就业机制。新增实习就业一体化单位25所，160家教学单位提供优质实习岗位2 570个，助力学生通过高质量实习，实现高质量就业。

强化就业帮扶，抓好重点群体，多措并举助就业。一是举办以赛促就活动。全面提升大赛的覆盖面和实效性，帮助更多毕业生提升职业规划能力。2024年上半年，学院在职业生涯规划大赛等赛事上获得国家级、省级奖项15项。二是开展优秀毕业生引导活动。积极开展基层政策咨询、入伍政策宣讲等活动，以第二课堂为平台，用最鲜活的人物、最典型的事迹、最一线的场景讲活专业思政课，引导毕业生主动到西部地区、到基层、到祖国最需要的地方建功立业。2024

年已有47名有志青年携笔从戎。三是开展自主创业服务活动。积极鼓励和支持毕业生自主创业，宣传灵活就业社保补贴、创业补贴等政策。开展口腔修复体制作师、保健按摩师、保育师等16个职业1 038人的职业技能等级认定，极大地提升了毕业生就业竞争力。四是开展重点群体就业帮扶活动。聚焦重点学生群体，摸清底数，落实一人一档、一人一策就业帮扶机制，精准牵线搭桥，做到覆盖有广度，指导有深度，帮扶有温度，实现困难毕业生就业去向落实率高于学院平均水平。

学院将以“三维三融”人才培养体系为引领，深化“1234”就业工作机制，提升新时代大学生就业服务水平。

案例二：职业面向与培养规格

近年来，教育部修订了《高等职业学校专业教学标准》，其中医药卫生大类中分别对护理、药学、中药学、针灸推拿、康复治疗技术、口腔医学等专业职业面向、培养规格进行了界定。

一、护理（520201）

1．职业面向（见表1-5）

表1-5　护理专业职业面向

所属专业大类（代码）	医药卫生大类（52）
所属专业类（代码）	护理类（5202）
对应行业（代码）	卫生（84）
主要职业类别（代码）	内科护士（2-05-08-01）、儿科护士（2-05-08-02）、急诊护士（2-05-08-03）、外科护士（2-05-08-04）、社区护士（2-05-08-05）妇产科护士（2-05-08-08）
主要岗位（群）或技术领域	护理、预防保健……
职业类证书	护士执业资格、老年照护、母婴护理、幼儿照护、医养个案管理、产后恢复……

2．培养规格

本专业学生应在系统学习本专业知识并完成有关实习实训基础上，全面提升知识、能力、素质，掌握并实际运用岗位（群）需要的专业核心技术技能，实现德智体美劳全面发展，总体上须达到以下要求：

（1）坚定拥护中国共产党领导和中国特色社会主义制度，以习近平新时代中国特色社会主义思想为指导，践行社会主义核心价值观，具有坚定的理想信念、深厚的爱国情感和中华民族自豪感；

（2）掌握与本专业对应职业活动相关的国家法律、行业规定，掌握环境保护、安全防护、质量管理等相关知识与技能，了解相关行业文化，具有爱岗敬业的职业精神，遵守职业道德准则和行为规范，具备社会责任感和担当精神；

（3）掌握支撑本专业学习和可持续发展必备的语文、数学、外语（英语等）、信息技术等文化基础知识，具有良好的人文素养与科学素养，具备职业生涯规划能力；

（4）具有良好的语言表达能力、文字表达能力、沟通合作能力，具有较强的集体意识和团队合作意识，学习1门外语并结合本专业加以运用；

（5）掌握护理基本理论和基本知识，以及必备的基础医学和临床医学知识；

（6）掌握全生命周期常见疾病护理知识、急危重症和传染病护理知识；

（7）掌握一定的老年、中医、康复及精神科等专科护理知识；

（8）具有熟练运用基本护理技术和专科护理技术的能力；

（9）具有依照护理规范和程序对护理对象实施整体护理的能力；

（10）具有辨识急危重症并参与救治的能力；

（11）具有运用循证护理思维分析和解决护理中技术问题的能力；

（12）具有为个体、家庭、社区等提供健康保健服务的能力；

（13）具有识别突发公共卫生事件并参与应急处置的能力；

（14）掌握信息技术基础知识，具有适应本领域数字化和智能化发展需求的数字技能；

（15）具有探究学习、终身学习和可持续发展的能力，具有整合知识和综合运用知识分析问题和解决问题的能力；

（16）掌握身体运动的基本知识和至少 1 项体育运动技能，达到国家大学生体质健康测试合格标准，养成良好的运动习惯、卫生习惯和行为习惯；具备一定的心理调适能力；

（17）掌握必备的美育知识，具有一定的文化修养、审美能力，形成至少 1 项艺术特长或爱好；

（18）树立正确的劳动观，尊重劳动，热爱劳动，具备与本专业职业发展相适应的劳动素养，弘扬劳模精神、劳动精神、工匠精神，弘扬劳动光荣、技能宝贵、创造伟大的时代风尚。

二、药学（520301）

1. 职业面向（见表 1-6）

表 1-6　药学专业职业面向

所属专业大类（代码）	医药卫生大类（52）
所属专业类（代码）	药学类（5203）
对应行业（代码）	卫生（84）
主要职业类别（代码）	药师（2-05-06-01）
主要岗位（群）或技术领域	药学服务、药品质量检验……
职业类证书	执业药师、卫生专业技术资格、药物制剂生产、药品购销……

2. 培养规格

本专业学生应在系统学习本专业知识并完成有关实习实训基础上，全面提升知识、能力、素质，掌握并实际运用岗位（群）需要的专业核心技术技能，实现德智体美劳全面发展，总体上须达到以下要求：

（1）坚定拥护中国共产党领导和中国特色社会主义制度，以习近平新时代中国特色社会主义思想为指导，践行社会主义核心价值观，具有坚定的理想信念、深厚的爱国情感和中华民族自豪感；

（2）掌握与本专业对应职业活动相关的国家法律、行业规定，掌握绿色生产、环境保护、安全防护、质量管理等相关知识与技能，了解相关行业文化，具有爱岗敬业的职业精神，遵守职业道德准则和行为规范，具备社会责任感和担当精神；

（3）掌握支撑本专业学习和可持续发展必备的语文、数学、外语（英语等）、信息技术等文化基础知识，具有良好的人文素养与科学素养，具备职业生涯规划能力；

（4）具有良好的语言表达能力、文字表达能力、沟通合作能力，具有较强的集体意识和团队合作意识，学习1门外语并结合本专业加以运用；

（5）掌握人体解剖结构、生理、常见化合物结构与性质、常用定性定量分析方法、典型药物的药理作用、药品调剂与用药指导、药品采购验收养护、药品生产与检验方法、常见疾病临床表现与药物治疗等方面的专业基础理论知识；

（6）掌握处方审核、调配、核对与药品发放等技术技能，具有药品调剂、用药交代能力；

（7）掌握摆药、核对、加药混合、包装等技术技能，具有静脉用药集中调配能力；

（8）掌握药品采购、验收、出入库、储存养护等技术技能，具有药品采购、库存养护能力；

（9）掌握用药指导、健康宣教等技术技能，具有科学普及安全有效合理用药知识的能力；

（10）掌握制剂生产、设备操作、质量检验等技术技能，具有药品生产、质量控制能力；

（11）掌握医药信息检索与收集、数据统计与分析等技术技能，具有统计各类信息、预判市场行情的能力；

（12）掌握信息技术基础知识，具有适应本领域数字化和智能化发展需求的数字技能；

（13）具有探究学习、终身学习和可持续发展的能力，具有整合知识和综合运用知识分析问题和解决问题的能力；

（14）掌握身体运动的基本知识和至少1项体育运动技能，达到国家大学生体质健康测试合格标准，养成良好的运动习惯、卫生习惯和行为习惯；具备一定的心理调适能力；

（15）掌握必备的美育知识，具有一定的文化修养、审美能力，形成至少1项艺术特长或爱好；

（16）树立正确的劳动观，尊重劳动，热爱劳动，具备与本专业职业发展相适应的劳动素养，弘扬劳模精神、劳动精神、工匠精神，弘扬劳动光荣、技能宝贵、创造伟大的时代风尚。

三、中药学（520410）

1. 职业面向（见表1-7）

表1-7 中药学专业职业面向

所属专业大类（代码）	医药卫生大类（52）
所属专业类（代码）	中医药类（5204）

对应行业（代码）	卫生（84）、医药制造业（27）、专业技术服务业（74）
主要职业类别（代码）	中药师（02-05-06-02）、制药工程技术人员（2-02-32-00）、中药炮制工（6-12-02-00）、药物制剂工（6-12-03-00）、药物检验员（4-08-05-04）、医药商品购销员（4-01-05-02）
主要岗位（群）或技术领域	中药调剂、中药咨询与服务、中药饮片生产、中药制剂生产、中药质检、中药购销……
职业类证书	执业药师、药物制剂生产、药品购销……

2．培养规格

本专业学生应在系统学习本专业知识并完成有关实习实训基础上，全面提升知识、能力、素质，掌握并实际运用岗位（群）需要的专业核心技术技能，实现德智体美劳全面发展，总体上须达到以下要求：

（1）坚定拥护中国共产党领导和中国特色社会主义制度，以习近平新时代中国特色社会主义思想为指导，践行社会主义核心价值观，具有坚定的理想信念、深厚的爱国情感和中华民族自豪感；

（2）掌握与本专业对应职业活动相关的国家法律、行业规定，掌握绿色生产、环境保护、安全防护、质量管理等相关知识与技能，了解相关行业文化，具有爱岗敬业的职业精神，遵守职业道德准则和行为规范，具备社会责任感和担当精神；

（3）掌握支撑本专业学习和可持续发展必备的语文、数学、外语（英语等）、信息技术等文化基础知识，具有良好的人文素养与科学素养，具备职业生涯规划能力；

（4）具有良好的语言表达能力、文字表达能力、沟通合作能力，具有较强的集体意识和团队合作意识，学习1门外语并结合本专业加以运用；

（5）掌握中药有效成分提取、分离纯化、检识等知识，具有中药提取物和植物油脂制备能力；

（6）掌握中药材及饮片的来源鉴定、性状鉴定、显微鉴定、理化鉴定等知识，具有鉴定中药材及饮片真伪优劣的能力；

（7）掌握中药饮片的净制、切制、炮炙和其他加工等知识，具有对常用中药饮片进行炮制加工的能力；

（8）掌握中药制剂生产、工艺设计与优化改进、中药制剂质量管理等知识，具有中药制剂生产、质量检验与全面质量控制的能力；

（9）掌握中医药基础理论、处方审查、合理用药指导等知识，具有中药调剂、药学咨询与服务能力；

（10）掌握医药市场营销、药品经营管理等知识，具有中药购销及现代企业管理能力；

（11）掌握药用植物识别、中药栽培、中药饮片贮存与养护等知识，具有对常见药用植物进行识别、规范化种植与加工，对中药材及饮片进行贮藏保管的能力；

（12）掌握信息技术基础知识，具有适应本领域数字化和智能化发展需求的数字技能；

（13）具有探究学习、终身学习和可持续发展的能力，具有整合知识和综合运用知识分析问题和解决问题的能力；

（14）掌握身体运动的基本知识和至少 1 项体育运动技能，达到国家大学生体质健康测试合格标准，养成良好的运动习惯、卫生习惯和行为习惯；具备一定的心理调适能力；

（15）掌握必备的美育知识，具有一定的文化修养、审美能力，形成至少 1 项艺术特长或爱好；

（16）树立正确的劳动观，尊重劳动，热爱劳动，具备与本专业职业发展相适应的劳动素养，弘扬劳模精神、劳动精神、工匠精神，弘扬劳动光荣、技能宝贵、创造伟大的时代风尚。

四、针灸推拿（520403K）

1．职业面向（见表 1-8）

表 1-8 针灸推拿专业主要职业面向

所属专业大类（代码）	医药卫生大类（52）
所属专业类（代码）	中医药类（5204）
对应行业（代码）	卫生（84）、社会工作（85）
主要职业类别（代码）	针灸医师（2-05-02-10）、中医推拿医师（2-05-02-11）
主要岗位（群）或技术领域	针灸、推拿、刮痧、理疗……
职业类证书	医师、乡村医生、中医体质评估与应用、家庭保健按摩……

2．培养规格

本专业学生应在系统学习本专业知识并完成有关实习实训基础上，全面提升知识、能力、素质，掌握并实际运用岗位（群）需要的专业核心技术技能，实现德智体美劳全面发展，总体上须达到以下要求：

（1）坚定拥护中国共产党领导和中国特色社会主义制度，以习近平新时代中国特色社会主义思想为指导，践行社会主义核心价值观，具有坚定的理想信念、深厚的爱国情感和中华民族自豪感；

（2）掌握与本专业对应职业活动有关的国家法律、行业规定，掌握环境保护、安全防护质量管理等相关知识与技能，了解相关行业文化，具有爱岗敬业的职业精神，遵守职业道德准则和行为规范，具备社会责任感和担当精神；

（3）掌握支撑本专业学习和可持续发展必备的语文、数学、外语（英语等）、信息技术等文化基础知识，具有良好的人文素养与科学素养，具备职业生涯规划能力；

（4）具有良好的语言表达能力、文字表达能力、沟通合作能力，具有较强的集体意识和团队合作意识，学习 1 门外语并结合本专业加以运用；

（5）掌握中医药基础理论知识，具有运用中医基础理论知识对常见疾病进行辨证论治和病案书写的能力；

（6）掌握经络腧穴基本理论知识，具有在人体正确进行画经点穴的能力；

（7）掌握毫针刺法、灸法、罐法、耳针、头针、刮痧、电针、穴位注射等知识，具有运用针灸手法规范操作的能力；

（8）掌握㨰法、一指禅推法、按法、擦法、摩法、揉法、拿法等知识，具有运用推拿手法规范操作的能力；

（9）掌握针灸治疗原则，具有运用针灸理、法、方、穴、术，对临床病症辨证施治的能力；

（10）掌握推拿治疗原则、作用和特点，具有运用推拿技术技能对临床常见病症正确施治的能力；

（11）掌握信息技术基础知识，具有适应本领域数字化和智能化发展需求的数字技能；

（12）具有探究学习、终身学习和可持续发展的能力，具有整合知识、综合运用知识分析问题和解决问题的能力；

（13）掌握身体运动的基本知识和至少1项体育运动技能，达到国家大学生体质健康测试合格标准，养成良好的运动习惯、卫生习惯和行为习惯；具备一定的心理调适能力；

（14）掌握必备的美育知识，具有一定的文化修养、审美能力，形成至少1项艺术特长或爱好；

（15）树立正确的劳动观，尊重劳动，热爱劳动，具备与本专业职业发展相适应的劳动素养，弘扬劳模精神、劳动精神、工匠精神，弘扬劳动光荣、技能宝贵、创造伟大的时代风尚。

五、康复治疗技术（520601）

1. 职业面向（见表1-9）

表1-9　中医学专业主要职业面向

所属专业大类（代码）	医药卫生大类（52）
所属专业类（代码）	康复治疗类（5206）
对应行业（代码）	卫生（84）、社会工作（85）
主要职业类别（代码）	康复技师（2-05-07-13）
主要岗位（群）或技术领域	物理治疗、作业治疗、言语治疗……
职业类证书	卫生专业技术资格、家庭保健按摩、失智老年人照护……

2. 培养规格

本专业学生应在系统学习本专业知识并完成有关实习实训基础上，全面提升知识、能力、素质，掌握并实际运用岗位（群）需要的专业核心技术技能，实现德智体美劳全面发展，总体上须达到以下要求：

（1）坚定拥护中国共产党领导和中国特色社会主义制度，以习近平新时代中国特色社会主义思想为指导，践行社会主义核心价值观，具有坚定的理想信念、深厚的爱国情感和中华民族自豪感；

（2）掌握与本专业对应职业活动相关的国家法律、行业规定，掌握环境保护、安全防护、健康管理等相关知识与技能，了解相关行业文化，具有爱岗敬业的职业精神，遵守职业道德准则和行为规范，具备社会责任感和担当精神；

（3）掌握支撑本专业学习和可持续发展必备的语文、数学、外语（英语等）、信息技术等文化基础知识，具有良好的人文素养与科学素养，具备职业生涯规划能力；

（4）具有良好的语言表达能力、文字表达能力、沟通合作能力，具有较强的集体意识和团队合作意识，学习1门外语并结合本专业加以运用；

（5）具有规范采集病史和进行运动功能、感觉功能、认知功能、言语功能、日常生活活动作业能力等评定，并根据评定结果，制订功能训练计划的能力；

（6）掌握关节活动范围训练、肌力训练、心肺功能训练、平衡和协调能力训练等运动治疗技术技能；

（7）掌握电疗、光疗、声疗、磁疗、热疗、冷疗、水疗、压力疗法等物理因子治疗技术技能，具有熟练操作相关器械和设备的能力；

（8）具有指导患者进行简单的手工作业治疗、文体治疗的能力；具有指导患者正确使用生活辅助器具、假肢、矫形支具的能力；具有针对不同功能障碍患者提出适应性环境改造意见、指导日常生活活动能力训练和职业能力训练的能力；

（9）具有为失语症、语言发育迟缓、构音障碍、嗓音障碍、吞咽障碍患者进行评定和功能训练的能力；

（10）掌握推拿、灸法、刮痧、拔罐、传统功法等中医康复技术技能；

（11）具有针对临床专科常见的病残或伤残所致的功能障碍特点，进行有针对性的康复评定和综合康复治疗的能力；

（12）掌握信息技术基础知识，具有适应本领域数字化和智能化发展需求的数字技能；

（13）具有探究学习、终身学习和可持续发展的能力，具有整合知识和综合运用知识分析问题和解决问题的能力；

（14）掌握身体运动的基本知识和至少1项体育运动技能，达到国家大学生体质健康测试合格标准，养成良好的运动习惯、卫生习惯和行为习惯；具备一定的心理调适能力；

（15）掌握必备的美育知识，具有一定的文化修养、审美能力，形成至少1项艺术特长或爱好；

（16）树立正确的劳动观，尊重劳动，热爱劳动，具备与本专业职业发展相适应的劳动素养，弘扬劳模精神、劳动精神、工匠精神，弘扬劳动光荣、技能宝贵、创造伟大的时代风尚。

六、口腔医学（520102K）

1. 职业面向

所属专业大类（代码）	医药卫生类（52）
所属专业类（代码）	临床医学类（5201）
对应行业（代码）	卫生（84）
主要职业类别（代码）	口腔科医师（2-05-01-07）
主要岗位（群）或技术领域	口腔助理医师……
职业类证书	医师……

2. 培养规格

本专业学生应在系统学习本专业知识并完成有关实习实训基础上，全面提升知识、能力、素质，掌握并实际运用岗位（群）需要的专业核心技术技能，实现德智体美劳全面发展，总体上须达到以下要求：

（1）坚定拥护中国共产党领导和中国特色社会主义制度，以习近平新时代中国特色社会主义思想为指导，践行社会主义核心价值观，具有坚定的理想信念、深厚的爱国情感和中华民族自豪感；

（2）掌握与本专业对应职业活动相关的国家法律、行业规定，掌握环境保护、安全防护、质量管理等相关知识与技能，了解相关行业文化，具有爱岗敬业的职业精神，遵守职业道德准则和行为规范，具备社会责任感和担当精神；

（3）掌握支撑本专业学习和可持续发展必备的语文、数学、外语（英语等）、信息技术等文化基础知识，具有良好的人文素养与科学素养，具备职业生涯规划能力；

（4）具有良好的语言表达能力、文字表达能力、沟通合作能力，具有较强的集体意识和团队合作意识，学习 1 门外语并结合本专业加以运用；

（5）掌握口腔临床工作所必需的基础医学、临床医学、口腔医学的基本理论知识；

（6）具备口腔临床基本诊疗技术技能，能够对口腔常见病、多发病进行基本诊断与治疗；

（7）掌握一定的口腔颌面医学影像诊断知识，能够应用影像学及数字化手段辅助诊治口腔常见疾病；

（8）掌握口腔公共卫生服务的基本知识，能够进行口腔常见疾病的预防、筛查和科普教育；

（9）掌握口腔医疗工作必需的临床急救知识和技能，能够对突发危、急、重症的口腔科病人进行初步处理和及时转诊；

（10）掌握信息技术基础知识，具有适应本领域数字化和智能化发展需求的数字技能；

（11）具有探究学习、终身学习和可持续发展的能力，具有整合知识和综合运用知识分析问题和解决问题的能力；

（12）掌握身体运动的基本知识和至少 1 项体育运动技能，达到国家大学生体质健康测试合格标准，养成良好的运动习惯、卫生习惯和行为习惯；具备一定的心理调适能力；

（13）掌握必备的美育知识，具有一定的文化修养、审美能力，形成至少 1 项艺术特长或爱好；

（14）树立正确的劳动观，尊重劳动，热爱劳动，具备与本专业职业发展相适应的劳动素养，弘扬劳模精神、劳动精神、工匠精神，弘扬劳动光荣、技能宝贵、创造伟大的时代风尚。

第三节　解读我国大学生就业政策

人力资源和社会保障部发布《高校毕业生等青年就业创业政策汇编》[①]，对大学生就业政策做出总体部署本节对企业吸纳、基层就业、自主创业、能力提升、参军入伍、就业见习、就业服务、就业手续等内容进行详尽阐释，为学生就业提供专业指引，引导广大学生了解和熟知就业政策，拓宽就业途径，避开就业弯路。

1. 基层就业

高校毕业生到基层就业，可享受学费补偿和助学贷款代偿，高定工资档次，放宽职称评审条件。高校毕业生可参加“三支一扶”计划、农村教师“特岗计划”、大学生志愿服务西部计划等基层服务项目，服务期满后可享受考研加分、公务员定向招录、事业单位专项招聘等政策。符合条件的医学专业高校毕业生，还可报名参加“大学生乡村医生专项计划”，按照相关规定享受编制保障、学费补偿、国家助学贷款代偿等政策。

2. 自主创业

高校毕业生自主创业可参加创业培训，申请获得培训补贴；可得到资金支持，免征有关行政事业性收费，享受税收优惠政策，申请一次性创业补贴，申请最高 20 万元的创业担保贷款，由财政给予贴息，合伙创业的还可适当提高贷款额度；可在公共创业服务机构享受创业服务，获得咨询辅导、政策落实、融资服务等，政府投资开发的孵化基地等创业载体还会安排一定比例的场地，免费提供给高校毕业生。

3. 能力提升

国家实施青年专项技能培训计划，高校毕业生可根据自身情况参加就业技能培训、新职业培训、岗位技能提升培训、企业新型学徒制培训等，提升技术技能，并按规定申请职业培训补贴。培训后通过初次职业技能评价并取得符合规定证书的，还可享受职业技能评价补贴。教育部实施的“中央专项彩票公益金宏志助航计划”，通过深入开展线上线下集中培训，帮助重点群体毕业生增强就业信心、提高综合素质和就业能力。

4. 参军入伍

大学生参军享受优先选拔使用、学费补偿、退役后升学优惠等待遇。全国征兵网（www.gfbzb.gov.cn）是全国征兵报名唯一官方网站。

复学（入学）政策：在校大学生和高校新生服役期间按国家有关规定保留学籍或入学资格，退役后 2 年内允许复学或入学。大学生士兵退役后复学的，由本人提出申请，经学校同意并履行相关程序后，可转入本校其他专业学习。

5. 就业服务

教育部组织开展高校毕业生“春季促就业攻坚行动（3—4 月）”“百日冲刺行动（5—8 月）”，通过精准拓展市场性岗位、加快政策性岗位招录、做好针对性就业指导等举

① 高校毕业生等青年就业创业政策汇编［N］. 中国组织人事报，2023-05-30（4）.

措，助力毕业生顺利就业。高校毕业生可通过国家大学生就业服务平台、高校就业网站、国聘招聘平台等国家有关部门、地方和高校的相关平台及校园招聘活动等获取政策文件、招聘岗位等信息。高校毕业生还可参加教育系统组织的“万企进校园”招聘活动，参加二级院系举办的专而精、小而优的小型招聘会。

困难毕业生既可在毕业学年申请享受一次性求职补贴，还可获得就业援助服务。高校毕业生可前往公共就业人才服务机构进行求职登记和失业登记，提出就业需求，获得岗位信息、职业指导、就业见习等就业服务，咨询和申办就业补贴。未就业高校毕业生可以通过国家大学生就业服务平台、高校毕业生就业服务平台等，获取公共就业服务帮助；还可通过全国人力资源和社会保障政务服务平台在线办理失业登记。

6. 就业手续

自 2023 年起，不再发放“全国普通高等学校本专科毕业生就业报到证”和“全国毕业研究生就业报到证”（以下统称就业报到证），取消就业报到证补办、改派手续，不再将就业报到证作为办理高校毕业生招聘录用、落户、档案接收转递等手续的必需材料。之前档案材料中的就业报到证应继续保存，缺失的无须补办。毕业去向登记是毕业生办理离校手续的必要环节，高校毕业生（含结业生）要及时完成毕业去向登记；实行定向招生就业办法的高校毕业生，要严格按照定向协议就业并登记去向信息。高校毕业生（含结业生）离校前，要及时注册使用全国高校毕业生毕业去向登记系统，或省级高校毕业生毕业去向登记系统，登记个人毕业去向信息；在离校时统一使用全国登记系统对毕业去向信息进行确认，并确保信息真实准确。①

学生档案不能由高校毕业生个人自带和保管，要由高校按规定有序转递。到机关、国有企事业单位就业或定向招生单位就业的，转递至就业单位或定向单位；到非公单位就业、灵活就业及自主创业的，转递至就业创业地或户籍地公共就业人才服务机构；暂未就业的，可根据毕业生本人意愿转递至户籍地公共就业人才服务机构，或按规定在高校保留两年。高校毕业生户籍可以迁往就业创业地（超大城市按现有规定执行），也可以迁往入学前户籍所在地。高校毕业生可通过中国高等教育学生信息网查询和验证高校毕业生学历、学位信息。高校毕业生本人授权同意后，户籍和档案接收管理部门可通过全国高校毕业生毕业去向登记系统，查询核验毕业生离校时相应去向登记信息。

大学生就业政策是一个全方位、多角度的综合体系，旨在通过政府、高校、企业和社会的共同参与，为高校毕业生创造更多的就业机会和更好的就业环境。

教育部印发的《关于做好 2024 届全国普通高校毕业生就业创业工作的通知》明确提出，高校毕业生是国家宝贵的人才资源。为深入学习贯彻习近平新时代中国特色社会主义思想和党的二十大精神，全面落实党中央、国务院对高校毕业生就业创业工作的决策部署，教育部决定实施“2024 届全国普通高校毕业生就业创业促进行动”，进一步完善高校毕业生就业创业服务体系，全力促进高校毕业生高质量充分就业。

（1）强化高校责任。高校是做好本校毕业生就业工作的责任主体，主要负责同志是第一责任人，分管负责同志是直接责任人。加强学校党委组织领导，把就业工作列入学校党委常委会重要议题定期研究推进。建立健全“校—院（系）”两级就业工作领

---

① 资料来源：北京日报客户端．@高校毕业生这份就业优惠政策清单，请收下［EB/OL］．https：//baijiahao．baidu．com/s？ id=1804057566971560263&wfr=spider&for=pc．

导小组，分别制定就业工作方案，分级落实工作责任。加强部门工作协同，完善激励考评机制，调动全校力量形成全员促就业工作合力。

（2）深入开展“访企拓岗”专项行动。各地各高校要持续深入开展“高校书记校长访企拓岗促就业专项行动”。高校书记、校（院）长和校领导班子成员要认真落实“两个100”要求，有针对性拓展就业市场；二级院系要结合学科专业特点，精准有效地访企拓岗，足质足量开拓就业岗位，上一年度初次毕业去向落实率低于本校平均水平的二级院系，原则上院系领导班子成员和专业负责人平均每人联系走访用人单位不少于10家。要结合毕业生就业需求，提升岗位的利用率和访企拓岗的实效性。要通过访企拓岗深度了解行业企业的人才需求，深化人才培养改革，推动供需精准对接。鼓励各地结合产业发展需求和学校办学特色组织开展集中走访。

（3）推进实施“万企进校园”计划。各地各高校要充分发挥校园招聘主渠道作用，主动邀请用人单位进校开展招聘活动，提升每场校园招聘活动的实际效果。要结合毕业生求职就业意愿，大力拓展岗位资源，努力为毕业生提供优质的就业岗位信息。支持院系积极开展小而精、专而优的小型专场招聘活动。加强校园招聘活动的组织管理，认真审核校园招聘信息，确保校园招聘活动安全、规范、有序开展。

（4）大力挖掘基层就业空间。各地教育部门要积极配合有关部门组织实施好“特岗计划”“三支一扶”“西部计划”等基层就业项目，拓展实施“城乡社区专项计划”“大学生乡村医生专项计划”。支持各地围绕落实推进乡村振兴战略，深入挖掘基层医疗卫生、养老服务、社会工作、司法辅助等就业机会，扩大实施地方基层项目。鼓励各地健全支持激励体系，出台更多地方优惠政策，吸引更多毕业生到中西部地区、东北地区、艰苦边远地区和基层一线就业创业。

（5）积极配合做好大学生征兵工作。各地各高校要密切军地协同，加强征兵工作站建设，加大征兵宣传进校园工作力度，畅通入伍绿色通道，配合兵役机关做好兵员预征预储、高校毕业生征集等工作，进一步推进以高校毕业生为重点的精准征集。各地教育部门要研制细化方案和实施办法，按照有关规定落实好退役后复学、升学、学费资助等优惠政策，积极鼓励高校毕业生应征入伍。

（6）深入实施“宏志助航计划”。继续组织实施“中央专项彩票公益金宏志助航计划——全国高校毕业生就业能力培训项目”。各地和培训基地高校要精心组织实施，持续优化培训内容，不断提升培训实效。鼓励各地各高校配套设立省级、校级项目，扩大培训覆盖面。支持将就业能力培训与指导咨询、心理疏导、岗位推荐等统筹推进。强化培训基地管理，规范使用专项资金，试点开展项目实施效果评估。

案例

案例一：来潍就业就有生活补助，潍坊市出台高校毕业生就业创业政策（节选）

高校毕业生在山东潍坊地区就业，相关就业政策主要包含就业生活补助、人才购房补贴、“三支一扶”可转编、就业见习补贴、缴纳社保补贴、灵活就业社保补贴等方面。

（1）就业生活补助。潍坊市对2022年4月27日以后来潍就业创业且符合条件的青年人才发放生活补助。对博士研究生、硕士研究生、本科毕业生（预备技师、技师）、大专毕业生（高级工）、中专毕业生（中级工）分别给予每人每月6 000元、2 000元、1 000元、500元、300元生活补助，补助期限为3年，其中全球TOP200和国内“双一流”高校（学科）毕业生的补助期限为5年。对进站（含创新实践基地）博士后研究人员，按其在站实际工作月数，给予每人每月5 000元生活补助，期限最长2年。

（2）人才购房补贴。潍坊市对2022年4月27日以后来潍就业创业且符合条件的青年人才发放购房补贴。对A、B、C、D类高层次人才，分别一次性给予300万元、50万元、30万元、15万元购房补贴。对博士研究生、硕士研究生、本科毕业生（预备技师、技师）、大专毕业生（高级工）分别一次性给予30万元、12万元、8万元、3万元购房补贴。对2023年6月16日以后来潍就业创业且符合条件的大专毕业生（高级工）一次性给予4万元购房补贴。

（3）“三支一扶”可转编。潍坊市通过公开招募、自愿报名、组织选拔的方式招募“三支一扶”大学生。广大高校毕业生可通过潍坊大学生就业微信公众号、山东高校毕业生就业信息网获取招募信息。“三支一扶”大学生的工作生活补贴标准按照不低于当地乡镇事业单位从高校毕业生中新聘用人员试用期满后的工资收入水平确定。服务满2年且考核合格的“三支一扶”工作人员可以享受直接转事业编的政策。

（4）就业见习补贴。离校3年内有就业见习意愿的高校毕业生和处于失业状态的16～24周岁青年均可参加就业见习，见习期一般为3～6个月，最长不超过12个月。见习期间，由见习单位为见习人员提供基本生活费，办理人身意外伤害保险，并承担对见习人员的指导管理费用。符合条件的就业见习单位，按规定向所在地人力资源和社会保障部门申领见习补贴，补贴标准为当地最低工资标准的60%。见习期满留用率达到50%以上的，见习补贴标准提高至当地最低工资标准的70%。

（5）缴纳社保补贴。对招用毕业年度高校毕业生、离校2年内未就业高校毕业生，与之签订1年以上劳动合同并缴纳职工社会保险费的小微企业，按其实际缴纳的社会保险费，给予最长不超过1年的社会保险补贴（不包括个人应缴纳部分）。

（6）灵活就业社保补贴。对离校2年内未就业的高校毕业生灵活就业后缴纳的职工社会保险费，给予社会保险补贴，补贴标准原则上不超过其实际缴费的2/3，补贴期限最长不超过2年。

资料来源：齐鲁壹点。

案例二：取消高校报到证，建立毕业生去向登记制度

教育部于2023年印发的《关于做好2023届全国普通高校毕业生就业创业工作的通知》明确，自2023年起取消报到证，简化大学毕业生求职就业手续，全面推行毕业生去向登记制度。目前山东毕业生去向登记主要通过山东省高校毕业生就业信息网（www.sdgxbys.cn/）实现，档案将派发到户籍地、工作单位或升本院校。

通过该网站实现高校毕业生就业材料填报、档案派遣信息核对、户籍信息核对，统一规范线上操作，节约就业登记时间与成本，并便于相关部门对全国大学生就业工作进行数据统计与分析。学生以个人账号登录网站后，显示就业信息维护、

就业市场、就业手续办理、科研助理、未就业毕业生实名登记、个人信息维护6个模块，附带就业跟踪调查问卷，系统完备，功能齐全，能综合汇集、直观展现山东省高校毕业生就业情况（见图1-7）。

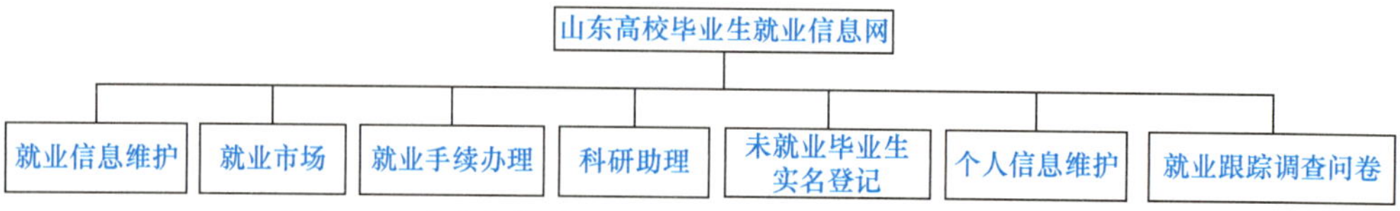

图1-7　山东高校毕业生信息就业网模块（学生端登录）

1．就业信息维护

主要包含签约中心、解约中心、其他毕业去向登记等。线上网签、解约中心的主要作用，在于学生通过此模块办理签约、解约手续。其他毕业去向登记可以填报劳动合同就业、其他录用形式就业、升学等，如图1-8和图1-9所示。

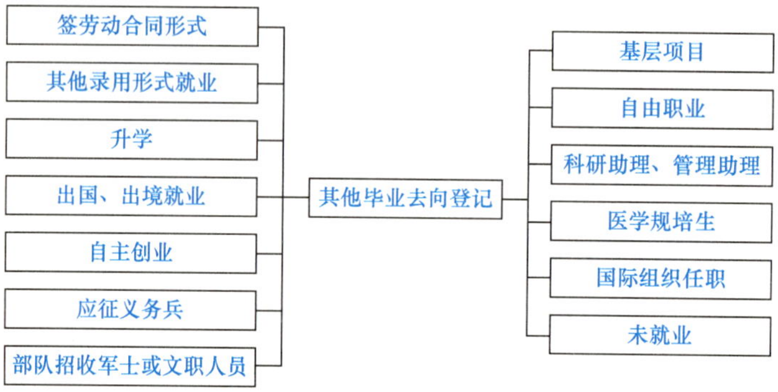

图1-8　其他毕业去向登记

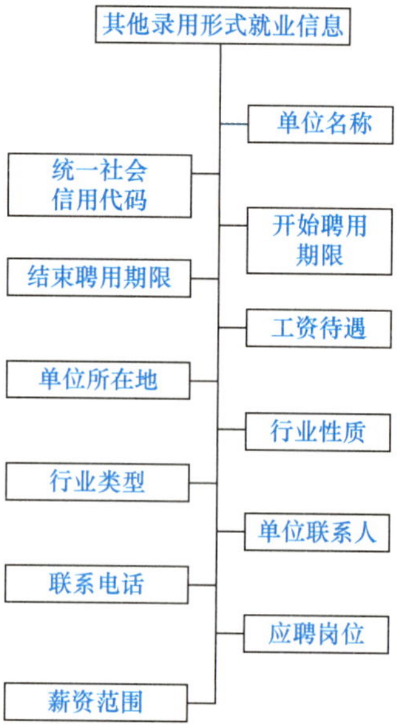

图1-9　其他录用形式就业信息

2. 就业市场

主要包含网上求职内容，涵盖校园招聘信息及其他岗位招聘信息。

3. 就业手续办理

网上求职方面主要包含省优毕业生填表、省优毕业生证书、就业信息问题反馈等方面。

4. 科研助理

主要包含科研助理报名表、岗位报名、已报科研助理岗位管理等科研助理岗位内容。

5. 未就业毕业生实名登记

主要针对山东省内离校未就业毕业生进行实名登记，便于后续对毕业生就业情况进行跟踪和提供服务。

6. 个人信息维护与就业跟踪调查问卷

用来维护个人信息与反馈就业工作满意度。例如，从2023年取消高校报到证建立毕业生去向登记制度后，学院相关部门出台信息网填报指南，文字说明操作步骤附配图，帮助学生高效精准地填报系统信息；各系辅导员也积极引导毕业生通过就业信息网仔细填报就业信息。通过网站信息填写，佐证材料上传，实现信息互通，为学生未来就业创业与档案派遣建立依据，真正实现大数据与互联网背景下学生就业信息的互联畅通。

第二章　生涯觉醒——开启职业人生航程

职业生涯规划对于大学生个人发展具有深远的意义，它不仅是其实现职业目标的重要路径，更是其提升个人价值和满足感的源泉。职业生涯规划不仅有助于大学生明确职业目标，还能够提升职业竞争力。通过深入分析个人兴趣、能力、价值观及市场需求，大学生能够清晰地设定短期和长期的职业目标，这些目标为个人的职业发展提供了明确的方向和动力，使其在职业生涯中能够有的放矢地前进。

在规划过程中，大学生应针对自己的职业目标进行技能提升和知识学习，从而不断增强自身的专业素养和综合能力。这些能力的提升会使其在激烈的职场竞争中更具优势，更容易获得理想的职业机会和晋升空间。职业生涯规划不仅有助于大学生实现个人价值和获得满足感，还能促进个人的全面发展和终身成长。当按照规划的职业路径不断前进，并逐步实现自己的职业目标时，大学生会获得极大的成就感和满足感。这种满足感不仅来自物质上的收获，更来自对自己能力和价值的认可。

在规划实施过程中，大学生需要不断反思和调整自己的职业目标和发展策略，以适应不断变化的市场环境和个人需求。这种持续的反思和调整活动会使大学生保持学习和成长的状态，不断追求更高的职业境界和人生目标。

第一节　职业生涯规划意识

案例

小王护士的临床护理技能提升之路

背景

小王是一名年轻的护士，已经在一家大型医院工作了五年。她虽然热爱护理工作，但始终觉得自己的临床护理技能还有待提升，希望能够通过进一步的努力成为一名优秀的护士。

觉醒过程

自我评估：小王对自己的护理技能进行了深入评估，发现自己在处理复杂病例和应对紧急情况方面还有所欠缺。

目标设定：她设定了明确的职业目标，即通过不断学习和实践，提升自己的临床护理技能，成为一名优秀的护士。

行动计划：小王制订了详细的行动计划，包括定期参加专业护理培训课程、积极参与各种临床护理工作、寻找有经验的护士长作为导师等。

实施与调整：在实施计划的过程中，小王不断调整自己的学习方法和实践策略，以适应不同的临床环境和病例需求。

成果

经过几年的努力，小王的临床护理技能得到了显著提升，她成功处理了多起复杂病例，并在工作中发挥了更大的影响力。同时，她也得到了同事和上级的认可，为未来的职业发展打下了坚实的基础。

一、职业生涯规划意识

职业生涯规划意识是指个人对自己的职业生涯进行主动规划、管理和发展的意识。这种意识涵盖了对自己的兴趣、能力、价值观及职业目标的认知，并据此制定合适的职业发展路径。职业生涯规划意识是针对职业生涯规划而言的，它是个体对自身职业生涯规划的觉知和认知程度，涵盖了个人对自我职业发展的理解、规划，以及为实现职业目标所采取的行动。

二、提早树立职业生涯规划意识的重要性

大学生提早树立职业规划意识的重要性体现在多个方面，它不仅是个人发展的需求，也是适应现代社会快速变化的必要条件。

（一）明确职业发展方向

提早进行职业规划可以帮助学生更清晰地了解自己的兴趣、优势和价值观，从而确定一个明确的职业发展方向。明确的职业发展方向有助于大学生在校期间有针对性地学习和实践，为将来的就业打下坚实的基础。

（二）提升竞争力

职业生涯规划能够帮助大学生确定适合自己的职业方向。有了明确的目标，大学生就能更有针对性地规划自己的学习和发展路径，避免在众多的职业选择中迷失方向。这种明确的目标导向，能够使大学生在学习和实践中更加聚焦，从而提高自己的职业竞争力。

（三）提高学习效率

职业生涯规划可以帮助大学生将学习与未来职业发展紧密结合，使学习更具目的性和针对性。

有了明确的学习目标，大学生可以更有效地利用大学时光，避免盲目学习和浪费时间。通过职业生涯规划，大学生可以了解到未来所从事职业必备的专业技能和知识储备，从而有针对性地加强学习。他们不仅会注重课堂上的专业知识学习，还会关注行业前沿动态，持续更新自己的知识库。这种持续学习和积累的过程，会使大学生的专业技能更加扎实，为未来的职业发展打下坚实基础。

（四）促进个人成长

职业规划过程中，大学生需要不断进行自我反思和评估，以便更好地认识自己、发现自己的不足，并采取措施改进。

通过职业规划，大学生能够学会制订目标、管理时间和应对挑战，这些技能对其个人成长至关重要。职业生涯规划意识强的大学生，会更加积极地参与各种实践活动，如实习、社会实践、志愿服务等。这些活动不仅能够增加他们的社会经验，还能锻炼他们的实践能力、解决问题的能力和人际交往能力。在实践中，大学生可以深入地了解行业和职业，积累宝贵的实践经验，为自己的职业发展增添砝码。

（五）适应市场需求

现代社会职业种类繁多，且不断有新的职业涌现。提早进行职业生涯规划可以帮助大学生更好地了解市场趋势和行业需求，从而做出更明智的职业选择。通过职业生涯规划，大学生可以逐渐适应市场需求的变化，不断调整自己的职业方向和发展策略。

（六）增强就业稳定性

职业生涯规划有助于大学生提前了解行业内的职业发展路径和晋升机会，从而做出更合理的职业规划和选择。这不仅可以提高大学生的就业满意度，还可以增强他们的就业稳定性，减少因职业选择不当而导致的频繁跳槽和失业现象。

综上所述，大学生提早树立职业生涯规划意识对于个人发展、提升竞争力、提高学习效率、促进个人成长、适应市场需求，以及增强就业稳定性等方面都具有重要意义。因此，大学生应该尽早开始规划自己的职业生涯，为未来的职业发展打下坚实的基础。

三、职业生涯规划意识的核心要素解析

（一）自我认知

职业生涯规划意识始于对自我的深入了解，包括了解自己的兴趣所在、擅长的领域、个人价值观，以及长期和短期的职业目标。通过自我评估，大学生可以更加清晰

地认识到自己在未来职业领域中的优势和不足，从而做出更加明智的职业选择。

（二）目标设定

在明确自我认知的基础上，大学生要设定明确的职业目标，这些目标应该是具体、可衡量、可实现和有时间限制的。通过设定目标，大学生可以为自己提供一个明确的学习方向，并在职业生涯中保持动力。

（三）行动计划

一旦设定了职业目标，就需要制订一个详细的行动计划来实现这些目标，包括参加相关培训、提升技能、拓展人际关系网络等，而且行动计划应该具有灵活性，以适应不断变化的市场需求和自身发展情况。

（四）持续学习

大学生在职业生涯中要具有持续学习和成长的能力。随着技术的不断进步和市场的不断变化，个人需要不断更新自己的知识和提升职业技能，以保持竞争力。持续学习不仅有助于个人实现职业目标，还能为未来的职业发展打下坚实的基础。

（五）适应与调整

职业生涯规划是一个动态的过程，需要大学生根据市场变化和个人发展情况不断调整。当遇到职业瓶颈或挑战时，大学生需要保持开放的心态，积极寻求解决方案，并适时调整自己的职业规划。

（六）反馈与评估

职业生涯规划意识还包括对自己职业发展的定期反馈和评估。通过回顾自己的职业发展路径和目标实现情况，大学生可以识别出需要改进的地方，并制定相应的改进措施。这种反馈和评估机制有助于大学生在职业生涯中保持持续的进步和发展。

综上所述，职业生涯规划意识对于大学生的职业发展至关重要。它要求大学生在职业生涯中保持主动和积极的态度，不断规划、调整和完善自己的职业发展路径，以实现个人价值和获得职业成功。

第二节　职业生涯规划理论发展历程

职业生涯规划是指个人与组织相结合，在对个人职业生涯的主客观条件进行测定、分析、总结的基础上，对自己的兴趣、爱好、能力、特点进行综合分析与权衡，并结合时代特点，根据自己的职业倾向，确定最佳的职业奋斗目标，并为实现这一目标做出行之有效的安排。它最早起源于 1908 年的美国，随着时代的发展，逐渐成为个人职业发展的重要指导工具。

一、霍兰德的职业兴趣理论

美国著名职业指导专家约翰·霍兰德认为职业选择是人格的一种表现，工作兴趣类型即人格类型。他归纳出六大人格类型，即现实型（Realistic，R）、研究型（Investigative，I）、艺术型（Artistic，A）、社会型（Social，S）、企业型（Enterprising，E）和常规型（Conventional，C）。每个人的性格和兴趣都可以被归类到这六大类型中。这六大类型的共同特点和典型职业如下：

（一）现实型（R）

共同特点：喜欢动手操作、修理物品、制作东西等实际性工作。
典型职业：摄影师、制图员、机械装配工、木匠、厨师等。

（二）研究型（I）

共同特点：喜欢分析事物、探究原理、进行科学实验等研究性工作。
典型职业：科学研究人员、教师（尤其是理科教师）、工程师、电脑编程人员、医生等。

（三）艺术型（A）

共同特点：喜欢创造、设计、绘画、音乐等艺术性工作。
典型职业：艺术家、设计师、音乐家、作家、演员等。

（四）社会型（S）

共同特点：喜欢与人交往、帮助他人、解决社会问题等社交性工作。
典型职业：教育工作者（如教师、教育行政人员）、社会工作者（如咨询人员、公关人员）、心理咨询师等。

（五）企业型（E）

共同特点：追求权力、权威和物质财富，具有领导才能，喜欢竞争，敢冒风险，有野心、有抱负。
典型职业：项目经理、销售人员、营销管理人员、政府官员、企业领导、法官、律师等。

（六）常规型（C）

共同特点：尊重权威和规章制度，喜欢按计划办事，细心、有条理，习惯接受他人的指挥和领导，自己不谋求领导职务。
典型职业：秘书、办公室人员、记事员、会计、行政助理、图书馆管理员、出纳员、打字员等。

霍兰德职业兴趣理论的核心在于个人职业兴趣与职业选择之间的匹配。该理论认为，如果个人的职业兴趣与其所从事的职业类型相匹配，那么他就更可能感到满足并且获得成功。

二、金斯伯格的职业生涯发展理论

美国著名职业指导专家金斯伯格将职业生涯发展划分为三个时期，即空想期、尝试期、现实期。

第一阶段是空想期（11 岁之前）。该阶段的儿童根据自己接触或是看到的从事不同职业成年人的状况，而对成年之后所从事职业产生幻想。这种对未来职业的幻想并没有将自己的能力和知识水平、社会需要、发展潜质等问题考虑进去，只是单纯地考虑了个人的兴趣、喜好等方面。

第二阶段是尝试期（11 ～ 17 岁）。该阶段的青少年身心趋向成熟，发展形成了独立的意识和价值观念，开始注重职业兴趣、社会需要、职业地位、职业价值等，能够较为客观地审视和评价自身素质和能力条件，但是该阶段仍处于渐趋成熟期，并没有完全与现实社会接轨。

第三阶段是现实期（17 岁之后）。该阶段的青年踏入社会之后，综合考虑了社会需要、职业地位、能力素质及知识水平等，做出适合自身的职业选择。该时期的职业选择不再模糊不清，而是清晰明确，讲求实际，具有很强的客观性、目的性。

三、舒伯的职业发展理论

美国职业管理学家舒伯在布勒的分析基础上，根据自己的生涯发展形态研究成果，将职业生涯发展划分为成长、探索、建立、维持和衰退五个阶段。

第一阶段是成长阶段（14 岁之前）。具体分为三个时期：幻想期、兴趣期、能力期。幻想期的儿童（4 ～ 10 岁），对于未来的职业是一种想象的状态，进行着各种职业角色的设想。兴趣期的儿童（11 ～ 12 岁），自我意识刚刚萌芽，开始思考自己的兴趣、喜好。能力期的儿童（13 ～ 14 岁），不只是单纯地思考自己的兴趣，还考虑自己有没有能力来实现职业理想。

第二阶段是探索阶段（15 ～ 24 岁）。具体分为三个时期：试探期、过渡期、试验并稍作承诺期。试探期的青少年（15 ～ 17 岁），他们通过社会实践活动、校园活动等开始有机会接触，甚至参与到职业劳动中，而这种参与是其将之前对未来职业的构想及自身现有的知识、能力水平等因素综合考虑之后进行的一种有益尝试。过渡期的青少年（18 ～ 21 岁），他们更加关注现实因素，在就业市场上做出特定的职业选择。试验并稍作承诺期的青年（22 ～ 24 岁），他们试图将之前做出的特定职业选择发展形成长期的人生职业，但当他们发现这种选择不合适时，又会重复之前的过程进行新的选择。

第三阶段是建立阶段（25 ～ 44 岁）。具体分为两个时期：试验承诺稳定期和建立期。试验承诺稳定期的青年（25 ～ 30 岁），开始希望有一份稳定的职业，但在有些情况下，可能因为生活或是工作上的某些变动而感觉到不满意，于是思忖尝试新的选择或是做出自我调整。建立期的中年（31 ～ 44 岁），这个时期往往迎来个人职业发展的黄金阶段，经历之前反复的职业选择和调整，职业趋于稳定，具备了一定的资历和人脉，并开始产生新的创意。

第四阶段是维持阶段（45 ～ 65 岁）。尽管该阶段的个人享有一定的职业地位，具有了一定的工作能力和实力，但是要面对新人的挑战，因而具有一定的危机意识，希望维持现有的地位和成就。

第五阶段是衰退阶段（65岁以上）。一般而言这个时期的人们生理机能开始退化，多数人选择隐退，而隐退带来的空虚感又需要新的成就感来填充，于是很多人在退休之后会选择新的角色，寻求新的方式来替代或满足需求。

四、帕森斯的人职匹配理论

美国波士顿大学教授弗兰克·帕斯森在《选择一个职业》一书中，明确提出了进行职业选择时的必备条件和要素：一是自身的知识、能力、兴趣、态度、需要等；二是社会提供的职位情况，不同职位所需的素质条件，不同岗位的优劣势、补偿、机会和前途；三是职位和自身的有机平衡。通常情况下人职匹配分为两种类型：一是因素匹配，二是特性匹配。前者是指不同岗位对工作人员的技能或是体力等素质的要求，如专业技术岗需要具备一定特殊技能的人员，建筑工地岗需要体力良好的工作者；后者是指不同岗位对工作人员内在的性格、气质等人格特性的要求，如沉着稳重、思维敏捷的人适宜从事外交职业。

五、国内的相关理论

国内的职业生涯规划理论研究起步虽然较晚，但发展迅速。国内的研究一般按照工作年限将职业发展划分为四个时段。第一个时段是0时段，指的是刚刚踏上工作岗位的人员。他们对于工作、职业的理解还停留在理论阶段，缺少实践经验，同时还面临着拥有工作经验的老员工的冲击。第二个时段是2～3时段，指的是具有6年以内工作经验的职业人。他们对工作环境有了一定的了解，熟悉了职场的游戏规则，开始谋求更好的发展。第三个时段是5～8时段，指的是具有6～10年工作经验的职业人。他们面临着工作上的瓶颈，一方面可能由于单位的人事调整、解散重组、人际交往等问题，另一方面可能由于自身的知识能力无法满足目前的职位要求，所以选择跳槽或是自己当老板。第四个时段是10时段，指的是具有10年以上工作经验的职业人。他们开始思考实现自身价值的问题，并不得不接受具备更高素质的年轻员工的挑战。

第三节　职业生涯规划概述

案例

潍坊护理职业学院在首届山东省大学生职业规划大赛中喜获一金一银

筑梦青春志在四方，规划启航职引未来。日前，由山东省人社厅、教育厅举办的首届山东省大学生职业规划大赛暨首届全国大学生职业规划大赛山东省选拔赛职教组决赛在潍坊闭幕，潍坊护理职业学院推荐的两支代表队突出重围，取得了一金一银的好成绩，实现了潍坊护理职业学院在大学生职业规划赛项上的新突破。

大赛共吸引全省67万余名大学生报名参赛，经过激烈的初赛选拔，共有600名选手脱颖而出进入复赛阶段。经过层层筛选，最终320名选手成功晋级决赛。潍坊护理职业学院两个项目入围省决赛，在学院两位教师的悉心指导下，张同学、王同学在比赛中以扎实的专业知识、出色的表达能力赢得了评委们的高度评价，以优异的成绩分别斩获一金一银，李老师获得“优秀指导教师”荣誉称号，充分展示了学院师生在职业生涯规划方面良好的综合素质和规划能力。

资料来源：根据潍坊护理职业学院招生就业处资料整理，网址：https：//zhaosheng.wfhlxy．com/info/1028/1726．htm，2024-03-10.

一、职业生涯规划

学者们从不同的视角对职业生涯规划给出了不同的解释。学者王本贤认为，职业生涯规划是指一个人对一生职业发展道路的设想和规划，它包括如何在一个职业中得到发展，打算取得什么样的成就等问题。学者李胜兰认为，职业生涯规划是个人有目的地对自己的技能、兴趣、知识、动机和其他特点进行认识的过程，也是对职业进行选择的过程，它确认与职业相关的目标并制订达到具体目标的行动计划。学者李晓红认为，职业生涯规划是指个人与组织相结合，对决定个人职业的主客观因素进行分析、总结和测定，确定其事业奋斗目标，选择实现这一目标的职业，编制与之相适应的工作、教育和培训计划，并对每一步骤的时间、顺序和方向做出合理的安排。学者陈建华在《职教论坛》中提到，职业生涯规划就是对个人一生职业发展道路的设想和规划。

职业生涯规划要求大学生根据自己的兴趣、特点，将自己定位在一个最能发挥自身长处的位置，以最大限度地实现自我价值，其实质是追求最佳职业生涯的过程。良好的职业生涯规划应具备可行性、适时性、适应性、持续性等特点。职业生涯规划又称职业生涯设计，它包括个人的职业生涯规划和组织的职业生涯规划与管理两方面，是指组织或个人把个人发展与组织发展相结合，对与决定个人职业生涯有关的个人因素、组织因素和社会因素等进行分析，制定人一生中在事业发展上的战略设想与计划措施。

参照学者们的观点，笔者认为，职业生涯规划类似职业生涯设计，是根据个人的兴趣、动机、技能、知识、追求目标等对个人和组织进行职业发展管理与谋划，而且这种管理与谋划是建立在对内外因素进行客观系统分析基础之上的，它对每一时期和阶段的职业发展情况均做出了详细的叙述，并且使得自身价值得到最大限度的发挥。

二、职业生涯规划的步骤

1．确定志向

志向即个人为之奋斗的最终目标，是事业成功的基本前提。职业生涯规划是一个系统而深入的过程，旨在帮助个人明确职业目标、制订实现这些目标的计划，并随着个人成长和职业环境的变化进行调整。确定志向是这一过程的基石，它引导着整个规划的方向。

2．自我评估

自我评估包括对人生观、价值观、受教育水平、兴趣、特长、性格、技能、智商、情商、思维方式、思维方法等方面进行分析评价。

客观公正的自我认识是进行恰当的职业生涯设计的第一步。通常情况下，大学生要对生理自我、心理自我和社会自我三个方面有充分的了解和把握。生理自我主要是指身高、体重、外貌、身体素质等，心理自我主要是指气质、性格、兴趣、能力等，社会自我主要是指学业、地位、角色等。可以通过以下方式认识自我：一是通过他人了解自我；二是综合他人评价了解自我；三是自我探索了解自我；四是心理测试了解自我。

3．内外环境分析

内外环境分析即分析社会环境、行业趋势、组织文化等因素，做到在复杂的环境中趋利避害。

社会环境包括政治、经济、文化等多方面因素，它们共同影响着职业发展的宏观环境。大学生应关注国内外政治局势的变化，特别是与职业发展相关的政策调整和国际关系动态；了解政策导向及政治稳定性对各行各业的影响；分析全球及国内经济趋势，如经济增长率、通货膨胀率等；关注利率水平、企业经营压力、债务违约风险等经济指标，以及它们对就业市场的影响；了解社会价值观、道德观的变化，以及它们对职业选择和职业发展的影响。

行业趋势反映了特定领域内的发展方向和市场需求变化，对职业发展具有重要影响。随着科学技术的不断成熟，人工智能与大数据的结合催生出新的商业模式和服务。预计未来几年，这一领域将保持快速增长，为从业者提供广阔的职业发展空间。随着环保意识的提升，绿色能源行业蓬勃发展，太阳能、风能等清洁能源技术的进步将推动这一领域的持续创新和发展。全球疫情改变了人们的工作方式，使远程办公和灵活工作制度成为常态，而且这一趋势将继续影响职场环境，为从业者提供更多灵活的职业选择。随着人口老龄化的加剧，健康产业的需求持续增长，结合物联网、大数据等先进技术的医疗解决方案正受到越来越多消费者的欢迎。

组织文化是企业内部行为、价值观、信仰和理念的综合体现，对职业发展具有深远影响。大学生须了解企业的核心价值观，确保它们与自己的个人价值观相符，只有具有明确价值观的企业才能够为员工提供清晰的愿景和使命，增强员工的归属感和凝聚力；须评估企业的团队精神，了解员工之间的合作氛围和支持程度，只有具有强大团队精神的企业，才能够激发员工的创造力和潜能，推动企业的持续发展；须关注企业的创新氛围，了解企业是否鼓励员工提出新想法和尝试新事物，只有鼓励创新的企业，才能够为员工提供更多的职业发展机会和成长空间；须了解企业在追求经济效益的同时是否积极履行社会责任，只有具有强烈社会责任感的企业，才能够提升企业形象和信誉，为员工的职业发展提供更多支持。

4. 职业选择

基于自我评估和内外环境分析，选择适合自己的职业。建立在全面分析内外环境因素基础上确定的职业目标是自我意识的表现。美国学者戴维·坎贝尔曾说，目标之所以有用，仅仅是因为它能帮助我们从现在走向未来。清晰明确的职业目标如同航标一样为大学生指明了前进的方向，提供了行动的指南。大学生在综合调查和研究自身因素及社会环境的基础上，确定短期目标、长期目标和终极目标，具体分解和明确短期目标，并在此基础上凝结形成长期目标，最终升华确立自己的终极目标。

5. 设定职业生涯目标

大学生需明确自己在不同阶段所要达到的职业生涯目标。职业生涯目标为个人提供了一条清晰的发展路径，使大学生能够明确自己在未来一段时间内想要达到的职业地位和成就。明确的职业目标有助于大学生在职业生涯中做出更明智的决策，避免盲目性和随意性。设定职业目标可以激发大学生的内在动力，使其更加积极地投入到学习和工作中。当大学生明确了自己的职业目标后，就会更加努力地提升自己的技能和素质，以便更好地实现这些目标。通过设定并达成职业目标，大学生可以逐步积累成功的经验，从而增强自信心。自信心的提升有助于大学生在面对职业挑战时更加从容不迫，更有勇气尝试新的机会和领域。职业生涯目标通常与大学生的成长和发展密切相关，通过不断追求和实现职业目标，大学生可以不断提升自己的专业技能、领导能力和人际交往能力，这些能力的提升有助于其在职业生涯中取得更大的成功。随着社会经济的不断发展和市场的不断变化，职业需求也在不断变化，设定职业生涯目标可以帮助大学生更好地了解市场需求和趋势，从而做出更明智的职业选择和调整。通过不断追求和实现职业目标，大学生可以不断提升自己的市场竞争力和适应能力。设定职业生涯目标不仅是为了追求物质上的成就，更为实现个人价值和追求人生意义提供了重要途径。通过设定并达成职业目标，大学生可以逐步实现自己的职业理想和人生目标，从而获得成就感和满足感。

6. 选择职业生涯策略

确立明确的职业目标之后，大学生还需要配合制定相应的职业生涯策略。职业生涯策略是落实职业目标的具体步骤和行动计划，主要包括职业生涯发展路线设计、教育培训安排、实践计划等，同时适宜的职业策略也是应对职业生活中出现问题的方法。在职业生活中往往会遇到各种各样的问题，如何恰当妥善地处理这些问题是适应职业生活的前提条件。

7. 制订行动计划与措施

大学生为实现职业目标应制订具体的行动计划和措施。在职业生涯规划中，制订行动计划与措施是至关重要的。职业生涯规划强调的是可操作性，制订行动计划与措施可以将抽象的规划转化为具体的行动步骤，使规划更具实践性和可执行性。通过详细的行动计划与措施，大学生可以清晰地了解自己在实现职业目标过程中需要采取哪些行动，以及这些行动的具体时间和顺序。行动计划与措施为大学生提供了明确的职业目标和实现路径。通过设定短期、中期和长期目标，并制订相应的行动计划与措施，大学生可以更加清晰地看到自己的职业发展轨迹，从而更有动力追求和实现这些目标。在职业生涯中难免会遇到各种挑战和困难，制订行动计划与措施可以帮助大学生提前预见并应对这些挑战。行动计划通常包括应对挑战的策略和措施，这有助于大学生在遇到困难时保持冷静和应对能力，从而更好地实现职业目标。通过制订并执行行动计划，大学生可以不断积累经验和提升自己的能力，而且行动计划中的教育和培训、经验积累、网络与关系建立等步骤都有助于大学生的成长和发展，使自己更加适应市场需求和职业发展。行动计划与措施并不是一成不变的，需要大学生根据客观环境和自身条件的变化进行调整，通过定期评估和调整行动计划，大学生可以确保规划的灵活性和稳定性，使其更加符合自己的实际情况和职业发展需求。制订行动计划与措施是大学生实现职业愿景和人生目标的重要步骤，通过将职业目标分解为具体的行动计划并付诸实践，大学生可以逐步接近并最终实现自己的职业愿景和人生目标。

综上所述，制订行动计划与措施在大学生职业生涯规划中起着至关重要的作用。它不仅增强了规划的可操作性，明确了目标和路径，提升了大学生应对挑战的能力，还促进了个人成长和发展，确保了规划的灵活性和稳定性，并最终帮助大学生实现职业愿景和人生目标。

8．评估与调整

在实施职业生涯规划的过程中，大学生应不断评估和调整计划及措施，以适应变化的环境和自身的发展。选择一个职业并不意味着一成不变，可能由于形势的转变、岗位的调整、人际交往的紧张、自身能力的限制、自我发展的新要求等，需要做出相应的决策和调整。在对反馈信息进行综合评估的基础上，大学生可以及时进行反省、修正职业目标，并调整职业策略，更加从容地应对职业生活。

三、职业生涯规划的重要性

1．有助于制定并达成职业目标

做好职业生涯规划对于制定并达成职业目标至关重要。通过自我评估和市场调研，大学生能够清晰地了解自己的兴趣、优势和职业倾向，从而确立一个既符合个人特点又符合市场需求的职业目标。这一过程不仅使大学生对自己的职业定位有了更深刻的认识，还为其未来的职业发展奠定了坚实的基础。职业生涯规划能够指导大学生制订具体、可行的行动计划，这些计划包括短期和长期目标，以及实现这些目标所需的步骤、时间表和所需资源。通过明确的目标和详细的计划，大学生能够有条不紊地推进职业发展，确保每一步都朝着既定目标前进。

2．有助于提高竞争力

通过职业生涯规划，大学生能够明确自己的职业定位和发展方向，有针对性地提升专业技能和综合素质，以更加符合市场需求和行业标准。同时，职业生涯规划还能帮助大学生建立清晰的职业目标和发展规划，指导自己在职业目标实现过程中持续学习和成长，不断适应市场变化。此外，职业生涯规划还能促进大学生建立广泛的职业网络，拓展职业资源，增加自己的职业机会，提升发展空间。因此，做好职业生涯规划不仅有助于大学生在职业生涯中少走弯路，提高职业发展的效率和质量，还能显著提升自己的职业竞争力，使自己在激烈的职场竞争中脱颖而出。

3. 有助于更好地适应职场变化

随着技术的不断进步和市场的快速发展，职场环境日新月异，对人才的需求也在不断变化。通过职业生涯规划，大学生能够提前洞察职场趋势，了解行业动态，从而及时调整自己的职业定位和发展方向。这种前瞻性的规划使大学生能够主动适应职场变化，不断提升自己的专业技能和综合素质，保持竞争力。同时，职业生涯规划还能帮助大学生建立灵活的职业心态，勇于面对职场挑战，积极寻求新的职业机会和发展空间。因此，做好职业生涯规划不仅能够提高大学生的职业适应能力，还能使自己在职场变化中保持领先地位，实现持续的职业发展。

4. 有助于提高职场幸福感和生活幸福感

有了职业生涯规划，大学生可以更加清晰地认识自己的价值，更有目标和动力从事工作，从而提高自己的工作幸福感和生活幸福感。

综上所述，职业生涯规划理论是大学生职业发展的重要指导工具，它有助于大学生制定职业目标、提高竞争力、管理职场变化，以及提高职场成就感和生活幸福感。

案例

案例一：护理专业学生职业生涯规划（一）

一、自我评估

兴趣与爱好：评估自己对护理工作的热爱程度，以及是否喜欢与人交流、关心他人。

技能与特长：明确自己在护理方面的技能，如护理技术、沟通能力、解决问题的能力等。

性格特征：分析自己的性格特点，如耐心、细心、责任感等，这些特点对于护理工作至关重要。

价值观：思考个人价值观与护理工作的契合度，确保所选职业与个人的信念和追求一致。

二、职业目标设定

短期目标：如获得护士执业资格证书，进入一家满意的医疗机构工作。

中期目标：如晋升为护理组长或主管护师，提高专业技能和管理能力。

长期目标：如成为护理教育者、护理管理者或护理科研专家，推动护理事业的发展。

三、行业与职业分析

行业趋势：关注护理行业的发展趋势，如人口老龄化、慢性病管理、医疗技术进步等。

职业需求：了解护理职业的市场需求，包括医院、社区、养老机构等不同领域。

职业竞争：分析护理行业的竞争状况，包括学历、技能、经验等方面的要求。

四、教育与培训计划

学历提升：规划是否需要继续深造，如攻读硕士、博士学位，以提高专业素养和竞争力。

技能培训：参加护理技能培训班、工作坊或研讨会，提高专业技能和实际操作能力。

语言能力：如英语等外语的学习，以适应国际化的工作环境和学术交流。

五、职业发展路径

临床护理工作：从基础护理工作做起，积累临床经验，提高护理技能。

护理管理：逐步向护理管理岗位发展，如护理组长、护士长等。

护理教育：考虑从事护理教育工作，如成为高校护理专业教师或培训师。

护理科研：参与或主导护理科研项目，推动护理学科的发展和创新。

六、实施策略与行动计划

制订学习计划：根据教育与培训计划，制订详细的学习计划和时间表。

积极参与实践：利用假期或课余时间参加实习、志愿服务等活动，积累实践经验。

建立人脉网络：与同学、教师、行业专家等建立联系，获取职业发展信息和建议。

持续自我提升：通过阅读、学习、参加培训等方式，不断更新知识和技能。

七、评估与调整

定期评估：定期对自己的职业生涯规划进行评估，检查目标的达成情况和计划的执行情况。

灵活调整：根据评估结果和外部环境的变化，灵活调整职业规划和行动计划。

总之，护理专业学生的职业生涯规划需要综合考虑个人特点、职业目标、行业趋势等多方面因素，通过明确目标、制订计划、积极行动和持续评估，为自己的职业发展奠定坚实的基础。

案例二：护理专业学生职业生涯规划（二）

一、自我认知

个人兴趣与价值观：首先要深入了解自己对护理工作的热情，以及这份工作是否符合自己的价值观和兴趣。

技能与优势：识别自己在护理方面的天赋和优势，如沟通能力、同理心、技术能力等。

职业性格：通过职业性格测试，如 MBTI、DISC 等，了解自己的职业倾向和适合的岗位类型。

二、职业探索

行业趋势：研究护理行业的未来发展趋势，包括技术进步、人口老龄化、政策变化等。

职业路径：了解护理行业的多种职业路径，如临床护士、护理管理、护理教育、护理研究等。

工作环境：考察不同工作环境（如医院、诊所、社区、养老院）的特点和要求。

三、目标设定

短期目标：设定具体、可衡量的短期目标，如获得护士执业资格、完成实习任务、获得特定技能证书等。

中期目标：规划中期职业发展，如成为护理团队负责人、参与护理研究项目、获得更高学历等。

长期目标：设定长期职业愿景，如成为护理领域专家、出版护理书籍、推动护理政策改革等。

四、教育与培训

学历提升：根据职业目标，规划是否需要继续深造，如攻读硕士或博士学位。

专业培训：参加护理专业培训课程，提高专业技能和知识水平。

语言与跨文化交流：学习外语，提高跨文化交流能力，以适应全球化护理工作的需求。

五、实践经验积累

实习与志愿服务：利用假期和课余时间参加实习和志愿服务活动，积累实践经验。

参与护理项目：加入护理研究项目或参与团队合作，提升研究能力和团队协作能力。

六、职业网络与社交

建立人脉：与同学、教师、行业专家建立联系，获取职业发展信息和建议。

参加专业会议：参加护理行业的专业会议和研讨会，了解行业动态，拓展职业网络。

七、持续学习与自我提升

保持学习热情：持续学习新知识、新技术，保持与行业的同步发展。

反思与总结：定期对自己的工作和学习进行反思和总结，不断优化职业规划。

八、评估与调整

定期评估：每年对自己的职业生涯规划至少进行一次评估，检查目标的达成情况和计划的执行情况。

灵活调整：根据评估结果和外部环境的变化，灵活调整自己的职业规划和行动计划。

九、心理准备与职业韧性

心理准备：培养积极的心态，面对职业挑战时保持乐观和坚韧。

职业韧性：学会应对职业压力，提高解决问题的能力，保持职业发展的动力和信心。

综上所述，护理专业的职业生涯规划是一个持续的过程，需要不断地自我认知、职业探索、目标设定、教育与培训、实践经验积累、职业网络与社交、持续学习与自我提升及评估与调整。同时，保持积极的心态和强大的职业韧性也是实现职业规划的关键。

案例三：医学检验技术专业学生职业生涯规划

一、自我分析

（1）个性随和，待人真诚。

（2）观念开明，通情达理。

（3）对未来充满期待，崇尚健康简单的生活。

（4）自信，但人际交往能力稍显不足。

（5）做事认真，有责任心。

（6）具备团队合作能力，不盲从。

对于职业兴趣，虽然没有明确定位于某个具体职业，但大概方向将与检验方向一致。虽然不喜欢理论知识，但比较热衷实际操作。动手能力并不是很强，所以在大学期间及假期，都会着重培养自己的动手能力，为将来从事的职业奠定良好的基础。

对于职业价值，说不追求经济回报，那是不现实的。一份好的职业最终目的是能够带来可观的经济回报，能够让自己和家人过上健康舒适的生活。作为一名专业的检验人员，我们的目标和责任应该是及时发出检验报告，提供有价值的检验数据，并能协助临床医生做好相应工作，以减轻病患的痛苦。就目前而言，我国的医学检验事业还有广阔的发展前景，如今的我必须认真学好专业知识，为将来就业打好基础。

二、职业分析

医学检验是一门应用性强、发展迅速的应用技术学科，是医学各科中发展较快的专业之一。全国目前共有 26 个检验系，多个博士点和硕士点，每年约有 3 000 名大专以上毕业生补充到检验队伍中，使得检验科的人员结构和职业素质发生了巨大变化。目前，发达国家实验室开设的检验项目达 1 300 多项，而我国的三甲医院约有 300 项，县级医院仅仅 50 余项。由此可见，我国的医学检验事业有广阔的发展前景。

近几年，医学检验专业人才比较紧缺，这正是我的机遇，但是我也不能因此掉以轻心，忽略自身学习的重要性。况且，医学检验学科发展更新很快，检验人员需要不断自主吸收新的知识和新的技术。

我是一名来自山区的学生，曾经也有离开山区到大城市闯荡的梦想，但来到大城市后，我的这个梦想渐渐发生了改变。家里父母年龄比较大，我亦是家中独女，所以我更希望毕业后能回到家乡工作：一是可以照顾父母，二是希望能为改善家乡医疗条件尽我的绵薄之力。

三、职业定位

1. 内部环境因素

优势因素：做事认真，有责任心，有一定的领导能力。

弱势因素：人际交往能力一般，行事低调，不善于自我宣传。

2. 外部环境因素

机会：医学检验依然是蓬勃发展的行业，社会对检验人才的需求量仍然很大。

隐患：医学检验对毕业生的要求是具备过硬的实际操作能力，以及不断自主学习新知识、新技术的能力。

四、计划实施

1. 短期计划

大学四年 20×× 年 9 月至 20×× 年 6 月，顺利完成学业。

（1）英语通过四六级考试。

（2）计算机通过二级考试。

（3）通过检验师资格考试。

在校期间认真学习专业知识、技能，假期到医院见习：一是巩固在学校学习的知识，二是锻炼实际操作能力。

2. 中期计划

20×× 年 6 月至 20×× 年，强化自身，积累工作经验。

（1）在三甲医院从事检验工作。

（2）熟悉工作环境和行业特点。

（3）积累工作经验，完成本职工作。

（4）锻炼人际交往能力及领导能力。

3. 长期计划

20×× 至 20×× 年，进入医院领导组织。

（1）完成硕士学位。

（2）成为检验科科长。

4. 理想的薪酬水平

因为刚毕业，我对薪酬要求并不高，只要院方能够肯定我的工作能力，工资能够确保自己的生活，不用再伸手向爸妈要钱就行。我的理想年薪是 7 万元。

五、评估与调整

职业生涯规划是一个动态的过程，必须根据事实情况及相应变化进行及时的评估与修正。在整个职业生涯发展中，我还需要不断地自我探索和对职业进行探索，修正现在的选择和计划。

案例四：口腔医学专业学生职业生涯规划

一、前言

在当今社会，随着人们对口腔健康重视程度的日益提升，口腔医学专业迎来前所未有的发展机遇。作为即将步入这一领域的专业学生，我深知职业规划的重要性，本规划书旨在明确自己的职业目标、分析行业趋势、制定发展路径，并规划具体行动步骤，以期在未来的职业生涯中取得长足进步。

二、自我分析

兴趣与爱好：对口腔医学充满热情，喜欢通过细致观察和分析解决患者的口腔问题，享受帮助他人恢复健康的过程。

优势与特长：具备较强的学习能力和动手能力，善于与人沟通，能够耐心倾听患者的需求，具备一定的创新思维。

劣势与不足：临床经验不足，对复杂病例的处理能力还有待提升；时间管理能力须加强，以便更好地平衡学习与个人生活。

职业价值观：追求专业技能的卓越，注重患者体验，致力于成为患者信赖的口腔健康守护者。

三、行业分析

行业现状：口腔医疗行业正处于快速发展阶段，市场需求持续增长，特别是在正畸、种植、美白等高端领域。

发展趋势：数字化口腔技术（如 CBCT、口腔扫描）、远程医疗、人工智能等技术的应用将成为行业发展的新趋势。

竞争态势：随着口腔医疗机构数量的增加，市场竞争日益激烈，高质量的服务和技术创新成为核心竞争力。

四、职业目标

1. 短期目标（1 ～ 3 年）

（1）完成学业一年后，通过国家口腔执业助理医师。

（2）工作满 2 年后报考执业医师资格证。

（3）在一家知名口腔医院或诊所实习，掌握基础操作（补牙 / 拔牙 / 洁治 / 简单修复）。

（4）报考专升本提升学历。

2. 中期目标（3 ～ 5 年）

（1）成为一名合格的口腔医生，能够独立完成常见口腔疾病的诊断和治疗。

（2）深入研究某一口腔医学领域（如正畸或种植），提升专业技能。

（3）参与或主持至少一项小型科研项目，发表专业论文。

3. 长期目标（5年以上）

（1）开设自己的口腔诊所或加入高端口腔医疗机构，成为团队核心成员或管理者。

（2）推动口腔医疗技术创新，引入先进设备和技术，提升服务质量。

（3）成为行业内的教育者或培训师，分享经验，培养新一代口腔医学人才。

五、实施策略

学习提升：持续学习口腔医学前沿知识，参加专业培训课程，考取相关证书。

实践经验：积极参与临床实习，争取参与处理复杂病例的机会，积累实战经验。

人际网络：建立良好的师生关系，与行业内的专家保持联系，主动参加行业会议和研讨会。

创新能力：关注行业动态，探索新技术、新材料的应用，尝试创新治疗方法。

品牌建设：通过社交媒体、专业论坛等方式，展示自己的专业能力和成功案例，树立个人品牌。

六、评估与调整

职业生涯规划是一个动态过程，我计划每年都对自己的职业生涯规划进行评估，根据行业发展、个人成长情况及外部环境变化，适时调整职业目标和实施策略，确保规划的有效性和适应性。

七、结语

口腔医学是一门既充满挑战又极具魅力的学科，我将以满腔的热情和不懈的努力不断追求卓越，为患者带来健康与微笑，同时实现自我价值的最大化。通过本规划书的制定，我更加明确了自己的职业道路和发展方向，期待在未来的职业生涯中谱写属于自己的精彩篇章。

案例五：中医专业学生职业生涯规划

一、前言

中医作为中华民族的瑰宝，承载着深厚的文化底蕴与卓越的医学智慧，作为中医专业的学生，我深感肩上的责任重大，同时也满怀对未来的憧憬。本职业生涯规划书旨在明确自己的职业定位，规划发展路径，制定实施策略，以期在中医领域有所建树，为传承和发展中医药事业贡献力量。

二、自我分析

兴趣与爱好：对中医理论充满好奇，喜欢研读古典医籍，对中草药、针灸、推拿等中医治疗方法有着浓厚的兴趣。

优势与特长：具备较强的记忆力和理解能力，能够迅速掌握中医理论知识；善于观察，对病患的体质和病情有敏锐的洞察力。

劣势与不足：临床经验不足，对复杂病例的处理能力有待提升；西医知识相对薄弱，须加强跨学科学习。

职业价值观：追求医术的精湛，注重医德修养，致力于成为患者信赖的中医医师，传承和弘扬中医文化。

三、行业分析

行业现状：随着人们健康意识的提高，中医养生和治疗越来越受到人们的重视，中医行业迎来了前所未有的发展机遇。

发展趋势：中西医结合、中医国际化、中医预防保健将成为未来中医行业的发展方向。

竞争态势：中医行业人才竞争激烈，但高质量、高水平的中医医师仍然供不应求，特别是在中医特色诊疗、中医养生等领域。

四、职业目标

1. 短期目标（1～3年）

（1）准备执业助理医师考试

（2）考取1–2项相关技能证书（如保健按摩师）

（3）进入基层医疗机构（乡镇卫生院、社区中心、正规诊所）或特色技术机构（推拿、康复、母婴），扎根实践，广泛接触常见病例。

（4）通过成人教育或自考提升学历

2. 中期目标（3～5年）

（1）成为一名优秀的中医医师，能够独立诊断和治疗常见疾病。

（2）深入研究中医某一领域（如针灸、中药等），提升专业技能。

（3）参与或主持至少一项中医科研项目，发表专业论文。

3. 长期目标（5年以上）

（1）开设自己的中医诊所或加入高端中医医疗机构，成为团队核心成员或管理者。

（2）推动中医国际化，参与国际性中医交流与合作，提升中医的国际影响力。

（3）成为中医教育领域的培训师或讲师，培养新一代中医人才。

五、实施策略

学习提升：持续学习中医经典著作，参加专业培训课程，考取相关证书，如中医针灸师证、中药调剂师证等。

实践经验：积极参与临床实习，争取机会参与复杂病例的处理，积累实战经验；同时，尝试开展中医养生咨询和健康管理服务。

人际网络：建立良好的师生关系，与行业内的专家保持联系，参加中医学术会议和研讨会，拓展人脉资源。

创新能力：关注中医行业动态，探索新技术、新方法的应用，如中医数字化、远程医疗等，提升服务质量。

品牌建设：通过社交媒体、专业论坛等方式，展示自己的专业能力和成功案例，树立个人品牌，提升知名度。

六、评估与调整

职业生涯规划是一个动态过程，我将定期对规划进行评估，根据行业发展、个人成长情况及外部环境变化，适时调整职业目标和实施策略，确保规划的有效性和适应性。

七、结语

中医之路，道阻且长，但行则将至。我将以坚定的信念和不懈的努力不断追求医术的精湛和医德的高尚，为中医事业的传承和发展贡献自己的力量。通过本规划书的制定，我更加明确了自己的职业道路和发展方向，期待在未来的职业生涯中书写属于自己的精彩篇章。

第三章　自我定位——点亮职业蓝海灯塔

第一节　探索兴趣选我所爱

一、兴趣与职业兴趣

（一）兴趣

兴趣是指个人对特定的事物、活动或领域产生持久的注意力和强烈的情感倾向。它是一种内在的驱动力，能够激发个人深入探索相关事物和投入某项活动。

（二）职业兴趣

职业兴趣是指个人对某种职业或工作领域具有的比较稳定而持久的心理倾向。它既是个人选择职业和从事工作的重要因素，也是个人在职业生涯中取得成功的关键因素之一。职业兴趣可以表现为对某种职业或工作领域的探索欲望、学习意愿、投入程度、体验享受。它可以是对某个特定行业、职业或工作岗位的兴趣，也可以是对某种技能、知识或经验的兴趣。职业兴趣的形成受到多种因素的影响，包括个人的性格、价值观、教育背景、家庭环境、社会环境、个人经历等。大学生了解自己的职业兴趣有助于选择合适的职业道路，提高工作热情和成就感，通过职业测评工具可以了解职业兴趣类型，明确职业方向。例如，霍兰德职业兴趣量表，将人格分为 6 种类型：研究型（I）、艺术型（A）、社会型（S）、企业型（E）、常规型（C）和现实型（R）。通过分析个人的兴趣和性格特点，帮助大学生找到与之匹配的职业方向，为其职业规划和选择提供了有力的指导。

二、兴趣与职业生涯发展的关系

（一）职业选择的重要依据

兴趣是职业选择的重要依据之一，在职业选择过程中起着导向作用，可以帮助大学生设定明确的职业目标。大学生进行职业决策时，往往倾向于自己感兴趣的领域，选择与之相关的职业，这种选择不仅能够促使自己主动了解相关知识技能，还能激发自己的潜能和创造力，形成更高的工作满意度。例如，一个对艺术创作充满热情的人，可能会选择成为一名编导或设计师，创作出优秀的作品，不断追求艺术创作的高峰。

（二）对职业发展具有推动作用

兴趣是职业发展的重要动力。强烈的兴趣可以激发工作热情，能够使大学生全身心地投入到工作中，愿意主动学习、提升相关技能，不怕吃苦、不怕失败，从而在职业生涯中不断进步。例如，科学家们对项目研究工作有着浓厚的兴趣，这种兴趣能使他们积极投入到科研项目中，并长时间专注复杂的实验与理论研究，从而实现研究突破，取得更高成就。

（三）影响职业满意度

兴趣有助于提升职业满意度。当大学生的职业选择与其兴趣相匹配时，他们往往对工作感到更加满意，更容易获得满足感。因为从事自己感兴趣的工作可以让大学生保持积极的态度，更容易在工作中找到幸福感和成就感。相比之下，从事自己不感兴趣的工作则容易产生倦怠感，长期处于这种状态会导致心情郁闷，幸福指数下降，职业满意度低下。

（四）提高工作效率

当大学生对自己的工作内容感兴趣时，就会产生内在动力，促使其积极思考、勇于创新，提出新颖的想法，激发其创造力和解决问题的能力，并找到更高效的工作方法，全身心投入到工作中，进而提高工作效率。

三、如何将兴趣融入职业生涯规划

（一）自我认知与兴趣探索

在进行职业生涯规划时，大学生首先应进行自我认知，了解自己的兴趣所在，花时间寻找自己真正的兴趣点，如可以通过回顾之前参加的各种活动、实习和工作体验，想想自己喜欢做什么。其次明确自己的兴趣领域，确定兴趣后，研究与之相关的职业。例如，如果你总是在空闲时间研究美食烹饪，尝试新菜谱，那么烹饪可能就是你的兴趣之一，可以研究与烹饪相关的职业，如厨师、食品研发员、餐饮服务等岗位。最后，结合网络搜索、行业报告、人物访谈等方式，深入了解这些职业的工作内容、发展前景和技能要求。

（二）制订基于兴趣的职业目标

在明确兴趣后，大学生应制订基于兴趣的职业目标，这些目标应具体、可衡量，并与个人的长期发展方向相一致。既可以根据自己的兴趣和技能水平，设定切实可行的短期职业目标；也可以考虑更长远的职业愿景，设定长期职业目标，并将这个长期目标分解为多个阶段，每个阶段都设定明确的任务与要求。

（三）持续学习与技能提升

为了实现基于兴趣的职业目标，在确定目标职业后，大学生应首先评估自己目前的技能水平是否符合职业要求，分析自己的优势与不足，制订学习计划，持续学习和提升相关技能。通过参加培训、阅读专业书籍和收集网络资源等方式不断提高自己的专业水平，同时寻找实践机会，积累实际工作经验。

（四）定期回顾与调整

定期回顾自己的职业生涯规划，检查是否按照计划实施。比如，每季度或者每年对自己的职业发展进行总结，看看是否达到了设定的短期目标。如果没有达到，分析原因是计划不合理，还是在执行过程中出现了问题。同时，职业生涯中充满了不确定性，兴趣也可能会随着时间和经历发生改变。如果发现自己对曾经的职业兴趣减弱，或者对新的领域产生了浓厚的兴趣，就要及时调整职业规划。

案例

“游戏”男孩的自我探索

林某，男，护理专业学生，游戏曾是他生活的主旋律。他对游戏的痴迷始于童年，大学选择护理专业也是因为被调剂到这个专业，而不是因为热爱。在大学期间，他经常在游戏里扮演勇敢的英雄，每一次通关的喜悦都让他对游戏更加热爱，但长时间痴迷游戏，他的学业一落千丈。

一次偶然的机会，他参加了一场游戏竞技比赛。在比赛中，他看到了其他选手的精湛技艺和专业精神，这让他幡然醒悟，开始反思自己与游戏的关系。随着时间的推移，他逐渐掌握了游戏编程和美术设计的基本技能，加入了游戏社区，与其他爱好者交流经验、分享创意。在这个过程中，林某发现了自己的潜力和兴趣所在。这种自我反思促使他开始思考自己在游戏领域的发展方向，为他的自我探索之旅奠定了基础。之后，林某开始尝试设计游戏关卡，并将大学所学的护理专业知识与游戏巧妙地融合在一起，对游戏进行创新，虽然过程充满了困难与挑战，但他从未放弃。经过不懈的努力，他的游戏关卡设计在一个小型游戏比赛中获得了奖项，这让他备受鼓舞。

如今，林某依然热爱游戏，但他的视角已经发生了改变。他不再是单纯沉迷于游戏的男孩，而是有着明确目标和追求的游戏创作者。他知道，游戏不仅是一种娱乐方式，更是一种表达自我、创造价值的艺术形式。

未来，林某将继续探索游戏世界的无限可能。他相信，只要保持热情和努力，就一定能够在这个充满挑战和机遇的领域中实现自己的梦想。

第二节　透视性格寻我所适

一、性格与职业

（一）性格

性格是个体对现实的稳定态度，以及与这种态度相应的习惯化的行为方式中表现出的人格特征。它作为心理学的核心概念之一，指的是个体在长期的社会生活中形成的一种比较稳定的、具有核心意义的个性心理特征。性格反映了一个人对现实的态度及相应的行为方式，这些态度和行为方式通过长期的社会实践逐渐固定下来。性格的形成是一个动态的过程，它受到多种因素的影响，如生理、教育、文化背景等。总的来说，性格是个体在与环境的互动中所形成的心理特征的综合体现。

（二）性格与职业选择

性格与职业选择之间存在着密切的联系。个人的性格特征往往会影响到他对特定职业的兴趣、适应性和成功概率。选择职业时，结合个人的性格特点，可以提高工作的幸福感与满意度。需要注意的是，性格并不是决定职业选择的唯一因素，个人的兴趣、技能、价值观及发展需求等也是重要的影响因素。因此，大学生在选择职业时要综合考虑多个方面，选择最适合自己的职业方向与道路。

二、性格倾向探索

（一）性格分类维度

在职业选择与发展领域，应用最广泛的是迈尔斯—布里格斯类型指标（Myers-Briggs Type Indicator，MBTI）性格类型系统。它将性格倾向分为四个维度，即外向（E）与内向（I）、感觉（S）与直觉（N）、思考（T）与情感（F）、判断（J）与知觉（P）。

1. 外向型（E）

（1）特点：这类人活泼开朗，善于与人交往，喜欢表达自己和与他人互动。

（2）适合职业：销售、市场营销、公关、教育、导游、培训等需要频繁与人交流互动的职业。例如，优秀的销售人员可以凭借自己外向的性格，主动与客户建立联系，生动地介绍产品，满足客户需求。

2. 内向型（I）

（1）特点：这类人通常做事前会深思熟虑，注重细节，喜欢独立工作，更擅长独立思考，注意力集中。

（2）适合职业：研究、写作、编程、会计、数据分析等需要深度钻研的职业。例如，程序员的大部分时间是独自面对电脑编写代码，内向性格的人更容易在这种相对安静的环境中专注地工作。

外向型（E）与内向型（I）维度描述了个体获取能量的方式：外向型个体倾向从外部和社交互动中获得能量，而内向型个体则倾向从内部和独处中获得能量。

3. 感觉型（S）

（1）特点：这类人注重细节和实际，善于处理具体事务，着眼于现在。

（2）适合职业：工程、建筑、医学、法律等需要严谨的态度和实际操作的职业。

4. 直觉型（N）

（1）特点：这类人富有创意，善于抽象思维，喜欢探索未知。

（2）适合职业：设计、艺术、创新研发等需要创新思维的职业。

感觉型（S）与直觉型（N）维度涉及信息的收集方式：感觉型个体侧重具体的事实和现实经验，而直觉型个体则侧重潜在的可能性和抽象概念。

5. 思考型（T）

（1）特点：这类人擅长逻辑分析，有统一的标准，能客观公正地分析问题。

（2）适合职业：咨询、金融分析、科学研究、法律等需要严密逻辑思维的职业。

6. 情感型（F）

（1）特点：这类人富有同情心，善于沟通，注重情感，关注人际关系。

（2）适合职业：心理咨询、社会工作、人力资源、教育等需要高度人际交往和情感投入的职业。

思考型（T）与情感型（F）维度涉及决策过程中的主导因素：思考型个体在做决策时更注重逻辑和客观标准，而情感型个体则更注重个人价值观和对他人的关怀。

7. 判断型（J）

（1）特点：这类人组织能力强，喜欢计划和控制，追求效率，关心结果。

（2）适合职业：管理、项目规划、行政、财务等需要高度组织和规划能力的职业。

8. 知觉型（P）

（1）特点：这类人灵活多变，善于适应新环境，喜欢探索未知，关心过程。

（2）适合职业：旅游、媒体、创意产业、市场调研等需要高度灵活性和创新能力的职业。

判断型（J）与知觉型（P）维度描述了个体对外界的态度：判断型个体倾向有计划和组织，而知觉型个体则更灵活和开放。

（二）16 种职业性格类型

通过以上 4 个维度，可以得到 16 种不同的性格类型。以下是关于 16 种 MBTI 性格类型的简要说明，包括它们的特点和可能适合的职业领域。

（1）ISTJ（检查员型）：严谨勤奋、认真负责、踏实可靠，对细节有很强的判断力和组织能力，适合商业、教育、卫生保健领域的职业，如会计、财务经理。

（2）ISFJ（照顾者型）：温和、忠诚，擅长服务和支持他人，愿意把事情安排好，适合医疗保健和客户服务领域的职业，如行政管理人员、秘书。

（3）INFJ（博爱型）：理想主义、有创造力、相信自己的想法和决定，适合需要创造力和洞察力的职业，如心理咨询师、作家。

（4）INTJ（专家型）：独立、战略性强、追求完美、具有创造性思维，适合需要长远规划和分析能力的职业，如工程师、科学家。

（5）ISTP（手艺者型）：诚实、实际、灵活、善于分析，擅长操作和解决具体问题，适合技术维修和紧急响应职业，如警察、技术专家和技师。

（6）ISFP（探险家型）：温和、耐心、敏感、喜欢实际操作和艺术表达，适合艺术和手工艺职业，如舞蹈演员、时装设计师。

（7）INFP（调解者型）：思维开阔、忠诚、好奇心强、有远见，适合创造性和同理心的职业，如记者、社会工作者。

（8）INTP（逻辑学家型）：独立、安静、好奇、分析性强，适合需要抽象思维和解决复杂问题的职业，如系统分析师、软件开发者。

（9）ESTP（促进者型）：现实、反应迅速、重视行动、喜欢体验，适合销售和紧急服务职业，如批发商、汽车销售人员。

（10）ESFP（表演者型）：热情、友好、适应性强、随遇而安、喜欢现场表演和人际互动，适合娱乐和公共关系职业，如健身教练、服务人员。

（11）ENFP（激励者型）：精力充沛、热情、有想象力和创造性、喜欢探索可能性，适合创意产业和教育职业，如主持人、电视制片人。

（12）ENTP（发明家型）：喜欢挑战、聪明、创新、喜欢辩论和策略游戏、事业心强，适合咨询和创新管理职业，如投资顾问、广告创意者。

（13）ESTJ（管理者型）：实际、组织能力强、决断力强，适合管理和领导角色的职业，如项目经理、行政主管。

（14）ESFJ（主人型）：实际、合作、关怀、有条理、擅长人际协调，适合教育、护理和客户服务职业，如护士、秘书。

（15）ENFJ（教导者型）：热情、有说服力、忠诚、注重人际关系、擅长激发和引导他人，适合教学、培训和公共演讲职业，如职业指导顾问、社会活动家。

（16）ENTJ（统帅型）：自信、善于组织、领导力强、注重真理，适合需要战略规划和领导的职业，如企业高管、法官。

案例

南丁格尔奖获得者杨秋：性格铸就护理之光

杨秋，女，汉族，全球护理界最高荣誉“南丁格尔奖”获得者，胡锦涛总书记在北京为其颁奖。

2008 年 5 月 12 日汶川地震发生时，杨秋在抗震救灾中舍己家救他人，没有工具，她就用手扒，成功救出了一个又一个孩子。而在她拼命抢救孩子时，自己 6 岁的女儿却被埋在了不远处新建小学的废墟里。痛失女儿后，她把工作当作抚平失去孩子之痛的唯一方法，继续投入到抢救工作中。她在抗震救灾及后续工作中的突出表现，展现出坚韧、无私和对护理工作的高度热爱与责任感，她的行为和精神充分体现了南丁格尔奖所倡导的精神。

有一次，医院接收了大批重伤患者，连续数日高强度工作，同事们都疲惫不堪，可杨秋始终坚守，耐心细致地护理每一位患者，不抱怨、不退缩，用她的坚韧撑起患者康复的希望。她格外温暖细心，曾经有一位因焦虑病情而脾气暴躁的老人总是抗拒护理，杨秋每次都带着温柔的笑容，轻言细语地开导并留意老人的每一个细微需求。慢慢地，老人被她打动了，积极配合治疗。杨秋十分乐观豁达，在护理工作遇到困难，如资源紧张、患者突发危急状况等难题时，她总能积极应对，用乐观的态度感染身边的人，带动大家一起想办法攻克难关。她的这些性格特质也让她在护理道路上熠熠生辉，成为众人学习的榜样。

资料来源：中国好人榜［EB/OL］. 中国文明网，（2019-09-02）. https://baike.sogou.com/appeal/snapshot?link=VfhV9P-TYUkVf8-PuUfhVTj7griodm16g5mVgzVVHTXV6mKzH61gWgjSl5oBd5rm7rS5dzrl6S0c5Wi_41ild5nS5Lsl5Leh53tH5W6l51mhdSWqgpEAAG&originRef=http%3A%2F%2Fwww.wenming.cn%2Fsbhr_pd%2Fzghrb%2Fjyfx%2F201909%2Ft20190901_5239170.shtml&lid=64879510&title=%5Bobject%20HTMLHeadingElement%5D，有改动。

第三节　发掘能力扬我所长

一、能力的定义与分类

（一）能力的定义

能力是指顺利完成某一活动所必需的主观条件，它涵盖了个人的智力、技术、社交和情感层面，是实现目标和解决问题的关键要素；它直接影响活动效率，是使活动顺利完成的个性心理特征。能力总是和人完成一定的活动联系在一起，离开了具体活动，既不能表现人的能力，也不能发展人的能力。

从心理学角度，能力是个体在认知、情感和行为方面的综合表现，包括感知、记忆、思维、想象、情感表达、意志行动等多个方面。能力的高低直接影响着个体在各种活动中的表现和成就。从社会学角度，能力是个体在社会生活中适应、生存和发展的重要因素。它不仅包括个体的专业技能和知识水平，还包括人际交往、团队合作、领导能力等社会适应能力。从教育学角度，能力是教育的重要目标之一。教育的目的就是培养学生的各种能力，使他们能够在未来的生活和工作中取得成功。

（二）能力的分类

1. 一般能力与特殊能力

一般能力也称为智力，是从事一切活动所必备的能力综合，包括观察力、记忆力、思维力、想象力、注意力。例如，大学生在上课时需要用观察力注意教师的板书，记忆力记住知识点，思维力理解知识，想象力辅助对抽象概念的理解，注意力保证学习过程的专注，提高学习效率。

特殊能力是进行某种专业活动需要的能力，如音乐、绘画、数学、运动能力等。拥有音乐能力的人能够感受音符的魅力，用节奏和旋律表达情感；拥有绘画能力能够让艺术家们用色彩和线条描绘出心中的美景；数学能力表现在出色的逻辑推理和数字运算方面；而运动能力则表现在人们对身体的控制、协调、力量等方面，使运动员在赛场上展现不一样的风采。

2. 流体能力与晶体能力

流体能力是指在信息加工和问题解决过程中表现出的能力，这种能力主要依赖个人的天赋，受文化知识的影响小。例如，在全新的逻辑推理题中，学生能够独立快速地理解问题，寻找解决方案，从而解决问题，体现的就是流体能力。一般来说，个体在 20 岁左右，流体能力的发展达到顶峰；从 30 岁开始，流体能力随着年龄的增长会逐渐下降。

晶体能力是指获得语言、数学等知识的能力，取决于后天的学习和经验，与社会文化有密切的联系。例如，一个人通过多年的单词背诵，积累了大量的英语词汇，他能够精准地理解和运用这些词汇进行写作和交流。一般来说，晶体能力在人的一生中可以持续发展，因为晶体能力主要依靠后天的学习和经验积累，只要个体不断学习，这种能力就会一直提升。

二、多元智力理论

美国心理学家霍华德·加德纳 1983 年提出多元智力理论。他认为智力是一个多元化的概念，包含多种相对独立的智力成分。他最初提出了 7 种智力，后来又增加了自然观察智力，使得总数达到 8 种，如图 3-1 所示。

（1）人际—交流智力，擅长理解和影响他人的情绪和意图，如外交家。

（2）语言—言语智力，擅长使用语言表达和理解复杂的概念，如诗人。

（3）音乐—节奏智力，对音乐有高度的感知和创作能力，如音乐家。

（4）空间—视觉智力，擅长感知空间关系和形象思维，如画家。

（5）逻辑—数理智力，擅长逻辑分析、数学计算和解决抽象问题，如数学家。

（6）运动—动觉智力，擅长使用身体如精细的手部动作表达思想和感觉，如运动员。

（7）自然—观察智力，擅长识别和分类自然界的动植物和其他特征，如生物学家。

（8）内省—自省智力，对自己的情绪和动机有深刻的理解，如哲学家。

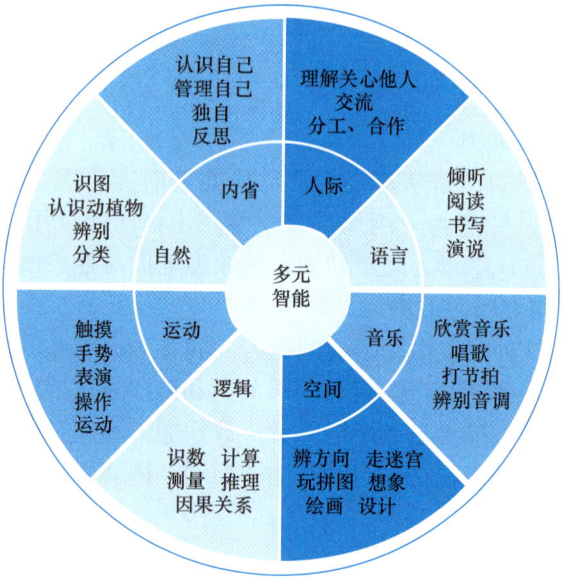

图 3-1　多元智力理论

多元智力理论对教育实践有着深远的影响。它提倡教育应当尊重学生的个性化差异，采用多样化的教学方法来满足不同学生的学习风格和智力优势。教师应设计能够激发学生多种智力的教学活动，帮助学生在各自擅长的领域中发展，同时鼓励跨领域的学习和创新思维。此外，多元智力理论还促使教育评价体系向更加全面和多维度的方向发展，而不仅仅局限于传统的语言和数学能力测试。

三、如何发掘自己的能力

（一）自我反思

自我反思是发觉自己能力的重要途径之一，它提供了一个审视自己行为和经历的机会。大学生可以通过定期回顾自己的生活经历，思考自己在哪些方面表现出色，哪些方面还有待提高，通过反思来挖掘潜在能力。例如，大学生可以回忆自己在学校的学习成绩和综合表现，哪些方面存在优势，哪些活动中表现积极；还可以思考自己在日常生活中的兴趣爱好，探索兴趣爱好所反映的潜在能力。

（二）尝试新事物

尝试新事物也是发觉自己能力的有效方法。大学生可以参加各种活动和课程，接触不同的领域和技能，从而发现自己的潜在能力。通过尝试新事物，大学生可以拓宽自己的视野，丰富自己的经验，同时有机会发现自己在某些方面的天赋和才能。在尝试新事物的过程中，大学生要保持开放的心态，勇于挑战自己，不要害怕失败。即使在某些尝试中没有取得成功，也可以从中学到很多东西，为未来的发展积累经验。

（三）寻求他人的反馈

他人的反馈也是发觉自己能力的重要依据。大学生可以向身边的人寻求反馈，了解他们对自己的看法和评价，通过他人的视角挖掘自己没有察觉到的能力和优点。在寻求他人反馈时，大学生要保持谦虚的态度，认真听取他人的意见和建议，不要过于敏感或抵触。

（四）进行能力测试

能力测试是一种科学的方法，可以帮助大学生了解自己的能力水平和潜在优势。当前有很多种能力测试，如智力测试、职业兴趣测试、性格测试等。这些测试可以提供客观的评估和分析，帮助大学生更好地认识自己。

发觉能力并扬我所长不仅对大学生的成长和发展具有重要意义，也能够为社会的进步和发展做出自己的贡献。当大学生充分发挥自己的能力时，不仅可以为社会创造价值，帮助他人解决问题，还能实现自己的人生价值。

案例

沿途风景比目的地更重要

刘某，中共党员，护理专业毕业生。2022 年 5 月，经过层层选拔，刘某光荣地成为“大学生志愿服务西部计划”的一名志愿者。同年 7 月底，刚刚毕业的刘某出自一份简简单单的“奉献之情”，伴随着“到西部去，到基层去，到祖国最需要的地方去”的号召，背起行囊，跨越了数千公里，从山东来到了新疆，被分配到了新疆生产建设兵团第三师图木舒克市卫生健康委员会。

作为一名护理专业毕业生，他本可以选择常规的就业路径，但他却毅然投身“大学生志愿服务西部计划”。从山东到新疆，这一数千公里的旅程充满挑战与未知。在新疆生产建设兵团第三师图木舒克市卫生健康委员会，他用自己的专业知识，为当地的卫生健康事业贡献力量。

他远离了熟悉的家乡和舒适的环境，面对新的文化氛围、新的工作挑战，但也正是在这个过程中，他收获了别样的人生体验。他与当地群众建立起的深厚情谊、为基层卫生事业付出努力后的成就感、在艰苦环境中磨砺出的坚韧品质等，都是他人生旅途中无比珍贵的财富。而这些远比仅仅追求传统意义上的职业目标更加有意义，也更能让他的人生绽放出独特的光彩。

刘某的选择彰显了新时代青年的责任与担当。刘某作为一名中共党员和护理专业毕业生，放弃常规就业路径，积极响应国家号召，投身“大学生志愿服务西部计划”，体现了他无私的奉献精神和在艰苦环境中磨砺自我的重要性。

第四节　澄清价值问我所需

一、价值观

（一）价值观概述

1. 价值观的定义

价值观是指人们对周围事物的重要性、意义和价值的看法与总体评价，它是人们在长期的社会生活中逐渐形成的，具有相对稳定的观念体系。

2. 价值观的功能

价值观对个体行为具有导向作用，它帮助人们在面对选择时做出判断，决定哪些行为是可取的，哪些行为是不可取的。

3. 价值观的特征

价值观具有多元性、稳定性、可变性等特征。

（1）价值观具有多元性。不同文化、群体、个体对价值观有不同的理解与追求，不同的人有不同的价值观。有的人注重物质财富，追求高水平的生活品质；有的人则更看重精神追求与陶冶情操。有的人以事业有成为人生目标，努力奋斗，追求卓越；有的人则注重家庭与平安健康。有的人乐于奉献，关心他人；有的人则关注自我实现，追求个人的自由。这种多元性使得人类社会丰富多彩，也为人们提供了更多的选择和思考。

（2）价值观具有稳定性。价值观是在长期的生活经历、教育熏陶及文化浸染中逐渐沉淀下来的，它不是轻易就能被改变的观念集合，一旦形成就会成为人们认知世界的基本框架，会在相当长的时间内保持相对稳定。它会影响人们的思维方式、行为习惯和决策过程，在处理事情时发挥稳定的作用。一个崇尚正义的人，在面对不公平现象时，会坚定地站出来发声，与不公平行为抗争。价值观的稳定性使得人们能够在复杂多变的环境中保持方向感和连贯性。

（3）价值观具有可变性。虽然价值观具有相对稳定性，但不是一成不变的。一方面，随着时间的推移、环境的变化和个人的成长阅历，人们的价值观可能会发生调整和改变。例如，在经历了重大的人生事件后，人们可能会重新审视自己的价值观，对人生的意义与价值有新的认识。另一方面，社会的进步与发展也会影响和更新价值观，以适应新的时代要求。例如，追求可持续发展的价值观，改变铺张浪费行为模式等。总之，价值观会在人生历程和社会变迁中变化和发展。

（二）价值观与职业的关系

价值观与职业之间存在着密切的关系。个人的价值观往往决定了他对职业的选择和工作的态度。

1. 对职业选择的影响

个人的价值观是其职业选择的重要依据，影响个人对工作的热情和投入程度。当职业与个人的价值观相符时，工作积极性会提高，反之则可能出现工作满意度下降的情况。另外，价值观对长期的职业规划和发展起到指导作用，大学生会根据自己的价值取向设定职业目标和发展路径。

2. 在职业生涯中的作用

在面临职业决策时，价值观既为人们提供了判断依据和选择标准，帮助他们做出合适的决定，也为个人在工作中的行为提供道德和伦理指导，确保其行为与内在信念相一致。在面对职场变化时，价值观可以帮助人们快速适应新环境，调整自己的角色和行为方式。

3. 与职业发展的互动

如果个人职业与价值观相匹配，满足感和成就感就高。价值观对职业道德的形成和维护起着关键作用，影响个人在工作中的诚信度和责任感。随着时间的推移，个人价值观产生变化，职业选择和发展方向也可能发生变化，从而使个体进行职业转型或重塑。

对于大学生来说，在进行职业选择时，其价值观起到了重要的作用。大学生正处于人生重要时期，他们的价值观不仅影响职业选择，还为其职业发展的路径和未来的生活指明方向。总之，大学生在做职业选择时要充分考虑自己的价值观，树立正确的价值观，进行正确的职业选择，从而推动个人成长和职业成功。

二、职业价值观

（一）职业价值观概述

职业价值观是指个人在职业选择和职业发展中持有的信念、态度和观念，它影响着个体的职业决策、工作态度及职业成功。职业价值观通常与个人的理想、信念和世界观紧密关联，是一种具有明确目的性、自觉性和坚定性的职业选择的态度和行为。职业价值观表明了个人通过工作所要追求的理想是什么，探讨人们在职业选择和职业生活中，在众多的价值取向里，应优先考虑选择哪种价值观。

个人的职业价值观在职业选择中起到关键作用，它决定人们在职业发展中寻求的重点，理解自己的职业价值观有助于个人做出更符合自己期望和长期发展目标的职业决策。同时，职业价值观受到多种因素的影响，包括个人的身心条件、教育背景、家庭影响、兴趣爱好、社会环境、组织文化等，这些因素共同塑造了个体的职业价值观，并指导个体职业生涯规划。

（二）大学生职业价值观的特点

大学生作为即将步入社会的特殊群体，其职业价值观具有鲜明的特点，这些特点反映了他们对未来职业的追求与期望。

1. 自我实现导向突出

大学生往往充满理想和抱负，渴望在职业生涯中实现自我价值。他们希望通过工作展现自己的能力和才华，获得成就感和满足感。许多大学生在选择职业时，会优先考虑能够发挥自己专业特长、提供广阔发展空间的岗位。这种自我实现的导向促使大学生积极进取，不断提升自己的能力，为未来的职业发展打下坚实的基础。

2．注重职业发展前景

大学生高度关注自己职业发展的前景。他们明白职业发展是一个长期的过程，因此在选择职业时会优先考虑行业的发展趋势、企业的成长潜力等因素。大学生希望能够在有潜力的职业领域中不断成长，实现自己的职业目标。他们愿意为了未来的职业发展付出努力，不怕从基层岗位做起，逐步积累经验和能力。同时，他们也注重企业提供的培训和晋升机会，希望通过不断学习和提升，能够在职业道路上取得更大的成就。

3．多元的价值取向

在一个多元化的社会环境下，大学生的职业价值观也变得多元化。除了传统的薪酬待遇、工作稳定性等因素外，他们还会考虑工作的意义、兴趣爱好、工作环境等。此外，良好的工作环境、和谐的人际关系也成为大学生选择职业的重要考虑因素。他们希望能够在一个轻松、愉悦的工作环境中上班，与同事建立良好的人际关系。

4．强调工作与生活的平衡

随着社会的发展，大学生越来越重视工作与生活的平衡。他们不希望为了工作而牺牲自己的生活质量，渴望能够在工作之余有充足的时间陪伴家人、发展个人兴趣爱好、参加社交活动等。他们会选择工作时间相对灵活、加班较少的职业，或者关注企业是否提供五险一金、节假日福利等。他们认为只有在工作与生活达到平衡的状态下，才能保持身心健康，才能更好地投入到工作中。

5．社会责任感增强

当代大学生具有较强的社会责任感，他们在选择职业时会考虑职业对社会的贡献。许多大学生希望从事对社会有益的工作，帮助解决社会问题，推动社会进步。大学生的社会责任感不仅体现在职业选择上，还体现在他们对企业社会责任的关注上。他们更倾向选择在具有良好社会形象、积极履行社会责任的企业工作。

（三）大学生如何树立正确的职业价值观

大学生树立正确的职业价值观是其职业生涯规划的重要组成部分，不仅关系到个人的职业发展，也影响其未来的生活质量和幸福感。以下是对大学生如何树立正确的职业价值观的表述。

1．自我认知与定位

大学生应通过各种方式了解自己的兴趣、能力和性格特点，根据自身条件和社会需求，设定清晰的职业目标，学会从多维度、全方面评估不同职业的价值，包括社会影响、个人成长、经济回报等。

2．知识学习与技能提升

通过多途径、多方式深入学习专业知识，增强自身专业素养；同时，注重对通用技能的培养，如沟通协调能力、团队合作能力等；树立终身学习的理念，不断适应职场变化，提高自身竞争力，丰富实战经验。

3. 社会实践与经验积累

积极参加社会实践和志愿服务工作，通过实践了解职场环境，积累工作经验，从而培养社会责任感，理解工作的社会价值。同时，要注重理论与实践的结合，将职业规划付诸实践，通过实际行动检验和调整职业价值观。

4. 价值观念与道德修养

树立正确的成功观念，认识到成功不仅是物质财富的积累，还包括对社会贡献与个人成就。做好职业道德教育，学习和遵守职业道德规范，形成良好的职业操守。增强服务社会的意识，将个人发展与社会进步有机融合。

综上所述，大学生树立正确的职业价值观是一个系统全面的过程，需要通过多种途径、多种方式、多方面努力才能逐步建立起符合自身特点和社会需求的职业价值观，为未来的职业生涯打下坚实的基础。

案例

专业不对口的“幼儿教师”

张某，女，心理学专业毕业生，自大学毕业后便在一家心理咨询机构工作。面对快节奏、高压力的心理咨询工作她深感疲惫，心中萌生了转行的念头。一次偶然的机会，张某接触到了幼儿教育领域，她被孩子们天真无邪的笑容和丰富的想象力深深吸引，决定尝试成为一名幼儿教师。尽管她的专业与幼儿教育并不直接相关，也明白转行后会面临很多困难，但张某没有放弃，而是将压力转化为实际行动。

当她真正踏入幼儿园的大门，面对一群活泼好动、天真烂漫的孩子时，她才意识到这份工作远比想象中艰难。由于专业不对口，缺乏系统的幼教理论知识和实践经验，她在课堂管理、教学设计等方面力不从心。专业知识和能力的欠缺，孩子们的哭闹、调皮，甚至家长的质疑，都让她倍感压力。面对各种困难，张某没有选择退缩，而是决定迎难而上。她利用业余时间，通过阅读大量幼教专业书籍、学习专业技能、观看教学视频、参加线上培训、向经验丰富的教师请教等方式不断充实自己。在工作实践中，她逐渐摸索出一套适合自己的教学风格和知识体系，将心理学专业融入幼儿教学中，抓住自身专业优势，灵活运用心理学的理论和方法，努力走进孩子们的内心世界，倾听他们的声音，对幼儿进行个性化教育，满足不同孩子的需求。

经过几年的努力，张某已经从一名非专业的幼儿教师成长为幼儿园骨干教师。她的课堂充满活力与创意，深受孩子们喜爱。她的教育理念和方法也得到了同行的认可和借鉴。更重要的是，她用行动证明了虽然自己专业不对口，但只要有爱、有责任心、有不断学习和进步的决心及正确的职业价值观，就能在幼儿教育这片土地上绽放。

这个案例表明，专业不对口可能会带来一定的挑战，但只要拥有正确的职业价值观，通过不懈的努力、持续的学习及创新思维的应用，完全可以克服障碍，实现职业生涯的成功转型。其中最重要的是保持对教育事业的热情和对学生的爱心，以及勇于探索和实践的精神。

第四章　心理调适——筑就职场坦途

第一节　大学生求职过程中的常见心理问题

案例

他为什么焦躁不安

张某，医学类职业院校学生，2024年刚毕业时对于从学生到社会人的角色转换很不适应。从学校步入社会是人生的一个重要转折点，尤其是医学类职业院校学生将面临从学生到医护人员、从获得知识到运用知识、从校园人际环境到社会人际环境的转换。张某在毕业初期心怀抱负，干劲十足，但是当他不停地找工作、不停地参加面试后，渐渐发现许多工作并不是自己想象的那样简单，人际关系也远比在学校时复杂，尤其是试用期间，他发现实际工作与上学时候的理想相距甚远，而他想改变现状又无能为力，这让他焦躁不安。

毋庸讳言，当代大学生面临的就业压力很大，就业制度的改革，使得大学生要在机遇与挑战中求“生存”。异常激烈的角逐，给他们带来了巨大的心理压力，如果不及时调节，则会产生心理失衡，有碍求职就业的顺利进行。

思考：大学生在求职过程中为什么会出现心理问题？

一、大学生就业心理问题产生的原因

大学生就业心理问题是指大学生在就业过程中表现出的一般心理特征，其日益成为我国社会关注的焦点。当前，自主择业、双向选择、供需见面等新模式的出现，为大学生施展才华、实现抱负提供了更为广阔的平台。与此同时，就业制度的改革也对大学生的心理素质提出了新的挑战，特别是近年来就业矛盾日益突出，就业难度日趋增大，给广大高校毕业生带来了巨大的心理压力。

（一）社会因素

一方面，由于高校扩招、毕业生人数剧增、就业岗位有限、就业市场尚不规范，以及社会上还存在着不正之风等，对就业工作和毕业生就业心理产生巨大冲击，导致一些学生心态失衡，产生焦虑、急躁、偏执和抑郁心理；另一方面，大学生传统的价值观念受到社会环境冲击，功利倾向日益严重，他们在择业时越来越多地考虑目前的、现实的利益，缺乏职业的社会意识、长远意识。因此，一部分毕业生忽视职业的深层价值，在求职就业过程中为利益所牵引，盲目追求就业环境、经济收入、福利待遇最优化等，存在着自负心理。

（二）学校因素

高校对毕业生的就业指导多偏重思想教育和政策教育，而对毕业生求职能力的培养训练、健康心理的指导教育等方面所做的工作则远远不够。大多数高校毕业生缺乏求职的实际能力，不会恰当地自我推销，不敢积极地参与竞争，不能准确地把握机会，由此产生了偏执、焦虑等心理。

（三）家庭因素

家庭因素主要包括父母的期望、父母的职业定位、父母的地位和社交能力、父母与子女的关系、家庭环境和氛围等方面。这些因素导致部分高校毕业生在择业时产生了一定的依赖心理。

（四）自身因素

首先，大学生是一个承载了社会、家长高期望值的特殊群体，自我定位比较高，成才期望强，社会对其要求也比较高，这使大学生面临很大的压力，表现出焦虑、自负心理；其次，由于大学生社会阅历比较浅，心理发育尚不成熟，不善于认识问题和分析问题，不能正确认清自我，不够全面了解社会，理想和现实脱节，容易产生盲目的从众心理；最后，面对初次就业，大学生缺乏足够的思想准备，心理承受能力差，不能在就业压力面前及时调整自己的心态，一旦遇到困难和失败就容易产生抑郁心理。

案例

受挫背后的无奈与思考

某单位到医学类职业院校招收毕业生，护理专业小李参加面试，可没有几分钟就被淘汰。据了解，小李因为得知与她一起来应聘的学生中有学校的“高手”，她怕自己不如别人，一时间信心全无，甚至想打退堂鼓，自然很快就被淘汰下来。

自我否定、缺乏自信，是自卑的心理表现。心理学家认为，自卑表现为对自己的能力和品质做出过低的评价。青年人对于与别人的关系、别人对自己的态度和别人对自己的评价都非常敏感，因而自尊心很容易受到伤害，尤其面对有竞争性的活动，因怕失败和被嘲笑往往采取“退避三舍”的态度。然而，求职并非一般性的竞争活动，如果在有限的机会面前畏缩退让、精神不振，则只会让本该属于自己的工作机会白白丢掉。

面试通常是用人单位的一次考试，这恰恰也是自卑者的一道难关。如何克服这一难关？美国心理学家吉尔福特研究指出：人们可以通过在头脑中设置已经取得的胜利画面，使自己的心智达到最佳状态。因而，自卑者可以在求职前进行积极自我暗示，持有“你行我也行”的信念，努力克服自卑心态。在与用人单位交谈时，尽量表现出自己擅长的一面，从而体验“我能胜任”的愉悦感。

思考：你还知道哪些在求职过程中出现的心理误区和心理问题？

资料来源：辽宁大学心理咨询中心，https：//xinli．lnu．edu．cn/info/11064/69827．htm？ sid_for_share=99125_3，有改动。

二、大学生求职过程中表现出的心理冲突

（一）自身理想与社会现实的矛盾

大学生思维敏锐，接受新事物的能力强，受外界影响较大，对未来充满了憧憬，对自身的发展充满了渴望。卫生健康类大学生在校时，学到了一定的专业理论知识，受到了扎实的专业技能训练，有较强的自信心，他们希望在社会上一展身手。在求职时，由于他们阅历较浅，对社会的认识不足，未切身感受到社会竞争的激烈，不了解相关职业岗位的人才需求，因此往往会脱离现实。当毕业生体会到主观想象与客观现实不一致时，他们就会感到迷惘，进而产生浮躁心理，在求职过程中或盲目地追求理想的岗位，反复碰壁；或顾虑重重，犹豫不决，即使有好的机会，也一再错过，留下遗憾。

（二）自我认知与实现自我价值的矛盾

大学生的自我意识虽然日趋完善，对自我存在的意义有了较深入的思考，迫切希望通过自身的努力得到社会的认可，体现自身的价值，但他们的人生观、价值观还没有定型，在求职过程中容易进入以下误区。

1．好高骛远

有的大学生择业期望、自我期许在入校时就很高，好高骛远、想入非非，具体表现为一味追求高薪水、高职位、高起点。一旦求职失败就产生嫉妒心理，常常对成功者进行讽刺挖苦、造谣中伤，伤害了别人也害了自己。

2．怀才不遇

一些高校毕业生高估了自己的能力，就业期望值比较高，实际求职时却因自身能力与岗位要求有较大距离而四处碰壁，于是开始抱怨用人单位、抱怨生不逢时，整天

闷闷不乐，又不愿意及时调整求职目标，导致最终难以就业。

3. 自卑依赖

大学生求职免不了遭受挫折，但一些高校毕业生不能正确对待挫折，总觉得自己技不如人，在求职过程中胆小畏缩，陷入“失败—自卑—失败”的恶性循环，并由此派生出依赖心理，把求职就业推到学校、家长、亲友身上，放弃自身的主动性。

4. 盲目从众

有的高校毕业生脱离自己的实际情况，盲目跟随别人。例如，在求职过程中，只要某个岗位被大家看好，他们就对该岗位表现出热情，而缺乏实事求是的态度，放弃选择的自主权，结果只能是一再失败。

5. 朝三暮四

面对就业机会，有些高校毕业生采取了消极等待的拖延态度，他们“这山望着那山高”，信奉“一慢二看三挑剔”的就业原则，导致因错失良机而待业。

6. 恐惧羞怯

有些高校毕业生一提到就业就紧张，害怕离开学校，甚至对求职感到恐惧。例如，他们在求职过程中常常表现为忧心忡忡、烦躁不安、无所适从、怯懦消极，在与用人单位接触时，这些心理暴露无遗，直接影响到用人单位对他们的取舍，从而影响就业。

三、大学生常见的就业心理问题

（一）自卑

很多大学生对自己的能力缺乏了解、缺乏自信心，不敢竞争，尤其在遇到挫折时，很容易产生强烈的自卑心理，觉得自己事事不如人。在求职过程中，自卑心理表现在对自己的评价过低，不能正确认识自己的优点。由于屡屡受挫，大学生对自身能力产生了怀疑，在面对竞争对手时缩手缩脚，不能充分向用人单位展示自己的才华。这种自卑心理对于大学生推销自我会产生一定的负面影响。

（二）自负

这种心理正好与自卑心理相反，持这种心理的高校毕业生往往自认为高人一筹，傲气十足。在求职时，他们好高骛远，期望值很高，对用人单位横挑鼻子竖挑眼，很难找到自己满意的工作。同时，他们还缺乏客观的自我分析和自我认识，对自己的评价过高，认为自己知识丰富、各方面条件不错，理所当然地应该得到一个理想的职业。这种自负心理对就业的影响很大，常常使大学生错失良机。

（三）焦虑

刚走出校门、没有社会经验的大学生对如何选择职业这一人生重要课题产生焦虑心理是正常现象，但是有的大学生过度担心求职中的困难和结果，整日忧心忡忡，不能释怀。他们既希望谋求到理想的职业，又担心被用人单位拒之门外，害怕自己在择业上的失误造成终身遗憾，并对未来的职业生活心中没底，因此在就业过程中存在一定的焦虑心理，行为上也表现为反应迟钝、手忙脚乱、无所适从，从而影响用人单位对其做出正确评价。

（四）急躁

大学生在求职过程中常常表现出烦躁不安、心理紧张、无所适从等状态。例如，在工作没有被最终确定之前，他们普遍存在急躁心理，尤其在对用人单位了解较少的情况下就匆匆签约，一旦发现不能如愿，又后悔莫及。存在该心理状态的大学生在就业期间情绪始终处于亢奋状态，表现为心急如焚、东奔西跑、四面出击，经常在没有考虑成熟的情况下盲目参与面试，往往易被用人单位拒之门外，给自己的自信心造成不小的打击。

（五）怯懦

有的大学生在求职过程中谨小慎微，老是想着面试时万一说错话怎么办。生怕因一句话说错、一个问题回答不好而影响用人单位对自己的印象，以致不敢放开心态说话，没有把自己的特点和优势表现出来。这些同学虽渴望公平竞争，但在机遇到来的时候却手忙脚乱，无法充分发挥出自己的才能。

（六）抑郁

大学生在求职过程中往往会因为屡屡遭受挫折（不被用人单位认可、接受），导致情绪低落、愁眉不展，甚至产生抑郁心理。例如，有的大学生受挫后不能正确调整心态，导致不思进取，情绪低落，甚至放弃一切求职努力，听天由命，情况严重时会对外界环境漠然置之，不与他人交往，对一切都无所谓，从而患上抑郁症。

（七）冷漠

冷漠是人们遇到挫折后的一种消极心理反应，是逃避现实、缺乏斗志的表现。当一些大学生在求职过程中因受到挫折而感到无能为力、失去信心时，他们就会出现不思进取、意志麻木等反应，甚至自认为看破红尘，选择听天由命。

（八）逃避、抵触

这种心理虽然与冷漠有些类似，但产生的原因却不相同。持这种心理的大学生往往因为过惯了校园生活，对父母和学校的依赖性很强，一旦独自面对社会、面对社会角色的客观要求、面对复杂的社会关系，就容易产生逃避心理和抵触情绪。

（九）嫉妒

嫉妒在大学生中是比较常见的心理，只不过是轻重有别。在求职问题上，嫉妒心理表现为当看到别人某些方面的求职条件好，或找到比较理想的工作时，会产生羡慕，转而痛苦又不甘的心态。

（十）攀比

一些大学生在求职时不是从自身实际出发，而是与同学攀比，特别是当看到与自己成绩、能力差不多的同学找到令人羡慕的工作、获得可观的收入时，觉得自己如果找不到理想的职业就会很没面子。为了获得心理上的平衡，他们将自己择业的目标设计得过高，结果导致高不成、低不就，错失了一些适合自己的就业单位，陷入被动之中。

（十一）优柔寡断

有些大学生已有了意向单位，但仍然抱着等一等、看一看的念头，对签协议一拖再拖。在选择职业时，优柔寡断的人往往会在多个选项之间徘徊，难以做出决定，进而错失良机。

（十二）偏执

在求职过程中，大学生的偏执心理主要表现为追求公平的偏执、高择业标准的偏执等，这样的偏执心理必然会减少大学生就业的机会。

（十三）从众

有些大学生自我定位不够准确，对自己所学专业缺乏深入的了解，对该专业的社会需求分析不透彻，并且缺乏一定的自我决断力。这样就很容易追随他人的脚步，不管职位是否适合自己、是否与自己的专业相关，都竭力去争取。这样的付出往往只能收获事倍功半的效果，这种从众心理也使他丧失了许多良好的就业机会。

第二节 大学生就业心理自我调适

求职有压力，随之而来就会有各种心理问题。要解决这些心理问题，首先需要对外界变化有所认识，以做好应对的准备。大学生要积极进行自我调适，使自己顺利融入社会。

案例

就业浪潮中，大学生受挫的挣扎与成长

谭某，女，山东泰安人，潍坊护理职业学院2020级学生。谭某专业成绩排名326名（本级共1 053人），综合测评成绩排名205名，家庭经济情况一般。她在专升本考试失利后，决定放弃继续深造，选择找工作就业。谭某在校期间曾担任团支书一职，她在和辅导员谈话时曾提到，以自己的专业实力至少能考进市级医院单位。在毕业季，谭某先后参加了泰安市人民医院、潍坊市益都中心医院、合肥市人民医院的笔试和面试，前两家医院她在笔试环节被淘汰，最后一家医院则在面试中被淘汰。经历几次挫折后，谭某非常沮丧，一方面抱怨笔试题目太难、太偏，抱怨面试官过于刁难自己；另一方面开始怀疑自己，是不是自己能力不行。在犹豫与彷徨中，她等来了济南市第四人民医院招聘。在应聘时，谭某非常紧张，出现了答非所问的情况，最终没有被录取。谭某非常痛苦，找到辅导员谈心，辅导员帮她分析了目前的状况，分析了她在面试过程中失败的原因，并开导她慢慢来，一步步争取和努力。在后续的应聘中，谭某自信心明显增强，最终在青州市人民医院的招聘中被成功录取。

思考：大学生在就业过程中应如何提高就业能力？

一、提高大学生就业能力的方法

大学生要想形成健康的就业心理，离不开社会、学校、家庭各方的共同努力。但是，内因是关键，即大学生必须从自身实际情况出发，积极调适自己的就业心理，主动适应环境，与环境保持协调一致，客观地分析自我与现实情况，有效地排除心理问题，从而保持稳定积极的心态，达到合理择业、顺利就业和健康成长的目的。

（一）引导大学生形成良好的求职心态

1. 锻炼身体，健康体魄

（1）避免睡眠紊乱。人们在面对巨大压力时，一方面，容易失眠，导致睡眠太少，另一方面，极度疲倦，导致睡眠过多。睡眠太少的时候，大多数人会因为担心精力不足以应付即将到来的事务而更加紧张、焦躁；睡眠太多的时候，又会因为耽误了时间而懊恼不已。因此，大学生应保证适当的睡眠时间和睡眠质量，以应对强压下自己要做的事情。

（2）避免饮食紊乱。饮食紊乱也是在压力下容易出现的身体问题之一，女性尤其如此。暴饮暴食或者不思饮食不但不能降压，还会进一步导致身心负担。大学生应将自己的饮食量控制在正常水平，保证食物的营养丰富，不吃垃圾食品，以保证身心健康。

（3）避免吃刺激性食物。有些人在心情郁闷、压力很大的情况下，会不由自主地想喝点什么，或者放一些食物在嘴里。但应尽量避免食用过于辛辣、含酒精和咖啡因等刺激性较大的食物或者饮料及糖。因为刺激性的食物或饮品会刺激神经、扩张血管，酒精会麻醉大脑，糖会让大脑变得迟钝。这些食品虽然一时让人兴奋，但是长期食用会让人更加抑郁，进而使身体机能受到影响，学习和工作效率也将变得更加低下。

（4）保持运动。运动是减压的好方法之一。首先，它可以减弱压力带给人们的身体反应，如发抖、冒冷汗、心跳加快等。其次，体育锻炼可以改善身体的免疫系统，防止智力下降。最后，专注运动的时候，人们会暂时忘掉那些烦心的事情，远离压力的不良影响。大学生应该注意保持良好的生活与思维习惯，做健康、积极的自己，压力自然不会常在心间。

2. 激励大学生建立自信

（1）自信是求职成功的前提，要激励高校毕业生建立“我能行”“我一定能干好”的自信心。当然，自信不是盲目的自负和自傲，而要以扎实的知识和能力为基础，以良好的素质为依托，以雄厚的实力为后盾。大学生应根据社会需求打好基础，积蓄自信的资本。学校要引导大学生从实际出发，克服盲从心理，充分考虑自己的优势，扬长避短、发挥特长，求职时才能充满自信。自信与否，在很大程度上决定了个人能否成功。在就业形势日益严峻的今天，大学生要不断增强自主择业的意识，对自己充满信心，主动出击，学会展示自我、推销自我。在择业过程中，大学生要坚定自己的立场，不能随波逐流，要根据自己所学专业，尤其是自身的特点进行选择。即使暂时失败了，也不要悲观气馁，而是要迅速找到失败的原因，并积极调整自身定位，对自我做出客观的分析，这样，择业的信心就不会因暂时的失败而消失。

（2）培养广泛的兴趣爱好，转化不良情绪。兴趣是人们认识事物和从事活动的巨大动力。广泛的兴趣爱好可以使大学生增加知识、开阔眼界，生活变得丰富多彩。大学生可以从广泛的兴趣爱好中得到多方面的启发，从而把自己的兴趣与社会生活、与未来的职业前途联系起来。当不良情绪不易控制时，大学生可以采取转移情感和精力到其他活动中的办法，来获得心理平衡。

3. 引导大学生认清自我，转变观念

（1）认清自我，就是高校毕业生对自己要有充分的认识，如思想表现、学习状况、各种技能、身心素质等，同时了解自己的兴趣、性格和气质特征等，进而将主观愿望与客观现实有机地结合起来，选择符合实际的就业目标。社会为广大高校毕业生提供的工作岗位不可能人人满意，供需形势也不平衡，因此大学生应树立“社会要什么，我就干什么”的观念，而不是抱着“社会该给我什么”“我想要什么”的想法。

（2）客观冷静地认识社会和评价自己。正确认识社会和评价自己是大学生进行自我调适的基础。大学生作为社会个体，不可能脱离社会而存在。在求职择业前，大学生首先应认清就业形势，了解职业对自己的要求，同时正确认识和评价自我，既要充分挖掘自身优势，也要理性看待自己的不足，进而正确定位，科学地进行人职匹配，并为了理想的职业做好知识、能力、心理准备。

4. 引导大学生审时度势，调整求职期望值

（1）求职期望值过高，其结果不是因超越现实而失败，就是因就业后力不足、无法胜任而被淘汰。因此，在遇到求职目标难以实现时，不妨先改变一下思路，争取及时就业，然后积蓄力量再求发展。通常可采用“分步达标”的办法，即把总目标分解成几个阶段性小目标，降低起点，从最低的阶段性小目标开始，从低薪做起，从小事做起。

（2）一旦求职受挫，就应该放下包袱，如实剖析自己的长处和不足，通过其他途径或降低就业起点来达到目标，积极调整自己的职业意向与职业抱负。大学生应当使自己的心理定位与就业目标相一致，做最坏的打算，尽最大的努力。

（3）应从长远目标着手，积极谋划自己的未来职业规划。当获得理想职业的时机还不成熟时，大学生应学会调整自己的目标，先就业，再择业，在工作中不断积累经验，增长阅历，为今后的职业生涯做更充分的准备。转变择业一次到位的思想，对大学生顺利就业十分重要。

（二）培养大学生适应职业竞争的能力

1. 建立良好人际关系的能力

大学生进入实习、试用期之后，需要处理与同事、领导、客户等各方的人际关系，这对一直身处相对单纯的校园人际环境的他们来说，是一个新的课题。到了新单位，大学生应积极了解各项规章制度及适应部门成员，这样可以较快地融入环境，也可避免与同事产生隔阂；平时要注意虚心学习、尊敬他人、互助互利、不卑不亢、诚恳主动，这样才能通过自己的努力拥有一个相互理解、相互尊重、相互支持的人际环境。

2. 合作共处的能力

许多大学生是独生子女，比较自私，在校期间不会与同学友好相处，就业后也不能够与同事、领导友好相处。对于这样的高校毕业生，即使找到理想的职业也不会有工作的乐趣和前途。虽然工作岗位需要个体的实践活动，但它更是一种社会性活动，这种活动是在人与人之间的交往、配合和协调中发生、发展并取得成功的。大学生虽然有朝气和锐气，敢想敢干，但不能一味强调自我表现和突出个性，更应该考虑实际情况，根据工作岗位的需求来发挥长处。建立良好的人际关系，可以维护和增强心理健康。因遭受挫折产生不良情绪，消除它的最简单的方法是适度地宣泄。良好的人际关系有利于师生之间、同学之间、朋友之间倾诉衷肠，分散忧愁、苦闷，使情绪得到纾解，回归理性的自我。

3. 爱岗敬业的能力

用人单位考察大学毕业生最重要的一点就是是否爱岗敬业，有不少大学生“这山望着那山高”，对应聘的单位这也不满意，那也不满意，或者存在职业偏见，不能一心扑在工作上。工作岗位固然有所不同，但关键是如何正确对待。一般来讲，越是艰苦的环境，越能磨炼个人的意志，越能体现个人的价值。对于大学毕业生来说，因为缺乏实践经验，所以更要珍惜岗位，从小事做起，积累经验、磨炼意志，谦虚谨慎、脚踏实地做好每一件事，对领导、同事提出的善意批评要正确认识，要虚心接受别人的意见。

4. 潜在的学习能力

大学生求学的主要目的是就业，是先成人后成才，然而人生的学习任务还远远没有结束。一方面，科学技术不断更新，科技成果层出不穷，需要职业工作者不断提升自身能力以应对岗位要求，否则将面临淘汰；另一方面，个人的生存和发展，要求自身必须有相应的技能和创新意识，只有终身学习，才能充分发挥自身潜能，实现自我的不断发展。

5. 时间管理能力

大学生应明确知道自己需要做哪些事情，这些事情重要与否，它们需要在什么时间完成，再制订出合理的计划，这种时间管理能力对降低工作压力有极大帮助。

6. 提高耐挫伤的能力

学会自我欣赏与自我接纳。在求职择业过程中遭受挫折在所难免，大学生要正确对待挫折和失败，学会自我欣赏与自我接纳，对真实的自己抱认可、肯定的态度，敢于竞争，不怕失败。当求职失败时，大学生可以运用理性情绪法宽慰自己，靠“失败乃成功之母”“天生我材必有用”等减轻或消除自己所受挫伤；也可通过列举别人失败或不如自己等事实，证明自己虽败犹荣，从而提高耐挫伤的能力，保持内心的安宁。

二、大学生就业心理问题的调适方法和启示

1. 深入开展大学生就业指导工作

调整大学生就业心态，提升大学生就业能力，建立科学就业观。各高等院校应严格按照国家要求，开设大学生职业指导、就业指导系列课程，加强大学生就业指导课程体系建设。例如，大学一年级可以通过设置学涯辅导、职业生涯规划、理想信念教育指导、专业情况指导等课程，指导大学生树立正确的职业意识与择业意识，帮助大一新生解决学业问题，为将来的就业打下良好的基础；大学二年级可以适当开展职业介绍、行业推介、职业素质拓展、专业实习等职业指导课程，增强大学生对将来所要从事行业认知的培养和职业素质的培养，提高核心就业竞争力；大学三年级、四年级可以开设就业指导课，为大学生介绍就业形势、求职简历制作、面试技巧、就业心态调整、就业心理调适等内容，使其了解就业形势，掌握求职技巧，调整就业心态，树立“先就业后择业”“从守业到创业”等就业择业心态，建立科学就业观，全面提高就业能力。

2. 增设大学生创业课程，积极鼓励和引导大学生开展自主创业活动

大学生创业教育是开展大学生就业指导工作的重要内容之一，尤其是在当前我国严峻的就业形势下，各高等院校应通过开设创业课程，积极鼓励大学生开展创业活动。通过创业教育使大学生熟悉创业的社会环境、经历的各个环节等。

3. 适度开展职业咨询与辅导，指导大学生积极开展社会实践、行业实践和职业实践

职业辅导和职业咨询是大学生职业指导工作的重要内容之一，它旨在帮助大学生纠正某些不恰当或盲目的择业行为和消极态度，排除职业决策中的心理障碍和困难，提出决策建议，并针对存在的问题，采取个别咨询和小组咨询的方式加以解决。它包括模拟职业环境实践、专业实习、社会调查和社会实践等方式，目的是使大学生获得职业体验，切身感受职业工作环境及所面临的各种实际问题，真实地了解职业的性质及职业活动中的人际关系，及时发现自己的不足，激发学习专业理论的主动性和掌握专业技能的积极性，同时锻炼自己的职业能力。另外，在开展职业咨询与辅导过程中，学校应积极指导和激励大学生开展社会实践、行业实践和职业实践，通过实践更好地检验和锤炼大学生融入社会的能力，全面提高大学生的综合

素质。

三、就业心理压力疏导的 12 个“锦囊妙计”

（1）合理认知，调整情绪，即通过改变认知来改变情绪。引起情绪的直接原因并非外部事件本身，而是人们对事件的认知、想法，因为引起人们负面情绪的主要原因是对事件某些不合理的认知和判断，而不仅仅是外部事件本身。面对同样的事件，不同的人认知不一样，情绪反应就不一样，只有合理的认知和判断，才会有积极的心态和情绪，才可能有理智的言行。

（2）准确评估自己的心理状态。世界卫生组织提出身心健康的七大标准：①快食：吃饭不挑食、不偏食，津津有味。②快眠：较快入睡，睡眠质量好，精神饱满 。③快便：快速通畅地排泄，感觉轻松自如。④快语：说话流利，头脑清醒，思维敏捷。⑤快行：行动自如协调，迈步轻松有力，动作流畅。⑥良好的个性：性格柔和、适应环境，为人处世良好。⑦良好的人际关系：与人相处自然融洽，朋友多。

（3）塑造阳光心态，提升幸福感。

（4）学会人际交往，寻求社会支持。

（5）正确归因，对问题做出积极解释。

（6）合力决策，防止认知误区。调整自我认知与定位的方法如下：①了解自己的兴趣、特长和价值观。通过自我反思、心理测评等方式，深入了解自己的职业倾向和发展潜力。②设定合理的职业目标。根据自身条件和市场需求，设定明确的短期和长期职业目标。③制订个人职业规划。制订可行的职业规划，包括提升专业技能、积累实践经验、拓展人际关系等。

（7）用理智引领情感，合理宣泄情绪。

（8）学会感恩，感恩能获得好心情。

（9）学会放松方法，找回轻松状态。要学会一个放松方法，如呼吸放松、蝴蝶拍、鸣天鼓等。①呼吸放松。找一个舒服的姿势，坐着或躺着都行。把手放在腹部，慢慢地深吸一口气（3 ～ 4 秒），感受腹部慢慢鼓起来。再专注地慢慢呼出这口气（4 ～ 5 秒），感受腹部慢慢收缩。把注意力放到呼吸上来，一呼一吸，腹部也随之一伸一缩。想象每次吸气都是把外界的能量吸入体内，每次呼气都是把身体里的压力和紧张释放出来。开始每次练习 2 ～ 3 分钟，熟练后可以增加到 10 分钟。一天 2 ～ 3 次，持续 6 ～ 8 周。在睡前坚持练习，还能有助于安稳入睡。②蝴蝶拍。首先，在日常生活中选择一个觉得愉快或感到被关爱的事件，回想这个事件，找到一幅最能代表这种积极体验的画面。第一步，双臂在胸前交叉，右手在左侧、左手在右侧，轻抱自己对侧的肩膀；第二步，双手轮流轻拍自己的臂膀，左一下、右一下为一轮；第三步，速度要慢，轻拍 4 ～ 6 轮为一组。然后停下来，深吸一口气，如果好的感受不断增加，可以继续下一组蝴蝶拍。注意：边做蝴蝶拍，边体验身体的积极感受，想到这幅画面，然后开始上述方式，左右交替轻拍，在此过程中头部及身体的变化要顺其自然。③鸣天鼓。鸣天鼓是我国传统的健脑操，具体做法是：双肘支在桌子上，头略低，闭双目，用两手掌心紧紧按住两耳孔，然后用两手中间三指轻击后枕骨，随即可以听到“咚咚”好像击鼓的响声。敲击声略快些，要有节奏，心中默念数字，敲击二三十下即可。鸣天鼓可防治头昏耳鸣，对清醒头脑、稳定情绪有明显效果。

（10）善用所有的资源寻求专业帮助：一是内部资源，二是外在资源。每个人都难免遇到各种压力与危机，应善用自己的资源（以往成功的情绪处理方法）、身边的资源（同学、老师、家人）来调整心理状态。如果自身的资源与潜能不能帮助自己度过这段特殊的日子，学校的心理健康教育与咨询中心可以提供专业的心理帮助。学校心理健康教育与咨询中心会提供电话、邮箱、网络、面询等多种心理咨询方式，也可通过各院系心理教师进行辅导。

（11）树立谈心交流的合理信念。

（12）避免谈心交流的盲点。

四、求职心理操

案例

积极想象

小李，大学应届毕业生，求职时因多次面试失败而变得很焦虑、没有自信。

每天早上起床后，小李会站在窗前，做简单的深呼吸心理操：先慢慢地吸气，数 5 个数，让空气充满腹部，感觉腹部像气球一样鼓起来；再缓缓地呼气，同样数 5 个数，将空气全部呼出。重复做 10 组。之后，他会看着远方，大声对自己说："我专业能力扎实，今天的面试我可以充分展现自己，一定能成功。"每次面试前他都会这样做。

经过一段时间的做操，小李在面试时明显没那么紧张了，能更从容地应对面试官的问题，最终成功拿到了一家心仪公司的录用通知。

思考：你还知道哪些求职心理操？

求职心理操是一种有助于缓解求职过程中紧张、焦虑等不良情绪，调整求职心态的心理训练方法。

（一）求职心理操常见形式

1. 放松式心理操

可以找个安静地方坐下或躺下，闭上眼睛深呼吸。慢慢地吸气，让腹部鼓起，再缓缓地呼气，重复多次。随后从头到脚依次紧绷、放松身体各部位肌肉，感受肌肉从紧张到松弛的变化，帮助放松身心，减轻求职压力带来的紧绷感。

2. 积极暗示心理操

站在镜子前，看着自己的眼睛，大声说出一些积极肯定的话语，如"我有能力找到合适的工作""我具备独特的优势，一定能在求职中脱颖而出"等。通过不断强化积极的自我暗示，增强求职自信心。

3. 想象成功心理操

静下心来，想象自己顺利通过求职面试，拿到心仪的offer，进入理想工作岗位后的场景，包括工作环境、与同事相处的画面等，越具体越好，让自己对求职成功充满期待，以更积极乐观的心态去面对实际求职过程。

4. 情绪宣泄心理操

比如，通过写日记的方式把求职过程中遇到的不愉快、焦虑等情绪记录下来，尽情倾诉；或者找空旷的地方大喊几声，将内心压抑的情绪释放出去，避免不良情绪积累影响求职心态。

（二）求职心理操具体实施方法

1. 自我激励法

通过生活中的哲理、榜样的事迹或明智的思想观念来激励自己，增强自信心，保持良好的情绪和心态。

2. 注意力转移法

将注意力从消极情绪转移到积极情绪上，如听音乐、参加体育运动、进行自我娱乐等。

3. 适度宣泄法

向挚友、师长倾诉忧愁、苦闷，使不良情绪得到疏导。

4. 自我安慰法

在遇到挫折时，适当进行自我安慰，以缓解动机的矛盾冲突，纾解焦虑、抑郁、烦恼和失望情绪。

5. 合理情绪疗法

通过认知纠正，以合理的思维方式代替不合理的思维方式，解决情绪困扰。

6. 自我暗示

在面试前进行积极的自我暗示，增强自信，驱散紧张。

7. 合理宣泄

在空旷处大喊、大哭一场，或者进行体育运动等，有助于缓解心理压力，恢复心理平衡。

8. 明确当前环境

通过学长学姐、老师、媒体等了解当前的就业形势，探索自身的职业兴趣和发展方向。

9. 打破信息差

利用周边多种资源整合相关求职信息，充分发挥人脉作用，获得更多就业机会。

10. 主动出击

在求职过程中主动寻求反馈和改进，不断提升自己。

11. 思维方式的转变

将面试看作是双方交流互选的过程，不用将面试官看作“洪水猛兽”。

12. 改变关注点

在面试中专注表达，关注问题本身，减轻紧张程度。

13. 放慢讲话速度

在面试过程中有意放慢说话的速度，有助于清晰的语言表达和思考。

14．保持端庄

在面试过程中注意肢体语言的规范，避免不良小动作。

总之，求职心理操是一套帮助求职者调整心态、提升能力、顺利求职的方法。在求职过程中，大学生要保持积极乐观的心态，不断提升自己的综合素质和能力，相信自己一定能够找到合适的工作。

第五章　职业能力培养
——驶向职业成功彼岸

第一节　专业技能提升途径

专业技能的提升是提高大学生综合素养、促进大学生全面发展的关键。新时代背景下，由于新的就业增长点不断出现和就业形态不断发展变化，大学生亟须提升自身的职业技能，切实提升就业竞争力。政府部门应不断优化大学生的就业市场空间，不断壮大创新型、应用型和技能型人才队伍，营造良好的社会就业氛围。

一、就业导向下大学生专业技能提升的必要性

大学生就业一直以来都是社会各界所关注的重点问题，目前我国社会经济结构的转变使得市场对于人才的需求发生了新的变化。基于此，为提升教育教学质量及满足大学生的就业需求，高校应将职业技能培育作为人才培养的主要内容，进而全面提升大学生综合就业能力，促进大学生实现高质量就业。首先，高校需要准确把握大学生职业技能内涵，正确认识到就业导向下大学生职业技能提升的重要价值，并立足各高校大学生职业技能培育的现状，创新性地提出推进大学生职业技能培育工作的有效建议。大学生职业技能的提升是大学生就业能力提升的必然要求，受传统教育思想的影响，在高校教育教学中专业学科知识教育长期处于主导地位，导致大学生职业技能和实践能力的提升在一定程度上被忽略，企业的用人需求也得不到满足。其次，大学生职业技能提升的要求，使得人才培养与社会需求实现有效接轨，帮助大学生在深化自我认知的基础上，有针对性地提升自身的职业技能，并且充分把握现有的市场发展态势，使得自己的职业生涯规划更加清晰明了。再次，职业技能的提升也是促使大学生实现知识内化的有效途径，通过参与职业技能提升的实践活动，大学生不断增强自身的实践应用能力，实现理论知识与实践技能的全面提升。最后，大学生职业技能的培育也将成为高校教育综合变革的新方向，为高校教育教学水平的提升，以及满足市场可持续发展注入新活力。

二、就业导向下大学生专业技能提升的有效策略

作为一项系统性工程，大学生专业技能提升工作需要各方主体的共同参与，形成

协同效应，才能确保大学生人才培养适应产业转型升级和技术发展的要求，切实提升大学生专业技能培育的实效性和针对性，不断缩小大学生就业能力与用人单位需求之间的差距。

1. 完善大学生专业技能提升政策，优化大学生专业技能培训体系

政府作为大学生专业技能提升的保障者，须强化自身的统筹协调能力，发挥引领作用及机制体制保障作用，有效提升大学生专业技能的公共服务水平。一方面，政府应科学合理地制定大学生专业技能提升政策，从大学生专业技能提升运行机制、组织领导、制度法规、内容建设等方面入手，以大学生实际就业需求为导向，为其提供更具针对性和实效性的政策支持。另一方面，政府应在财政方面给予充分的支持，优化大学生专业技能培训体系，制定精准有效的专业技能提升举措，如大学生专业技能培训指导、专业技能培训信息服务，引导企业建立健全大学生技术技能型人才工资分配和表彰奖励体系，不断激发大学生参与专业技能培训，提升工作的热情。

2. 构建校企协同育人机制，发挥企业主体责任作用

企业作为专业技能型人才的需求方，应树立联合培养意识，积极参与高校的人才培养工作，在深化校企合作的过程中为大学生专业技能提升赋能。首先，企业要承担起培训主体的责任，立足自身发展，结合高校人才提升的目标和要求，开展多层次、大规模的大学生岗前培训、在岗培训、稳岗培训，以及转岗培训等工作。有能力的企业可以成立大学生专业技能培训机构，面向高校大学生全面开展专业技能提升工作。其次，企业要主动参与高校育人工作，确保校企双方育人信息的共建共享，同时根据市场的需求开展大学生专业技能提升工作，为大学生提供更多的社会实践机会。校企双方应共同组建培训队伍，对不同阶段的大学生开展更具针对性的专业技能提升、实践能力强化训练，从而稳步提升大学生就业创业能力。企业应联合高校创办大学生实训基地，以一体化实训基地的建设来整合校内校外资源，在产教融合中贯彻落实大学生专业技能提升要求。最后，企业应立足实际，采用订单式人才培养模式，以市场发展趋势及行业对专业技能人才的实际需求为导向，以签订合同的形式完善高校人才体系，安排学生深入企业参与实习和实训工作，并将其作为企业人才储备的重要保障。

3. 高校是优质人才输出的主要阵地，也是大学生专业技能提升的主导者

高校应在政府的领导和支持下，充分发挥自身的主观能动性，健全大学生专业技能提升工作机制，同时要加强与企业的合作，将教学延伸至课堂与学校之外，全面提升学生的综合素养。一是明确大学生专业技能培养目标，积极打造优秀教师团队。人才培养目标的制定要与企业发展需求及专业发展前景相符合，确保学生的专业技能、实践能力、职业适应和创新创业能力等获得全面提升。同时，也要加强师资力量建设，优化教师团队结构，构建多层次、多主体的教师团队，满足大学生实践训练和技能培训的需求。二是开展校企合作，增强大学生就业能力。一方面，对接市场需求，主动寻求企业帮助，与企业开展多维度、多方面的交流、合作，同时加强大学生职业规划教育，建立大学生就业服务长效机制，提高大学生就业率。另一方面，以职业资格证的获取为切入点，制订职业技能培训规划，

促使大学生在夯实理论教育的基础上，不断提升专业实践能力，最终实现进阶式发展。

三、医学专业大学生专业技能提升的有效途径

护理专业大学生专业技能的提升不仅可以提高护理人员的专业能力，还能够确保其为患者提供优质的护理服务。在医疗领域，护理人员作为医疗团队中不可或缺的一员，其专业能力的提升直接关系到患者的健康与生命安全。随着医学技术的不断发展和医疗环境的日益复杂，护理人员如何提高自己的专业能力，成为一个亟待解决的问题。以下从多方面探讨护理人员如何提高专业能力，以期为护理专业大学生提供一些建议和方法。

（一）持续学习与进修

护理人员作为专业技术人员，需要不断学习和更新医学知识，以适应日益变化的医疗环境。他们可以通过参加各类培训课程、学术研讨会、在线学习等方式，了解最新的医学研究成果和临床实践经验，不断拓宽自己的知识面。同时，他们还可以根据自己的兴趣和专业发展方向，选择进一步深造，如攻读硕士、博士学位，以提升自己在专业领域的研究能力和临床实践能力。

（二）注重临床实践与经验积累

临床实践是护理人员提高专业能力的重要途径，需要在日常工作中，不断总结经验教训，提高自己的临床操作技能和病情观察能力。同时，护理人员还需要积极参与疑难病例的讨论和会诊，与医生、药师等医疗团队成员密切合作，共同制订治疗方案，提高自己的综合素质和协作能力。

（三）加强沟通与人际交往能力

护理人员作为医疗团队中的一员，需要与患者、家属、医生、药师等各方进行有效的沟通和协作，因此需要具备良好的沟通能力和人际交往能力。护理人员可以通过多参加社交活动、多与同事交流、多关注患者需求等方式，提高自己的沟通能力和人际交往能力。同时，还需要注重沟通技巧和表达能力的训练，以便更好地与患者和家属建立信任关系，提供优质的护理服务。

（四）关注患者需求与人文关怀

护理人员的工作不仅是完成医疗任务，更重要的是关注患者的需求和感受，为患者提供人文关怀。他们需要关注患者的心理变化、情绪波动和生理需求，为患者提供温暖、关爱和支持；同时，还需要尊重患者的权利和隐私，保护患者的尊严和利益。通过关注患者需求和人文关怀，护理人员能够提高自己的职业素养和服务质量，赢得患者和家属的信任和尊重。

（五）参与科研与学术活动

参与科研和学术活动是护理人员提高专业能力的重要途径之一。通过积极参与科研项目和临床研究，他们可以了解最新的医学研究成果和临床实践经验，可以提升自己的科研能力和学术水平，同时也可以为医学领域的发展做出自己的贡献。

（六）培养自我管理与自我驱动能力

护理人员的工作强度大、压力大，需要具备良好的自我管理能力，如合理安排自己的工作和休息时间，保持身心健康；同时，还需要具备自我驱动能力，不断寻求自我提升和发展的机会。通过培养自我管理和自我驱动能力，护理人员可以更好地应对工作挑战和压力，保持积极向上的心态和状态。

（七）利用现代科技手段提升专业能力

现代科技手段为护理人员提升专业能力提供了更多的可能性。他们可以利用互联网、大数据、人工智能等现代科技手段，获取最新的医学知识和临床实践经验，还可以利用它们进行远程学习和交流，拓宽自己的视野和知识面。通过利用现代科技手段提升专业能力，护理人员可以更好地适应医疗领域的发展变化和挑战。

案例

案例一：全国护理技能大赛二等奖的“绝技”这样练成

在全国职业院校技能大赛“健康与社会照护”赛项中，某护理类高校的崔同学以优异的成绩获得二等奖，充分展示了青年技能人才的风采。然而一个个荣誉背后，藏着多少艰辛汗水？一门门绝技绝活，是怎样练成的？

本次比赛有来自全国28个省、自治区、直辖市的60个院校、60支代表队的选手参加。本赛项对接世界技能大赛“健康与社会照护”相关技术标准，突出世界技能大赛的核心知识点、考核点和组织形式。比赛内容包括医院照护、社区照护、机构照护和家庭照护4个模块，每个模块都要求选手先书写照护计划，再完成实际照护任务，最后绘制健康教育海报或书写反思报告3个环节，重点考核参赛选手的文字表达能力、实践操作能力、沟通交流能力等综合职业能力和职业素质。

本次大赛绝不仅仅是赛场上的那两天，而是选手们通过辛苦练习、扎实工作总结出的经验。勤学苦练是每一个优秀护理人员追求卓越的必经之路。在赛前的几个月，崔同学和指导教师吃住都在护理实训室，睁开眼睛就是练习，每天练习各种护理操作技能。只有在实践中不断摸索、不断总结，才能使技能更加熟练、精湛。

如同古人所言：“读书百遍，其义自见。”“绝技”的练成，需要护理人员持之以恒，不断重复和练习。只有通过反复的熟悉和体验，才能真正将知识和技能融会贯通，内化为自己的本能和素养。一毕业，崔同学就被北京某医院录用，并签订了劳动合同。

案例二：那一刻，我真正理解了技能报国的含义

有一种青春叫作“从军报国”，有一种感动叫作“救死扶伤”，有一种果敢叫作“请战武汉”。在阖家团圆的春节，面对来势汹汹的疫情，她们纷纷请战，那时那刻，她们的想法惊人的一致：我是护士，更是战士！我们要上一线！

作为援汉医疗队中第一个“上岗”的护士，员若男用自己的专业专注为姐妹们打响“抗疫”第一枪。

员若男：人生中最快乐的事情，对于我而言，就是患者那满怀感动的泪水。每天用饱满的热情工作，精心呵护每一个患者，是我的生命诺言。难忘出征时，向着鲜红党旗握紧的拳头，“抗疫”一线“我是党员我先上”的口号声声，让我心驰神往！再次握起右拳，献给属于我们的节日，我愿为伟大护理事业贡献一生。

“三次请战”的郭少青是单位的“名人”，只因为她出征武汉时10个月大的孩子还在襁褓中。

郭少青：在“抗疫”一线白班夜班轮转，生活没规律，超负荷工作，随时听候生命召唤，这种苦是平凡而舒心的苦，它能够点燃一个家庭的希望。都说我是“狠心的妈妈”，丢下儿子，离开家人，前往一线。我的心里也特别难过，但我是护士，救死扶伤是我的使命；我是军人，服从命令是我的天职……这是我的第8个护士节了，唯愿世间再无病痛。

在“抗疫”前期，手术室每天都要上演生死抉择的场面，一天忙碌十几个小时，从不觉得有一丝丝的苦累，同事们都笑着称她为“女汉子”。

王倩倩：护理工作，就是让患者减轻伤痛，感受到温暖。作为护士不仅需要过硬的专业技能，更要有一颗充满关怀的心。护理岗位，没有可歌可泣的故事，我们每一个姐妹都只有一个想法：竭尽全力守护病患健康，用我们的笑脸见证爱与希望。

护士，一份光荣而伟大的职业，面对生命，她们全力以赴，托起的是患者的健康，更是职责和使命。在生命道路的两旁，播撒希望，脚踏荆棘，不觉痛苦，有泪可落，却不悲凉，或许这才是对护士职业的最好诠释。她们深爱着这身白衣、这份职业、这对希望的“天使翅膀”，那一刻，我真正理解了技能报国的含义。

资料来源：中国军网，https://baijiahao.baidu.com/s?id=1660853992236037807&wfr=spider&for=pc 2020-03-11，有改动。

第二节　通用能力培养

通用能力包括沟通能力、解决问题能力、创新能力、团队合作能力等，这些能力不仅对于职业生涯非常重要，而且在日常生活中同样重要。拥有通用能力不仅可以帮助大学生更好地适应不断变化的社会和工作环境带来的挑战，还可以帮助他们更好地实现自我价值。在职业生涯中，只有专业技能和知识是远远不够的，还需要具备一些基本的能力才能在职场中脱颖而出。通用能力可以帮助大学生更好地与他人合作，更好地解决问题，更好地创新，从而获得更好的职业发展。

通用能力是指超越具体职业特性的、现代职业人必须具备的、在各种职业中普遍适用的能力。通用能力在国际职业教育界已经是被普遍接受的概念，加强对大学生通用能力的培养，是当今世界各国职业教育改革的重要方向。目前，世界各国都非常重视对大学生通用能力的培养。因为培养学生的通用能力不仅能促进社会再就业的良性发展，还有助于提高他们在社会实践中的竞争力，克服职业教育的定向性和社会需求多边性的不适应等。而护理专业更需要培养大学生的通用能力。

一、当前大学生通用能力存在的主要问题

在就业竞争激烈的今天，用人单位对大学毕业生的通用能力越来越重视，要求越来越高，表现出重视综合素质，而不是仅考虑某种素质的趋势。

用人单位重视的通用能力主要包括：专业基础知识、思想道德修养、应变能力、创新能力、责任意识、团队合作能力、问题解决能力、学习能力、主动性和敬业精神。其中，责任意识、敬业精神和团队合作能力等是用人单位最看重的。

当前，人们对大学生通用能力的普遍看法是：男生的通用能力普遍优于女生，而且这种趋势随着年龄的增长逐渐明显；职业院校学生的通用能力自我评估值明显高于研究生和本科生。但是，无论是党政机关、国企、外企等用人单位，还是社会人士或教师，对大学生的通用能力评估分数都低于学生的自我评估值，尤其是在责任意识、敬业精神及团队合作、表达沟通等方面。

（一）基本工作能力较差

基本工作能力包括适应环境能力、组织管理能力、表达沟通能力、团队协作能力、外语和计算机运用能力，以及从事实际工作必需的思想素质和心理素质，如爱岗敬业、吃苦耐劳、乐观自信、诚实守信等。良好的职业道德、职业意识和职业精神，是大学生作为社会人、单位人应该具备的基本素质，是用人单位挑选大学生的首要标准。近些年来，很多大学毕业生缺乏对岗位应有的热爱与理解，思想素质和心理素质有待提高，适应职业岗位需要的时间较长，明显缺乏应有的基本工作能力。

（二）综合素质有待提高

信息收集与处理能力、准确定位能力、抓住机遇能力、表达沟通能力、自我决策能力、自我推销能力、自我保护能力等，是决定大学生能否实现劳动者和生产资料相结合，达到人职匹配的重要因素。但是，不少大学生缺乏这样的能力，如在应聘时，一些大学毕业生没有掌握相应的应聘技巧与策略，缺乏基本的表达与沟通能力，在谈话策略和技巧、对薪水期望的表达等方面尚有待进一步提高。

（三）实践经验和动手能力等严重不足

按理说，大学毕业生经过了严格的专业训练，已经全面系统地掌握了本学科、本专业的基本理论和方法，能够运用它指导实践，在实践中较好地解决实际问题。但实际上，不少用人单位都反映，很多大学生在实践经验、动手能力、分析问题和解决问题能力、学习能力、创新能力等方面存在严重的不足。

二、培养大学生通用能力的重要性和必要性

（一）培养和提高大学生通用能力是社会发展的大势所趋

大学生的通用能力在其职业生涯中对其专业能力的运用和个体的发展起着极其重要的作用，特别是随着科技的发展，现代就业形势的变化，培养和提高大学生的通用能力已是大势所趋。在现代社会职业生活中，从业人员的知识老化周期与产品的生命周期相似，专业知识和技能也有一定的更新周期。有关资料显示：知识的更新周期为3～5年，如果一个人不具有接受再教育的能力，就不能及时更新自己的知识，也不能很好地调整知识结构。随着社会的进步，目前许多有价值的知识和技能很快就会被淘汰。因此，获取知识的能力比获取知识的数量更为重要，学习能力的提高比吸收知识的数量更为重要，通用技能的掌握比专业技能的掌握更为重要。只有具备通用技能的大学生，才能够适应变化的环境，把握新的机遇。因此，注重通用技能的培养，是我国新的历史发展时期对大学生教育教学提出的必然要求。

（二）培养和提高大学生通用能力是社会就业的必然要求

从就业的角度看，随着新技术革命带来的科学技术和社会生产力飞速发展，产业结构的变动更为频繁，市场竞争更为激烈，人们面临失业和转岗的压力更大，就业不再是从一而终，从业人员会经常面临失业—转岗—从业这样的循环过程。“一技在手，终身受用”的传统观念在高速发展的现代社会已很难通行。

高等教育的技能培养目标，除考虑具体行业和职业岗位的需要外，还必须考虑大学生日后会遇到的职业变更、技术更新及个人发展需要。高等院校既要重视专业技能的培养，又要重视通用技能的培养，以适应未来社会中职业的嬗变和知识更新的需要，为大学生今后的发展和接受继续教育奠定较为深厚的基础。

通用能力适用于所有的职业生活，当职业岗位发生变更或者当劳动组织发生变化时，拥有通用能力的大学生能够较快地适应新的职业岗位。另外，由于具有可迁移的

特点，通用能力能够帮助大学生形成独立的终身不断学习进步所必备的素质，使他们在变化的环境中不断自我充实、提高、发展，跟上技术进步、经济发展的步伐，并真正具有应变、生存、发展的能力，从而提高他们在社会实践中的竞争力，同时也能够克服专业技能教育的定向性和社会需求多边性的不相适应。

第三节　领导力与创新能力培养

一、领导力

（一）领导力的定义

领导力是指在管辖的范围内，充分利用人力和客观条件，以最小的成本办成所需的事，提高整个团体办事效率的能力。

（二）领导力的核心要素

（1）影响力。领导力的本质是影响力，使成员对领导者产生认同和信任。

（2）激励能力。有效的领导者能够激发成员的潜能，提高组织或团队的绩效。

（3）决策能力。领导者需要在不确定和复杂的环境中做出正确的决策。

（4）沟通能力。良好的沟通能力是领导力的重要组成部分。

（三）领导力的特征

（1）积极进取。推动组织或团队不断向前发展。

（2）强烈欲望。喜欢领导别人，并能在领导过程中获得满足和收益。

（3）正直。言行一致、诚实可信。

（4）自信。敢于在不确定的情况下做出决策。

（四）领导力的重要性

（1）促进团队合作。协调资源以实现共同目标。

（2）提升组织绩效。通过决定组织的战略方向，影响组织文化，进而影响员工行为，最终提升组织绩效。

（3）推动个人成长。帮助个人树立明确的目标，并找到实现这些目标的途径。

（五）提升领导力的方法

（1）不断学习和反思。了解不同的领导风格和理论，并在实践中灵活运用。

（2）培养沟通技巧。学会倾听，能清晰地表达自己的想法。

（3）建立明确的目标。为团队设定清晰、可实现的目标。

（4）激励团队。给予团队成员足够的鼓励和支持，激发他们的内在动力。

综上所述，领导力是一个综合性较强的能力体系，它对于组织或团队的成功和发展至关重要。通过持续的学习和实践，大学生可以不断提升自己的领导力水平。

（六）领导力的基本要求

领导力主要包括决策能力、沟通能力、团队管理能力、创新能力。其中，决策能力是领导力的核心要素之一，它要求领导者具备独立思考、分析问题和解决问题的能力。领导者不仅需要具备战略眼光和全局观念，能够根据组织的目标和实际做出科学、合理的决策；还需要具备风险意识和应对危机能力，能够在复杂多变的环境中快速做出正确的决策。

沟通能力是领导力的基础。领导者应能够清晰、准确地表达自己的思维和意图，并有效地倾听他人的意见和建议。领导者不仅需要掌握良好的沟通技巧，包括口头和书面的沟通技巧，以便更好地与员工、客户和其他利益相关者进行交流；还需要建立良好的沟通机制，促进组织内部的沟通和协作，提高组织的效率和绩效。

团队管理能力是领导力的关键要素之一。领导者应善于组建和管理团队，激发团队成员的潜力，提高团队的凝聚力和战斗力。领导者不仅需要了解如何选拔和培养人才，为团队成员提供成长和发展的机会，促进团队整体素质的提高；还需要善于协调和处理团队的内部关系，解决矛盾和冲突，维护团队的稳定与和谐。

创新能力是领导力的必备要素之一。领导者应具备创新思维和创新能力，推动组织的创新和发展。领导者不仅需要关注行业发展趋势和市场需求变化，积极寻求创新的机会和空间，提出新的思路和方案；还需要营造创新的文化氛围，鼓励员工积极探索和实践，激发组织的创造力和活力。

二、创新能力

（一）创新能力的定义

创新能力是指在技术和各种实践活动中不断提供具有经济价值、社会价值、生态价值的新思想、新理论、新方法和新发明的能力。创新能力是以现有的思维模式提出有别于常规或常人思路的见解，并以此为导向，利用现有的知识和物质，在特定的环境中，本着理想化需要或为满足社会需求而改进或创造新的事物，并能获得一定有益效果的行为。

（二）创新思维的培养

创新能够推动个人不断成长，具备创新思维的人能够不断探索新领域，学习新知识，提升自己的个人能力。创新思维能够推动组织发展，有助于企业发现新的商业机会、创造竞争优势。创新思维还能引领社会进步，推动科技进步、文化繁荣，促进社会发展。

创新思维的典型特征是具有好奇心、开放性、想象力和批判性。具有创新思维的人往往对事物保持好奇心，愿意探索未知领域，愿意接受新观点、新思想，不拘泥于传统思维模式；能够将不同领域的知识和信息进行联想和组合，产生新的创意；不盲目接受信息，能够独立思考、分析问题。

高校要重视培养大学生的好奇心，提供多样化的学习资源，激发大学生对知识的渴望。培养大学生开放性思维，就要鼓励他们多从不同的角度思考问题，接纳不同观点；不断激发大学生的想象力，引导其独立思考，学会分析问题，不盲目接受信息。

三、创新能力与领导力的关系

创新能力是领导力的核心，是领导力的关键组成部分，是推动组织发展和变革的重要力量。领导者应具备创新意识，勇于尝试新思路、新方法，不断探索和突破。同时，拥有创新思维的领导者能够及时发现和解决问题，引领团队应对各种挑战和机遇。领导力推动创新能力的发展。领导者通过发挥自身影响力，可以激发团队成员的创新潜能，推动创新实践。领导者应该创造有利于创新的环境，提供资源和支持，鼓励团队成员积极尝试和探索；通过引导和协调，促进团队成员之间的交流与合作，推动创新的产生和发展。

创新能力和领导力具有协同作用，可以互相促进，共同发展。领导者通过创新思维和实践，引导团队实现目标，推动组织变革和发展。同时，领导力在培养和发展创新能力方面发挥关键作用，为团队创造良好的创新环境和条件。另外，创新能力和领导力的协同作用有助于提升组织的竞争力和适应能力，实现可持续发展。

四、创新能力与领导力的发展途径

（1）不断地学习与实践。持续学习新知识和技能，保持好奇心，以适应快速变化的环境。将所学知识运用到实际工作中，在实践中不断反思和总结经验教训，提升自己的能力。

（2）建立良好的创新环境。要鼓励创新，创造一个善于独立思考、敢于挑战传统思维的环境。提供必要的资源和支持，帮助员工实现创新想法。鼓励员工勇于尝试，对失败持宽容态度并从中吸取教训。

（3）激发团队的创新潜力。可以开展跨部门合作，促进不同部门之间的交流与合作，激发创新思维。鼓励团队成员分享各自的专业知识和经验，以促进知识共享和创新。通过团队建设、激励机制等手段，激发团队的创新与活力。

（4）提升个人领导力。作为领导者，要明确团队的发展目标和愿景，为团队指明方向。与团队成员建立良好的信任关系，保持有效的沟通，以促进团队的协调作战能力。注重人才的培养，通过激励手段激发员工的潜力，促进个人和团队的共同成长。

五、创新能力与领导力的培养

（1）学习与实践。领导者应通过读书和实践来积累知识和技能，不断提升自己的领导力和创新能力。

（2）制订计划与目标。领导者应制订明确的计划和目标，以提升自己的领导力和创新能力，同时让员工有好的学习榜样。

（3）树立榜样。领导者应树立自己的职场形象，起到表率作用，通过自己的言行来激励员工。

（4）沟通与交流。领导者应多关心员工、多和员工沟通交流，了解员工的需求和想法，从而更好地激发员工的创新潜能。

（5）培养创新意识。领导者应鼓励员工敢于提出新的想法和方案，敢于冒险和尝试新的方法和思路。同时，领导者自身也应具备强烈的创新意识，愿意寻求新的突破和进步。

（6）提供资源与支持。领导者应为创新项目提供必要的资源支持，包括资金、时间、人力等，确保创新项目能够顺利实施。同时，给予员工专业的指导和帮助，协助他们解决在创新过程中遇到的问题和困难。

（7）建立反馈机制。领导者应建立有效的反馈机制，让员工能够及时了解自己的想法和建议是否被采纳，以及采纳后的实施效果。这有助于激发员工的创新积极性，并促进组织的持续改进和发展。

六、创新能力与领导力的展望

面对未来复杂多变的环境，企业需要培养具备创新领导力、全球化视野、科技素养等特点的新型领导者。这些领导者须引领企业在激烈的市场竞争中脱颖而出，实现可持续发展。企业需要构建开放、协同的创新生态系统，促进内外部资源的优化配置和共享。在这个生态系统中，领导者将扮演重要的角色，推动创新活动的顺利开展和成果的转化利用。企业需要注重可持续发展和社会责任，推动经济、社会和环境的协调发展。领导者需要具备可持续发展的战略眼光，引领企业朝着可持续方向发展，为社会做出更大的贡献。

案例

案例一：从平庸走向全球医疗典范

医疗产品和服务不同于其他行业机构提供的产品或服务，它与人的生命健康密切相关。所以，医疗机构的领导者要比一般企业的领导者面临更多、更大的挑战。

21 世纪的医疗机构面临着巨大的变革，以应对人口的快速老龄化和人们日益变化的医疗需求。医疗机构的领导者如何带领自己的团队进行组织变革，以在快速变化的竞争洪流中获得生存和突破，成为所有医疗机构领导者必须思考的问题。

医疗行业的领导者应该如何为改革做准备？如何克服医疗改革将面临的困难？如何获得各方支持？

医改前线的最佳实践者——凯撒医疗集团前任 CEO 凝练十年掌舵经验，给出了绝佳指南。

大卫 · M. 劳伦斯（David M. Lawrence）是安捷伦科技、美国麦克森、普罗特斯数字医疗等公司的董事会成员，美国国家患者安全基金会卢西安 · 利普研究所的董事会创始成员，医学研究所成员。

1991 年，他出任凯撒医疗集团首席执行官，次年任董事长，2002 年卸任。在其掌舵 10 年并主导了凯撒医疗的企业变革后，2002 年该集团雇用全职医生达 12.2 万人，服务会员数量达到 850 万，总收入高达 230 亿美元，较 11 年前高出约 100 亿美元，净收入接近 10 亿美元，在质量和患者安全方面的声誉高涨。

资料来源：微信公众号：民营院长俱乐部，https：//mp. weixin. qq. com/s？__https://m.biodiscover.com/industry/117411.html565661&idx=3&sn=c79b1ce8052081a7e9c9d88b13d4df60&chksm=fa39d5767136372020899003510 5b011193532628f3fc900bc3b1860ddf074268e029fdf5af1&scene=27，有改动。

案例二：卓越的美国梅奥诊所领导力

梅奥诊所（Mayo Clinic）的管理层展现出创新领导力，在医疗服务模式上不断创新。在传统医疗模式下，患者可能需要在不同科室之间辗转，信息沟通不畅。梅奥诊所的领导推动建立了多学科协作团队模式。例如，在治疗复杂的癌症患者时，外科医生、肿瘤内科医生、放疗科医生、病理科医生、护士等组成团队，诊所领导鼓励不同专业背景的医务人员充分沟通交流。这种创新的医疗模式打破了科室壁垒，让患者能在最短时间内获得全面且个性化的治疗方案。

同时，梅奥诊所的领导还注重医疗技术创新投入。他们引入先进的医疗影像技术，如高分辨率的 3D 成像设备用于术前诊断；积极组织专家团队进行研究，探索如何将这些技术更好地应用于临床实践，从而提高诊断的准确性；通过不断地改进手术技术，使复杂手术的成功率得到显著提升。这种创新领导力使得梅奥诊所在全球医学领域保持领先地位，为患者提供更高质量的医疗服务。

资料来源：http://m.hxyjw.com/zl/arc_19916/，有改动。

第六章　打造名片——大学生求职材料准备

在求职这场马拉松中，求职材料的准备是起跑线。准备哪些求职材料、如何准备，你是否一头雾水？不必担心，本章将从个人简历制作、自我介绍的撰写、其他求职材料准备等方面给予介绍。

第一节　个人简历制作

案例

在校园招聘会上，小 A 满怀期待但两手空空去面试，结果面试单位都有问到“先拿简历看一下”。小 A 尴尬不已，说还没制作过简历，表示自己后期可以补上。等到简历制作环节又犯了愁，在同学帮助下才完成了简历制作。后来，在学长求职经验分享会上，小 A 一再叮嘱学弟学妹尽早完善简历，并强调一方面要完善人生的简历，多拿证书充实自己；另一方面要完善求职简历，尽早且定期准备好自己的简历，并不断更新。

思考：简历是什么？优秀的简历是什么样的？大学生应该怎样制作简历呢？

一、简历概述

简历（Curriculum Vitae，CV 或 Resume）是求职者向潜在雇主展示个人经历、技能、资质和成就的书面材料，旨在证明自己能够胜任特定工作并满足雇主的需求。简历通常包括个人信息、教育背景、工作经验、技能、爱好以及任何相关证书或奖项等内容。简历应该量身定制，针对每个申请岗位进行调整，以突出与职位最相关的经历和技能。

简历的核心目的是通过客观、全面的数据描述，展示求职者的职业生涯和资质，以赢得雇主的认可。简历是求职过程中不可或缺的一部分，它不仅帮助求职者整理和展示自己的工作经验和技能，还能帮助他们更好地理解自己的职业目标，并根据这些目标选择合适的职位。

简历本质上是一份文档，能让求职者以最佳方式向雇主推销自己。简而言之，简历是求职者向潜在雇主推销自己的有效工具。

优秀的简历应当具备以下要素：

1．基于实际表现

谷歌人事运营副总裁拉斯洛·博克曾指出："关注你推动的具体成果，并提供你技能和成就的具体证据。"向梦想中的公司推销自己的最佳方式，是展示你真正的能力。求职者的简历应通过具体背景来展示可衡量的成就和技能，从而将自己与那些假装者区分开来。

2．以人为本

"我如何招聘：注重个性"。展现个性会将求职者的简历提升到一个全新的层次，让招聘人员更清楚地看到求职者的价值。它使求职者能够强调自己的优点，并清晰地描绘出与求职者合作的感受。

3．简短且精练

"如果你不能在两页纸上推销自己，那么五页纸也不行。"这不仅是招聘界的铁律，更是每一位求职者应遵循的原则。一份简历优秀与否不在长短，而在是否精练。那么，如何在短短两页纸内展现最佳的自我呢？简历要做到目标明确，它的核心在于清晰传达求职者的职业目标和价值，每个段落、每个词句都应直指这个目标，避免无关紧要的信息，让每一部分都成为求职者求职路上的助推器；要做到逻辑严谨，从教育背景到工作经验，每一块内容都应该有内在的逻辑联系。使用清晰的标题和子标题，确保信息的流畅性和连贯性，不仅方便阅读，也能更好地展示求职者的思考和组织能力。

4．针对具体职位

"我们不相信'广撒网'的策略，应选择 2 ～ 3 家公司并申请。"这听起来似乎有悖常理，其实并非如此，用一份通用的简历申请数十家公司，会让求职者的申请看起来软弱无力且无趣；相反，一份针对少数公司、具体职位的简历更能真实地展现自己。这是所有成功求职者都应遵循的现代方法，以开启他们梦想的职业生涯。

5．一张天然的热力图

要做让招聘人员更容易找到的最适合这个职位的应聘者。招聘人员在其职业生涯中会浏览成千上万份相似的申请，因此他们不会对每一份简历上的每一个字都感到兴奋。设计精良的简历应注重美观的布局，明确划分标题和段落，以提高可读性。这是打破"7 秒规则"并让招聘人员保持参与的最好且唯一可能的方式。一份成功的简历就像一张热力图，清晰地展现出求职者的职业优势和核心技能，让招聘人员一眼就能看出求职者的价值所在。在简历中，求职者可以通过加粗、使用不同的字体或颜色来突出自己的重要成就和关键技能，就像热力图中的高亮区域一样。同时，务必确保简历内容简洁明了，避免冗余和无关紧要的信息。记住，招聘人员的时间有限，他们更关注那些能够迅速展现自身价值和能力的信息。最后，不要忘记检查简历的格式和排版是否专业、整洁。一份清晰、易读的简历将帮助求职者脱颖而出，让招聘人员对其留下深刻印象。

二、简历的模式与内容

（一）简历的模式及编辑技巧

简历模式是指求职者组织简历上信息的方式。有多种模式可供选择，如现代式和基础式，求职者可以根据工作职位和行业挑选。

1. 常见的简历模式

（1）反向时序简历。反向时序简历主要展示求职者的工作经历，从最近的职位开始向前追溯。由于其能够大幅度简化招聘人员的工作，因此一直备受青睐。

优点：强调成功的职业发展历程，适用于众多职位和行业，易于浏览，因此受到招聘人员的青睐。

缺点：就业空白期更加明显，可能迫使求职者罗列不相关的工作内容，对技能、项目、奖项和证书的关注较少。

该模式非常适合传统领域，因为在这些领域，工作经验是最重要的因素。

（2）职能型简历。职能型简历侧重技能和才能，而非工作经历。由于其能够突出求职者技能与专长之间的协同效应，因此备受招聘人员青睐。

优点：将求职者的专业技能作为极具价值的资产进行展示，弥补求职者在该领域经验的不足，能在众多传统简历中脱颖而出，给人留下深刻印象。

缺点：未能在实际场景中展示求职者的技能，过于创新，难以被一些传统招聘人员评估，缺乏作为求职者本意的重要元素。

职能型简历非常适合入门级求职者或没有实际工作经验的大学应届毕业生。对于正在转行的求职者来说，这种简历同样适用，因为他们可以在特定背景下突出自己的可迁移技能。

（3）混合型简历。混合型简历是反向时序简历与职能型简历的结合。这种结合使得混合型简历能够在同一页面上综合展示工作经历与技能。即便不是招聘人员，也能看出这种模式的出色之处，它不仅关注可衡量的专长，还能展示任何受欢迎的技能。

优点：全面包容，能够用技能弥补经验不足，反之亦然，展现了求职者在公司内担任多种职位的能力。

缺点：对于高级职位的求职者来说，这可能不是一个好模式，因为经验才是他们的优势。

如果打算换工作领域，或者是在长时间休假后重回职场，混合型简历是求职者的首选，它能让求职者的简历更具吸引力，即便无相关经验或长期就业空白。

2. 成功获得职位的简历结构

前文已经介绍了优秀简历的要素，下面介绍简历基本结构。

（1）长度——将简历长度控制在 1 ～ 2 页。

（2）项目符号——在每个职位下写 3 ～ 5 个项目符号，突出求职者的成就或相关工作职责。

（3）字体——使用 1 ～ 2 种现代、专业的字体来建立清晰的层次结构，并最大化可读性，确保正文文本使用 10 ～ 12 磅的统一字号，标题使用 14 ～ 16 磅的字号。

（4）色彩——为简历添加一些色彩，使其视觉上更吸引人。

（5）加粗和斜体——使用不同的文本格式选项，以吸引招聘者注意重要的术语和指标。

（6）空白——在页边距和各部分周围留出空白，以确保最佳的阅读体验。

（二）简历的内容

一份完整的简历，应当包含以下 4 个基本部分。

（1）个人基本情况。应包含姓名、性别、年龄、籍贯、政治面貌、学校、系别及专业、技能证书、婚姻状况、健康状况、身高、爱好与兴趣、家庭住址、电话号码等。

（2）学历。应写明曾在某某学校、某某专业或学科学习，以及起止期间，并列出所学主要课程及学习成绩，在学校和班级担任的职务，重点列举在校期间获得的各种奖励和荣誉。

（3）工作经验。若有工作经验，最好详细列明，应首先列出最近的工作经验，后详述曾经的工作单位、日期、职位、工作性质。

（4）求职意向、求职目标或个人期望的工作职位。表明求职者通过求职希望得到什么样的工种、职位，以及自己的奋斗目标，可以和个人特长等合写在一起。

也可以对以上基本内容展开描述，形成并列的 7 个板块。

（1）个人信息。

（2）个人简介。

（3）工作经历。

（4）技能。

（5）教育背景。

（6）资格证书。

（7）志愿服务、项目经历、奖项荣誉、语言能力等。

三、简历的编辑技巧

（一）编辑简历的 4 个要点

1. 专注内容，而不是形式

很多新手在编写简历的时候，第一件事就是找模板，甚至有很多资料收集能力差的人，连模板都找不到，当然不知道该怎么办了。找模板本身没有错，因为第一次编写简历，可能不知道如何排版、如何布局，甚至不知道简历应该包含哪些内容，这时候模板确实能够为求职者提供很大的帮助。但是，很多人都有一个错误的观点，认为简历模板越漂亮越好，越漂亮越能获得招聘人员的好感。其实并非如此，简历最重要的永远是内容，而不是形式。并且，简历太过花哨会显得非常不专业。

2. 站在招聘人员的立场

很多人编写简历容易陷入一个误区：我认为这样可以。这是典型的“自嗨”心态，要记住，简历永远是给HR和其他面试官看的，而不是给自己看的，自己认为好不一定是真的好。所以，求职者应站在招聘人员的立场，思考什么样的简历是他们喜欢的。如果你是招聘人员，每天要看几百份简历，甚至在校招高峰期时每天要看几千份简历，你会把每一份都认真看完吗？据调查，招聘人员浏览一份简历的平均时间只有几秒，这几秒时间，平庸的简历就会被筛掉，优秀的简历才会让招聘人员抽出更多的时间看具体的内容。所以明白了这点，我们得出一个很重要的结论就是，决定求职者简历能否入招聘人员法眼的其实就那关键的几秒，因此求职者如何做才能在几秒钟内吸引招聘人员的注意力就很重要了。要想简历被招聘人员详细查看，在简历中必须安排一个非常亮眼的内容，甚至可以加粗字体来引起招聘人员的注意。这个内容可以是名校毕业，可以是大医院的实习，可以是国际 / 国家竞赛获奖，也可以是一年读完了200本书，细心挖掘便能找出自己最大的优势或者最独特的经历，并想方设法让招聘人员能够在短时间内看到，这样就获得了招聘人员几秒之外的一分钟，甚至几分钟的附加时间，让他了解简历的具体内容。除此之外，简洁大方、条理清晰、没有错别字等，也是必须要做到的。

3. 简历与求职岗位相匹配

在编写简历之前，求职者要做的第一件事就是梳理过往经历，把所有自己做过的实习、工作、项目及其他体现个人能力的经历都梳理出来并进行整理。但是，千万不要眉毛胡子一把抓，把所有的经历都往上堆。

（1）内容过多，篇幅过长，影响观感，作为新人或者工作几年的求职者，简历尽量控制在一页纸。

（2）写太多会让招聘人员看不到重点内容，从而与职位相关的经历也会被弱化，不相关的经历虽不至于减分，但几乎没有加分。具体来说，就是先看职位描述及岗位要求，这个岗位最看重什么能力、什么经历，然后从自己的所有经历中找出与之相匹配的即可。比如，这个岗位要求有中医相关经验，就看自己有没有这方面的经历，即使不是中医专业也没有关系，如果有中医相关培训、证书或实践经历，如掌握针灸推拿技术，也算是相关经历，就可以作为重点描述，一定要突出与求职岗位相匹配的内容。

4. 重点突出

在知道了要写哪些内容之后，就要学会精简内容，一段经历用几行字说清楚即可。在写一段具体的经历时，很多人推荐“STAR法则”，即Situation（情形）、Target（目标）、Action（行动）、Result（结果），意思是在什么情形下，有什么样的目标，通过哪些行动，最后获得了什么样的结果。这个方法确实不错，但是求职者不能死板地运用，有时候不需要4个全部都写，如情形和目标可以省略，但是行动和结果是最重要的，必须要写并且要突出重点，将其中最亮眼、最能证明自己能力的内容写出来，如曾经策划的一场活动吸引了多少人来参加，有多大的反响等。

（二）编辑简历的5个原则

编写简历的5个原则：针对性、相关性、关键词、善用数字、突出结果。这5个原则与4个要点之间可能有一些交叉重叠的内容，但是通过这5个原则，求职者能更容易地理解一份好的简历应该是什么样的。

1. 针对性

在投简历时，有一个术语叫作“海投”。海投本身没有错，因为投得越多，获得面试的机会就越大。但是，由于时间和精力的关系，求职者往往喜欢拿一份简历海投，所谓的“一招鲜，吃遍天”，这是投简历的大忌。如果求职者渴望获得更多的面试，当然需要投递不同的公司和岗位，但是求职者的简历也需要根据不同的公司和岗位进行相应的调整和修改。不同的公司和岗位看重的能力各不相同，求职者应该投其所好，这就是简历的针对性。

不过，如果为每一家公司的每一个岗位定制不同的简历显然是不现实的，也不需要这样做。求职者只需要针对不同的岗位制作不同版本的简历即可，因为同一类型的岗位，工作内容及能力需求是差不多的，所以一份简历对应一类岗位，就完全可以了。

2. 相关性

相关性是指简历内容要和岗位相关，这其实和上面提到的匹配性类似，具体来说，就是匹配性既包含针对性，也包含相关性。

3. 关键词

首先，这是让简历通过筛选的一个“撒手锏”。关键词是什么？很多人可能不清楚，大部分招聘人员其实对于每个岗位的专业知识掌握得都不多，不然就不会有专业面试了，考察专业能力靠的是专业面试。但是，招聘人员如何初步判断求职者是否具备与岗位相关的专业能力呢？如何决定是否邀请求职者面试呢？答案就是关键词。如果招聘人员在求职者的简历里发现大量的关键词，那么其进入面试环节的概率就会很大。

其次，根据匹配性要求，求职者应将经历中与专业知识相关的内容编写到简历上，更重要的是，求职者需要让招聘人员一眼就看出这些经历是和岗位相关的，这个时候关键词的作用就体现出来了。求职者可以将自己的经历用这些关键词表达出来，如果能够多次重复出现，那么被看到的概率就更大了。尤其是一些本来可能不太相关的经历，通过这种方法，也能让它体现出求职者具备岗位所要求的能力。

4. 善用数字

人是视觉动物，相对于汉字，数字更能吸引眼球，而且只有用数字，才能量化求职者的工作内容及成果。所以，善用数字，对于简历的专业性及翔实度的提高有很大帮助。如果想证明自己有娴熟的操作技能，可以明确说明自己参与了多少次实践训练，具体实习多长时间；如果想证明自己积极参与志愿服务，就需要详细写出参加志愿服务活动的次数、级别等，只有明确数字，求职者的能力和素质才能得以真正体现，求职者的简历才会看起来更加真实有效，不会显得空洞。

5. 突出结果

在简历中，求职者不能只说自己做过什么，更重要的是结果怎么样。结果可以直接体现一个人的能力，结果是好是坏、是多是少，都对招聘人员对求职者的评估有着很大的影响。而且，结果一定要尽量全面客观。还是拿一场活动来说，活动的结果怎么样？吸引了多少人参加？是否改善了组织形象？有没有扩大组织的影响力？……在职场中，就是要强调结果的，如果求职者的简历都不能体现结果导向，而是一味地强调这个项目花了多少精力、有多辛苦，招聘人员可能会认为求职者是一个太感性的人。

（三）简历制作步骤

1. 选择合适的简历模式

首先，决定使用哪种简历模式。常见的模式包括反向时序、职能型及混合型。反向时序模式以最新的工作经历开始，适用于那些拥有稳定工作经历和清晰的职业发展方向的求职者。职能型模式侧重于技能和成就，适合那些工作经验较少或职业路径较为曲折的求职者。混合型模式则是两者的结合，既有工作经历的展示，也有技能和成就的凸显。

2. 添加引人入胜的简历标题

为简历添加一个吸引人的标题，让招聘人员一眼就能看出求职者的职业身份和目标职位。标题应简洁明了，突出求职者的专业领域和期望职位。一个引人注目的标题，将吸引招聘人员关注求职者的个人信息，并帮助其迅速脱颖而出。在求职者的全名下方，标题必须包括以下个人信息：头衔、职位名称、邮箱、电话等。

3. 撰写专业的简历摘要

在简历开头部分，用一段简洁的摘要来概括求职者的职业背景、技能和成就。摘要应突出求职者的专业优势，须与求职岗位的要求相匹配。简短的摘要能够让招聘人员快速了解求职者的情况。

4. 展示工作经历或实习经历

在工作经历部分详细描述求职者在每个职位上的职责和成就，重点展示与求职岗位相关的成果，使用量化数据和具体案例增强说服力。要想给人留下深刻印象，求职者必须根据职位描述做到以下几点：展示求职者的影响力和求职者负责的项目取得的重大成就；关注与职业高度相关的成就和亮点，而不是枯燥的工作职责；通过具体指标和可衡量的成果来量化求职者的影响力；使用行动动词和关键词来传达强烈的信息；用过去时态写句子，以强调求职者的专业性和可用性。

5. 展示与职位相关的技能和才能

在技能部分列举出与求职岗位相关的技能和才能，这些技能可以是专业技能、沟通能力、领导力等。确保技能描述准确、具体，并与岗位需求相匹配。通过几个描述求职者能力的神奇词汇，可以帮助求职者击败大多数竞争对手。可以在简历中展示两种类型的技能：软技能——难以衡量的可迁移的才能和个性特质；硬技能——容易量化的行业特定技能。列出 5 ～ 10 个软技能和硬技能，并将它们放入单独的“技能”部分。根据《未来就业报告（2020）》，以下是 2025 年最受欢迎的软技能：

（1）领导力——通过激励和决策影响他人以实现共同目标的能力。

（2）人际交往能力——包括一系列社交能力和沟通能力。

（3）注重细节——向招聘人员展示自己强大的分析、思维能力。

（4）多任务处理能力——能在压力下工作，克服各种限制而不断取得进步的能力。

（5）团队管理——对于需要战略思维和组织能力的管理职位来说至关重要。

（6）解决问题的能力——证明求职者在需要批判性思维和创造力的艰难环境中也能取得成功的能力。

（7）可迁移能力——涵盖许多可携带技能，包括快速学习能力和适应能力。

6. 展示教育背景、证书和培训课程

在简历中设立专门的部分来展示求职者的教育背景、证书和培训课程，这有助于招聘人员了解求职者的学历、专业资质和持续学习的态度。这一板块对于没有多少工作经历的应届毕业生来说尤为重要，因为拥有出色的学术成绩表明求职者已经为职业生涯投入了多年时间，这也是求职者具备深厚行业知识和未来潜力的直接证明。招聘人员希望在这一部分了解以下内容：

（1）学位名称，如“计算机科学硕士学位”。

（2）教育机构，如“清华大学”。

（3）毕业日期或就读年份。

（4）GPA 或者每学期综合排名情况，如 2/135。

（5）荣誉和奖学金项目尤其要重点展示，荣誉及证书尽量展示与所求职位相关的且含金量较高的。

（6）主修和辅修课程，仅当相关时。

7. 通过附加部分展现个性

在简历中添加一些附加部分，如个人爱好、志愿者经历、完成项目及出版情况等，以展现求职者的个性和价值观。这些附加部分能让招聘人员更全面地了解求职者，并增加简历的趣味性。

8. 根据职位需求更新简历

针对每个求职岗位调整简历的内容和重点，使其更符合招聘人员的期望。突出与岗位相关的技能和经验，删除无关信息，让简历更具针对性和吸引力。求职者必须创建一份针对特定职位的简历，以便在第一眼就引起招聘人员的兴趣。一旦他们被吸引，求职者的简历就可以通过展示相关的经验和技能脱颖而出，超越竞争对手。可以这样设想：营销专业人士在推出活动之前需要为他们的活动设定目标，并确定他们的目标受众。由于求职者的简历是一种营销工具，因此必须遵循相同的步骤，创建一份有针对性的简历，可以按照以下步骤制作简历：仔细阅读职位描述，确定关键要求，列出必要的工作职责和关键内容；更新简历的各个部分，以匹配这些招聘需求。

9. 校对、保存并发送

在发送简历前，务必进行仔细校对，确保简历中没有错别字、语法错误或格式问题。保存好简历的电子版，以便随时更新和修改。最后，点击“发送”按钮，将自己的完美简历送达招聘人员手中。要注意简历的投递格式，按照招聘信息中要求的格式提交简历，避免被误认为垃圾邮件；要选择合适的投递时间，了解招聘人员查看邮件的习惯，选择在他们活跃的时间段投递简历，以增加简历被阅读的机会。另外，投递简历是一个漫长且可能充满挑战的过程，保持积极的心态，持续学习和提升自己，关注细节并遵守诚信原则。

四、AI 赋能简历制作——软件推荐

简历是求职者向雇主展示自己能力和经验的重要工具。以下平台和网站都提供了免费的简历模板下载和制作服务，这些平台各有特色，能够满足不同需要并帮助求职者快速制作出专业且吸引人的简历。求职者可以根据自己的需求选择合适的平台进行简历制作，建议每个平台都做一下尝试以选择其中最佳的。AI 人工智能软件虽然能够帮助求职者高效完成简历的制作，但也不能过度依赖，在使用过程要尽可能提供详细要求和信息，尽量确保简历具有针对性。

1．简历设计网

提供专业的简历模板，与 500 强企业人事专员共同打造，适用于大学生、应届毕业生、研究生、海外留学生等不同群体。

2．超级简历 WonderCV

人事专员推荐的专业简历模板免费下载平台，包括个人简历模板、大学生简历模板、高薪跳槽简历模板等，还有真人简历案例共享（见图 6-1）。

3．稿定设计

提供丰富的简历设计模板和功能，帮助用户快速制作出专业又独特的简历，适用于求职、申请学校和参加竞赛等场景。

4．Canva 可画

提供各种风格、主题的简历模板，用户可以在线编辑，添加图片、文字、颜色等，下载或分享简历。

5．知页简历

提供高颜值的简历模板和在线制作工具，涵盖各行各业的中英文简历模板，支持中英双语简历一键切换。

6．职徒简历 52cv

提供全网 1 万 + 简历模板，支持中英智能翻译、专业评测、导师辅导等功能，帮助求职者轻松斩获名企 offer。

7．五百丁简历

全国领先的简历制作平台，支持手机在线编辑，提供 3 000 模板范例，5 000+ 内容范例，适合各行业求职者。

8．番茄简历

提供海量专业简历模板，AI 智能简历制作神器，模板简洁，符合人事专员审美标准，填写信息方便，自由度高。

9．Topjianli

专业在线简历制作平台，提供多种行业和领域的简历模板及英文简历的撰写指导和意见。

10．乔布简历

提供海量富有创意的简历模板、大学生简历模板、中英文简历模板下载。

11．CodeCV

专注互联网从业者的免费简历制作工具，提供海量简历模板并免费使用，支持导

出 PDF/PNG/MD 格式简历。

12．木及简历

利用 Markdown 的形式提供在线简历服务，丰富的 Markdown 简历模板任求职者选择。

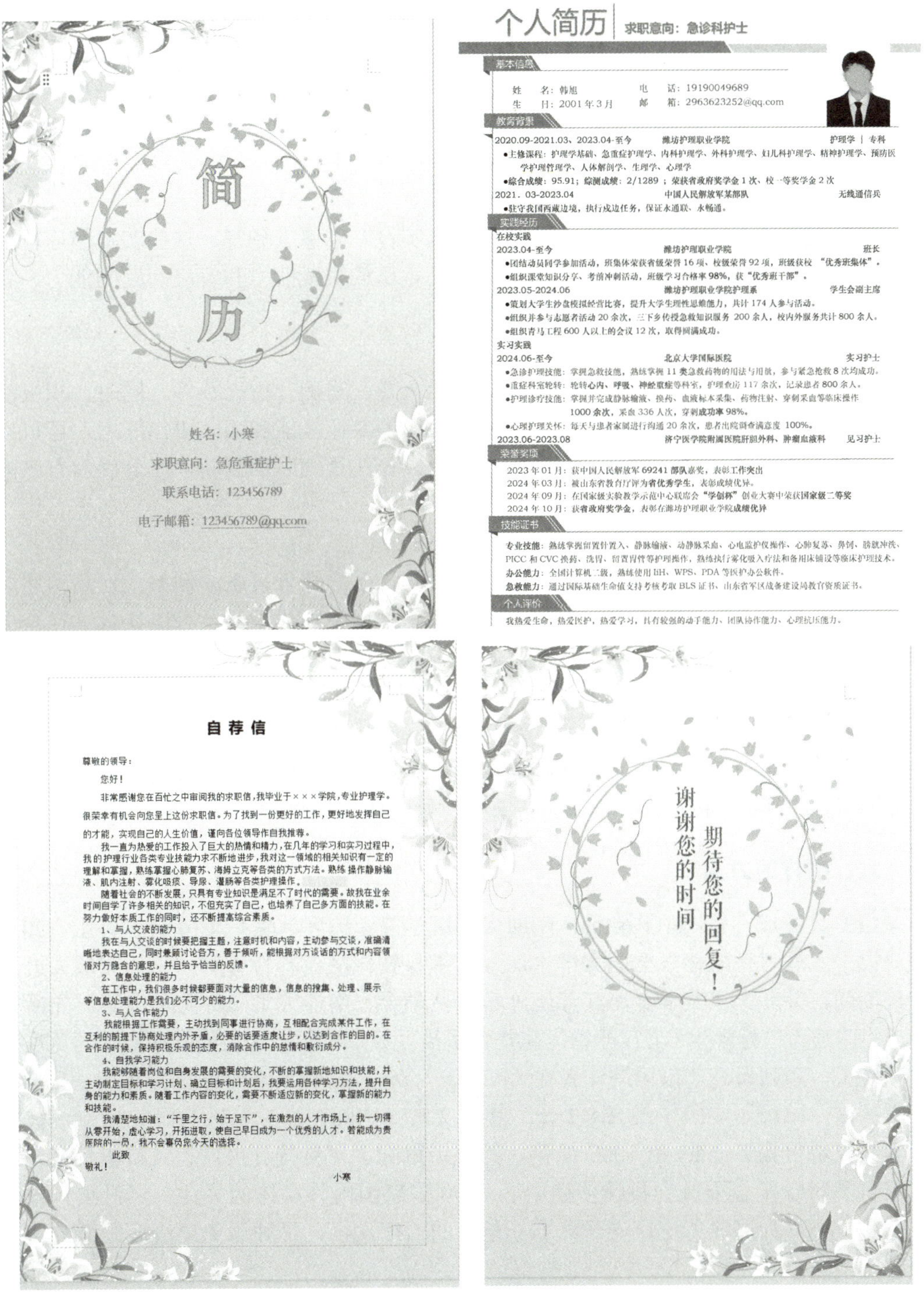

简
历

姓名：小寒
求职意向：急危重症护士
联系电话：123456789
电子邮箱：123456789@qq.com

个人简历 | 求职意向：急诊科护士

基本信息

姓　　名：韩旭　　电　　话：19190049689
生　　日：2001 年 3 月　　邮　　箱：2963623252@qq.com

教育背景

2020.09-2021.03、2023.04-至今　潍坊护理职业学院　护理学 | 专科
- 主修课程：护理学基础、急重症护理学、内科护理学、外科护理学、妇儿科护理学、精神护理学、预防医学护理管理学、人体解剖学、生理学、心理学
- 综合成绩：95.91；综测成绩：2/1289；荣获省政府奖学金 1 次、校一等奖学金 2 次

2021．03-2023.04　中国人民解放军某部队　无线通信兵
- 驻守我国西藏边境，执行戍边任务，保证永通联、永畅通。

实践经历

在校实践

2023.04-至今　潍坊护理职业学院　班长
- 团结动员同学参加活动，班集体荣获省级荣誉 16 项、校级荣誉 92 项，班级获校"优秀班集体"。
- 组织课堂知识分享、考前冲刺活动，班级学习合格率 98%，获"优秀班干部"。

2023.05-2024.06　潍坊护理职业学院护理系　学生会副主席
- 策划大学生沙盘模拟经营比赛，提升大学生理性思维能力，共计 174 人参与活动。
- 组织并参与志愿者活动 20 余次，三下乡传授急救知识服务 200 余人，校内外服务共计 800 余人。
- 组织青马工程 600 人以上的会议 12 次，取得圆满成功。

实习实践

2024.06-至今　北京大学国际医院　实习护士
- 急诊护理技能：掌握急救技能，熟练掌握 11 类急救药物的用法与用量，参与紧急抢救 8 次均成功。
- 重症科室轮转：轮转心内、呼吸、神经重症等科室，护理查房 117 余次，记录患者 800 余人。
- 护理诊疗技能：掌握并完成静脉输液、换药、血液标本采集、药物注射、穿刺采血等临床操作 1000 余次，采血 336 人次，穿刺成功率 98%。
- 心理护理关怀：每天与患者家属进行沟通 20 余次，患者出院调查满意度 100%。

2023.06-2023.08　济宁医学院附属医院肝胆外科、肿瘤血液科　见习护士

荣誉奖项

2023 年 01 月：获中国人民解放军 69241 部队嘉奖，表彰工作突出
2024 年 03 月：被山东省教育厅评为省优秀学生，表彰成绩优异。
2024 年 09 月：在国家级实验教学示范中心联席会"学创杯"创业大赛中荣获国家级二等奖
2024 年 10 月：获省政府奖学金，表彰在潍坊护理职业学院成绩优异

技能证书

专业技能：熟练掌握留置针置入、静脉输液、动静脉采血、心电监护仪操作、心肺复苏、鼻饲、膀胱冲洗、PICC 和 CVC 换药、洗胃、留置胃管等护理操作，熟练执行雾化吸入疗法和备用床铺设等临床护理技术。
办公能力：全国计算机二级，熟练使用 BH、WPS、PDA 等医护办公软件。
急救能力：通过国际基础生命值支持考核考取 BLS 证书、山东省军区战备建设局教育资质证书。

个人评价

我热爱生命，热爱医护，热爱学习，具有较强的动手能力、团队协作能力、心理抗压能力。

自荐信

尊敬的领导：

您好！

非常感谢您在百忙之中审阅我的求职信，我毕业于×××学院，专业护理学。很荣幸有机会向您呈上这份求职信。为了找到一份更好的工作，更好地发挥自己的才能，实现自己的人生价值，谨向各位领导作自我推荐。

我一直为热爱的工作投入了巨大的热情和精力，在几年的学习和实习过程中，我的护理行业各类专业技能力求不断地进步，我对这一领域的相关知识有一定的理解和掌握，熟练掌握心肺复苏、海姆立克等各类的方式方法。熟练操作静脉输液、肌内注射、雾化吸痰、导尿、灌肠等各类护理操作。

随着社会的不断发展，只具有专业知识是满足不了时代的需要。故我在业余时间自学了许多相关的知识，不但充实了自己，也培养了自己多方面的技能。在努力做好本质工作的同时，还不断提高综合素质。

1、与人交流的能力

我在与人交谈的时候要把握主题，注意时机和内容，主动参与交谈，准确清晰地表达自己，同时兼顾讨论各方，善于倾听，能根据对方谈话的方式和内容领悟对方隐含的意思，并且给予恰当的反馈。

2、信息处理的能力

在工作中，我们很多时候都要面对大量的信息，信息的搜集、处理、展示等信息处理能力是我们必不可少的能力。

3、与人合作能力

我能根据工作需要，主动找到同事进行协商，互相配合完成某件工作，在互利的前提下协商处理内外矛盾，必要的话要适度让步，以达到合作的目的。在合作的时候，保持积极乐观的态度，消除合作中的怠情和敷衍成分。

4、自我学习能力

我能够随着岗位和自身发展的需要的变化，不断的掌握新地知识和技能，并主动制定目标和学习计划、确立目标和计划后，我要运用各种学习方法，提升自身的能力和素质。随着工作内容的变化，需要不断适应新的变化，掌握新的能力和技能。

我清楚地知道："千里之行，始于足下"，在激烈的人才市场上，我一切得从零开始，虚心学习，开拓进取，使自己早日成为一个优秀的人才。若能成为贵医院的一员，我不会辜负您今天的选择。

此致

敬礼！

小寒

谢谢您的时间
期待您的回复！

图 6-1　优秀简历

五、建议

作为医学专业的应届毕业生，应当注重在校的学习和经验的积累，只有自身能力增强、经验丰富了才能确保简历出色，才能在求职中脱颖而出。总之，求职重在平时的学习积累和提升，以下是给护理专业在校大学生的一些具体建议。

1．专业学习

确保在医学专业的学习中取得优异成绩，努力提高自己的成绩排名，这可以通过认真听讲、积极参与课堂讨论、及时完成作业和复习考试等方式实现。同时，也可以向同学请教，共同进步。

2．实践经验

积极参加校内外的护理实践活动，如临床实习、志愿服务等。这些实践经历可以帮助自己将理论知识应用到实际工作中，提高自己的实践能力和解决问题的能力。在实践中，要注重观察和思考，不断总结经验教训。

3．比赛参与

参加与医学专业相关的比赛，如护理技能大赛、案例分析比赛等。同时，积极参加创新创业大赛等，这些比赛不仅可以锻炼自己的专业技能和团队协作能力，还可以在竞争中不断提升自己。在准备比赛的过程中，要注重细节和创新，充分展示自己的实力。

4．综合素质

除了专业学习和实践经验外，还要注重培养自己的综合素质。例如，提高沟通能力、团队合作能力、领导力等。这些素质在求职过程中同样重要，可以让自己在众多候选人中脱颖而出。

5．简历制作

在制作简历时，要突出自己的优势和特点，简洁明了地展示自己的教育背景、实践经验和获奖情况等。同时，要注意简历的排版和格式，使其易于阅读和理解。在投递简历时，要根据不同的岗位要求进行有针对性的修改和调整。

六、榜样的力量

（1）吴英成，男，中共党员，南通大学医学院（护理学院）2016 级本科生。2019 年获第十六届“挑战杯”全国大学生课外学术科技作品竞赛特等奖（第一完成人）。在校期间，荣获国家奖学金、江苏境外学习奖学金、南通大学一等奖学金等，先后被授予“南通市三好学生”“江苏省优秀共青团员”等荣誉称号。吴英成围绕肿瘤免疫疗法开展了一系列研究，以第一作者在 *Cell Rep*、*Int J Cancer* 等刊物发表 JCR 一区 SCI 论文 5 篇，单篇影响因子最高 8.2 分。其论文被《国际肿瘤学》选为研究亮点，被国际学术权威机构 Faculty of 1000 推荐。其成果得到了《科技日报》、《新华日报》、国家自然科学基金委员会科学传播中心等 50 多家国内外媒体的关注。《科技日报》评论其成果“为癌症免疫疗法开辟了一条新的治疗途径，是肿瘤免疫治疗领域的重要突破”。

（2）护理系 2013 级学生 ××，博士研究生在读，在校期间共计发表论文 18 篇，其中 SCI 论文共计 6 篇，累计影响因子 20+ 分，CSCD 3 篇；在校期间获得多项省市校级荣誉。

（3）小王，护理系 2022 级 6 班学生，担任班级学习委员。获评 2022—2023 学年、2023—2024 学年国家奖学金；获得山东省高等学校省级优秀学生、山东省齐鲁工匠后备人才、优秀团员干部、优秀学生、优秀团员等荣誉称号；获得山东省大学生医养健康创新创业大赛护理专项竞技组三等奖、潍坊护理职业学院“护理技能大赛”二等奖、潍坊护理职业学院“第一届形态学读片和人体解剖标本辨识大赛”三等奖；获得 2024 年中国国际大学生创新大赛校赛金奖。

第二节 自我介绍的撰写

求职中的自我介绍是指在求职面试中，求职者向面试官简要介绍自己的基本情况、教育背景、工作经验、专业技能及求职动机等，以期获得面试官的认可和好感，是面试中第一环节也是重要环节。

案例

自我介绍有必要提前做准备吗？

小 C 向适合自己的几家医疗机构投递简历后，终于等来面试通知。他准备了不少常用结构化面试问题后自信前往，但面试的第一环节要求他做五分钟自我介绍。小 C 认为自己简历上写得足够清晰，不需要再做自我介绍便未准备，结结巴巴按照简历内容复述，才介绍了一分半钟就自我感觉表现不好，导致后面面试没有信心，整场面试发挥失常，错失了一次求职机会。这时，小 C 才明白：自我介绍和简历并不是一回事，也需要用心准备，也明白了自我介绍是面试的第一环节，会对后续流程产生影响。

思考：面试中自我介绍的意义是什么？怎样准备一个优质的自我介绍？

一、自我介绍的意义

有求职者会疑惑，简历中已经将自身情况写得很清晰完整了，为什么还需要自我介绍这个环节呢，这主要是因为：

（1）展示第一印象。自我介绍是面试官对求职者的第一印象来源，一个有效的自我介绍能够迅速展示求职者的个性、能力、经历和专业技能，从而给面试官留下深刻的第一印象。

（2）初步判断。面试官将通过自我介绍初步对求职者进行判断，考察求职者表述的内容与简历是否相符合，以及求职者的语言表达能力、逻辑思维能力和总结概括能力。

（3）展示匹配度。自我介绍是展示求职者与岗位匹配度的重要环节，通过自我介绍，求职者可以展示自己的专业能力、工作经验、性格特点及与职位的匹配度。

（4）预热作用。从面试官的角度看，自我介绍是正式面试前的预热，可以让双方逐步进入面试状态，起到缓冲作用，也为接下来的面试交流进行铺垫。

（5）评估简历。自我介绍环节是让面试官现场评估求职者简历的“刚需”环节，求职者需要通过自我介绍来补充或解释简历上的信息。

（6）建立关系。一次出色的自我介绍可以帮助求职者在短时间内给面试官留下深刻的印象，从而建立良好的人际关系和职业形象。

（7）控制面试走向。自我介绍的好坏、认真程度等，会直接影响整个面试的走向，好的自我介绍甚至可以决定面试的成功。

综上所述，面试中的自我介绍不仅是求职者展示自己的重要机会，也是面试官评估求职者的重要依据，因此求职者需要重视自我介绍，进行充分的准备，以提高面试成功率。

二、自我介绍的内容

1. 我是谁（约 1 分钟）

自我介绍的第一步，是要让面试官知道求职者是谁。这一部分主要介绍求职者的个人履历和专业特长，包括姓名、年龄、籍贯等个人基本信息，教育背景及与应聘职位密切相关的特长等。

对于名字的介绍，可以生动形象的方式加以阐释，这样不仅可以吸引面试官，也能缓解面试的紧张气氛。比如，对自己的姓氏、名，进行逐一解读。

2. 我做什么，我做成过什么（约 2 分钟）

这部分重点介绍求职者的技能、专长，依照自我介绍时间长度的不同，内容也可稍做增减。由于自我介绍的时间有限，建议列举 2 ～ 3 项工作经历即可。挑选事例重要的指标为“该经历必须与职位所需技能环环相扣”，且尽可能地带入职位描述中的用词，以减少认知误差。

首先，做过什么代表着求职者的经验和经历。在自我介绍中，求职者需要尽可能地挖掘和表达出与职位相关性高的实践经历，如校内活动经历、校外实习经历、相关课程与项目、相关的兼职经历。在表述中，求职者需要清楚地叙述确切的时间、地点，担任的职务，工作内容等，让面试官觉得真实且可靠。

其次，做成过什么代表着求职者的能力和水平。这部分主要介绍与应聘职位所需能力相关的个人业绩，包括校内活动成果和校外实践成果。介绍个人业绩就是摆成绩，要把自己在不同阶段做成的有代表性的事情介绍清楚。

在介绍个人业绩时，需要注意以下方面：

（1）业绩要与应聘职位需要的能力紧密相关。

（2）介绍自己的业绩，而不是团队业绩。

（3）业绩要有量化的数据，要有具体的证据。既不要用笼统的“很好”“很多”

等词语，也不要用“大概”“约”“基本”等概述，而要用确切的数字。

（4）介绍的内容应当有所侧重，不要记流水账，要着重介绍那些能体现自己能力的事项。

（5）介绍业绩取得的具体过程时，要巧妙地埋伏笔。例如，在介绍校外实践成果时，求职者可以这样描述：“在工作中遇到了很多问题，不过我还是成功地克服并达成了业务目标。”引导面试官提问“遇到了哪些问题”，然后求职者就可以进一步阐述细节内容，体现出自己处理问题的能力。

3．为什么我比其他人更适合（约 1 分钟）

此部分的重点在求职者的特别优势上。在上一部分，已经让面试官相信求职者具备相关技能，而“为什么你比其他人更适合”比较像加分题，可以获得面试官对求职者的好感度。

4．我想做什么（约 1 分钟）

“想做什么”代表着求职者的职业理想。在这个部分，求职者应该介绍自己的职业生涯规划、对工作的兴趣与热情、未来的工作蓝图、对行业发展趋势的看法等。在介绍时，求职者还要针对应聘职位合理编排每部分的内容，与应聘职位关系越密切的内容，介绍的次序应该越靠前，介绍的内容越详细。

这种时间分配能够确保面试官在有限的时间内了解求职者的基本信息、工作经验和职业目标，同时突出求职者的核心竞争力和与职位的匹配度。

三、自我介绍的技巧

在进行求职中的自我介绍时，掌握一些技巧可以帮助求职者更好地展示自己，吸引面试官的注意力。

1．明确目标

（1）了解职位要求。在自我介绍前仔细阅读职位描述，理解雇主的需求和期望。

（2）突出匹配点。强调自己的教育背景、工作经验和技能等与职位要求的匹配度。

2．结构清晰

（1）开头引入。用简洁的语言介绍自己的基本信息，如姓名、学历和专业。

（2）中间展开。详细阐述自己的教育经历、工作经验和专业技能。

（3）结尾总结。简要总结自己的优势，表达对职位的兴趣和加入公司的愿望。

3．内容精练

（1）避免冗长。保持自我介绍内容简短有力，通常不超过 1 ～ 2 分钟。

（2）关键点突出。挑选最能体现自己能力和成就的几个关键点进行介绍。

4．个性化表达

（1）展现个性。通过具体的例子或故事来展示自己的个性特点和工作态度。

（2）适应听众。根据不同的企业文化和行业特点调整自我介绍的内容和风格。

5．自信诚恳

（1）语气自信。用肯定和积极的语言描述自己，展现自信。

（2）诚恳态度。诚实地介绍自己的实际情况，避免夸大其词。

6. 准备充分

（1）反复练习。提前准备好自我介绍的内容并多次练习，以便在面试时流畅表达。

（2）模拟面试。可以和朋友或家人进行模拟面试，获取反馈并不断改进。

7. 注意细节

（1）语言规范。使用标准的语言和专业的词汇，避免口语化和俚语。

（2）非语言沟通。在自我介绍时，注意肢体语言和面部表情，保持自然和友好。

8. 适时更新

（1）反映最新情况。随着自己的经验和技能增长，及时更新自我介绍的内容。

（2）适应新环境。针对不同的求职环境和职位，适当调整自我介绍的重点。

总的来说，求职中的自我介绍是求职者向潜在雇主展示自己的一个窗口，通过上述技巧的运用，求职者可以更有效地传达自己的信息，提高获得面试机会的可能性。

四、案例分析

小王，2020 级毕业生，现就职于济南一家私立医院，他在给学弟学妹的求职建议中说道，“求职一定要切合实际，选择适合自己的路。之前自己一门心思想考公考编，后来发现自己的分数总是差很多，失败的次数多了，才知道自己不适合。于是开始准备求职材料，搜集招聘信息，不断练习面试技巧。虽然也经历过几次失败，但是越来越熟练，简历做得也越来越好，最终找到了目前的单位，现在觉得各方面都很不错。我还想说，在准备求职材料、写自我介绍的时候，才知道自己在大学里太空白了，没什么证书，成绩不突出。希望学弟学妹吸取我的经验教训，珍惜大学时光，把自己打造完美，求职才会顺利。”

小王用自身经历告诉大学生，在大学期间一定要充实自己，作为护理专业学生，护士资格证是必须考取的，此外，要尽可能多地考取技能证书，像中医相关证书、心理咨询师、营养师等，同时多参加比赛，如护士技能大赛、创新创业大赛等，尽量多地获取荣誉奖项，只有这样才能充实和丰富简历及自我介绍。另外，在求职中不要一味地关注编制工作或者三甲医院，也可以考虑诊所、体检中心、私立医院、医疗美容中心等，尽可能拓宽就业渠道，追求先就业再择业。同时，不断丰富和更新自己的求职材料，并不断创造机会模拟求职场景，对自我介绍、面试常规问题等熟稔于心，因为机会永远留给有准备的人，求职准备做足才能获得更好的职位！

案例

迷茫青年的逆袭：职业规划改变人生

小王大学毕业后，进入了一家私立医院工作。起初，他对工作充满热情，每天都充满干劲。但是随着时间的推移，他逐渐感到单调乏味，每天重复着相同的工作，缺乏挑战和成长的空间。他开始怀疑自己的职业选择，感到迷茫和困惑。

一天，小王偶遇了大学时的辅导员老师，两人聊起了自己的近况。老师听了他的烦恼后，给他讲了一个关于“磨刀不误砍柴工”的故事。故事讲的是一个樵夫每天都在山上砍柴，但他的刀因为不够锋利，效率总是很低。有一天，他遇到了一个老樵夫，老樵夫告诉他，只有经常磨刀，才能保持刀的锋利，砍柴的效率才会提高。小王听后，若有所思。

老师继续说道：这个故事告诉我们，在职业发展的道路上，我们不能只顾眼前的工作，而忽视了个人能力和技能的提升。只有不断地学习和成长，才能在未来的职业生涯中保持竞争力，抓住更多的机会。小王恍然大悟，他意识到自己一直在原地踏步，没有为自己的职业生涯做长远的规划和投资。他下定决心努力一把，开始了解公立医院考编情况，每天在工作之余努力学习，最终考上了相邻城市的三甲医院。工作三年中他因业务突出，多次受到医院表扬，但是小王逐渐发现，自己对科研比较感兴趣，于是他开始了解考研的内容，经过不懈努力，他最终考上辽宁医学院护理学专业硕士。但他并没有停滞不前，努力后又考上了首都医科大学公共卫生学院博士研究生。回到所在医院工作后他又收到了北京大学博士后的邀请。申请通过面试后，他进入了博士后流动站并成为一名北京大学护理学院的教师。

小王的经历告诉我们，任何时候都要为自己的职业生涯做长远的规划和投资，并为之不懈努力。

第三节　其他求职材料准备

一、毕业生就业推荐表

毕业生就业推荐表是学校正式向用人单位推荐毕业生的书面材料，能证明该毕业生的毕业身份、专业、培养方式等，并向用人单位简要介绍该生在校的实际表现，是学校向用人单位推荐毕业生的正式推荐函。它具有较高的权威性和可信度，是相关用人单位接收应届毕业生、毕业生办理相关地区落户等审批手续时的必需材料之一，所以一定要重视这项材料的准备。学校为每名毕业生发放一份毕业生就业推荐表，经学校审核签章后，毕业生可保留复印件或扫描件。毕业生就业推荐表不可作为简历使用，求职时可优先使用复印件，待完全确定了所去的单位再将原件交给就业单位。

（一）就业推荐表示例

就业推荐表模板如图 6-2 所示。

XXX学院

毕 业 生 就 业 推 荐 表

姓　名：________

专　业：________

学　历：________

毕业时间：________

xxx学院招生就业处制

姓 名		性 别		出生年月		照片
民 族		籍 贯		政治面貌		
学 历		学 制		培养方式		
外语种类及程度			特长及爱好			
个人通信地址						
邮政编码			联系电话			
曾任社会职务						
个人简历						
在校期间受过何奖励或处分						

在校期间曾参加的社会实践活动					
家庭主要成员	姓名	年龄	称谓	工作单位	职务
个人择业意愿					

院系意见	负责人：　年　月　日		
	联系人	联系电话	
就业主管部门意见	同意推荐		
备注	1. 持此推荐表的毕业生须是经山东省人力资源和社会保障厅生源审核、具有派遣资格的毕业生； 2. 此表毕业生每人一份，由学院招生就业处审核盖章； 3. 用人单位同意接收该生后，持此表原件到毕业生就业主管部门办理签证手续。		
联系方式	通信地址： 邮政编码： 联系电话： 网　　站： 电子邮箱：		

图 6-2　就业推荐表模板

（二）就业推荐表填写要求及填写指南

1. 填写要求

（1）不得涂改，所有信息应清晰、准确。

（2）使用黑色签字笔填写纸质版推荐表，保持字迹工整。

（3）信息完整、准确，字迹工整，无相关内容的填写“无”，不得留空。

2．填写指南

（1）照片要求为免冠证件照，底色无要求。

（2）姓名、性别、民族按实际情况填写。

（3）出生日期按示例类型填写，例如，2004 年 6 月 8 日出生应填写“20040608”。

（4）籍贯通常填写为“省 + 县级行政区”，如山东青州。

（5）政治面貌选填“中共党员”“中共预备党员”“共青团员”“群众”等，其他类型政治面貌按实际情况填写。

（6）学历选填“本科”“硕士研究生”“博士研究生”；学制按照该专业招生学制填写。

（7）培养方式分为“全日制”和“非全日制”。

（8）外语种类及程度、特长爱好、通信地址、邮政编码、联系电话、在校期间奖惩、参加的社会实践活动、家庭成员、个人择业意愿等如实填写，应保证内容真实、严肃，不得捏造，因填写虚假内容造成的影响由毕业生本人自负。

（9）个人简历用简短的语言从思想、学习、工作三方面进行介绍。

（10）院系出具意见后由各班辅导员审核推荐表信息，确认无误后，以班级为单位报系部负责人让分管领导签字并加盖单位公章，系部鉴定及推荐意见完成后，以系部为单位在规定时间内统一到学生就业指导服务中心办理学校就业部门推荐手续；就业主管部门意见内容可采用加盖统一的蓝色“情况属实 同意推荐”字样条章的形式。

二、相关证书

医学类专业毕业生在求职时，通常需要准备以下材料：

（1）有效身份证明。身份证原件及复印件，用于证明个人身份。

（2）学历证书。毕业证书或学位证书原件及复印件，用于证明受教育背景。

（3）近期白底免冠彩色证件照片。用于报名和其他官方文件。

（4）护理临床实习证明。在综合医院完成的 8 个月以上护理临床实习证明。

（5）护士资格证书。如果已经取得，需要提供原件及复印件。

（6）专业技术职务任职资格证书、聘书。如有需要提供原件或聘用证明原件。

（7）相关准入资格证书。根据职位要求可能需要的其他专业资格证书。除了护士执业资格证外，如护师证、主管护师证、心理咨询师证、教师资格证、执业药师证等。这些证书可以提升个人竞争力，增加就业机会。

（8）工作岗位变动证明。如果适用，需要提供转入现岗位的相关证明。

（9）以往考试成绩单或准考证。如果参加过相关考试，需要提供原件和复印件。

（10）其他能力证明。如有才艺或其他特殊技能，也可以在简历中体现出来，以增加求职优势。

请注意，不同地区和不同医疗机构可能有特定的要求，建议在准备材料前仔细阅读招聘公告或咨询相关部门，确保所有材料齐全且符合要求。

三、求职材料准备注意事项

（1）材料完整性。确保简历、求职信、作品集等材料完整无缺，内容翔实。

（2）格式规范。格式要规范，条理要清晰，便于阅读。字体、字号、行间距等要统一，重要信息要突出显示。

（3）内容真实。所有提供的信息必须真实可靠，不得有任何虚假成分。诚实是求职的基本原则。

（4）针对性。针对不同的职位，求职材料应有所侧重。研究目标职位和公司，突出与职位最相关的经验和技能。

（5）亮点突出。突出自己的优势和特点，如特别的成就、项目经验、技能证书等，要让招聘方眼前一亮。

（6）语言表达规范。使用规范、正式的语言，避免口语化和网络用语。同时，语言要简洁有力，避免冗长。

（7）错别字检查。仔细校对，确保材料中没有错别字和语法错误。

（8）版式设计。适当的版式设计可以为求职材料加分，但不可过于花哨，以免喧宾夺主。

（9）隐私保护。不要在求职材料中透露过于详细的个人信息，如身份证号、家庭住址等。

（10）附件准备。如果职位要求提供作品集或者其他附件，就要确保附件格式正确，且能在不同平台上正常打开。

（11）联系方式。确保联系方式正确无误，以便招聘方能够及时与求职者取得联系。

（12）更新维护。定期更新求职材料，以反映求职者最新的工作经历和技能水平。

总之，准备求职材料是一个细心且需要投入大量精力的过程，好的求职材料能够帮助求职者在众多应聘者中脱颖而出。

案例

告别“拒无霸”，职通“必胜客”

一、案例背景

小晴，女，多次获校一等奖学金和省政府奖学金。大三上学期，小晴根据网上模板制作了简历，向各类招聘单位海投简历，偶有面试机会便勇当“面霸”，结果却屡试屡败，成了典型的“拒无霸”。临近毕业，看到身边同学都找到了工作，她开始否定自己，怀疑大学所学知识的实用性，导致失眠，焦虑不安。

二、案例分析

1．求职失败原因分析

小晴求职失败主要有以下两个原因。

（1）就业期望过高，“万金油”简历成死穴。小晴片面认为只要学习成绩好，用人单位就会对她抛出“橄榄枝”，便盲目海投简历，结果却不尽如人意。这主要由于小晴没有根据人职匹配制作简历，使得大部分简历石沉大海。

（2）高估负面影响，缺乏面试技巧是主因。小晴因暂时没找到工作就否定自己，导致失眠，焦虑不安，这是高估负面影响的表现，实际是她没有掌握面试技巧，忽略了面试这块“敲门砖”。

2. 应对方法

辅导员坚持“情绪开导是首要、心理疏导是重点、教育指导是关键”的原则，具体方法如下：

（1）利用STAR法则撰写成就故事，肯定自我，找回信心。辅导员指导小晴用STAR法则撰写成就故事，通过肯定其取得的成绩和拥有的个人特质，引导她肯定自我，恢复自信。

（2）运用艾利斯ABC理论和生涯教练技术，改变不合理认知。小晴认为学习好就能找到好工作，找不到工作就否定自己，这是一个过于绝对化的认知。辅导员对其失败经历进行“合理化”解释后，采用“五步换框法”引导她走出情绪困境，告诉她找工作本身就要经历“被拒绝—总结经验—改进提升”多次循环后才能成功。

（3）进行职业测评和生涯人物访谈，知己知彼，合理定位。辅导员利用MBTI性格理论、霍兰德职业兴趣理论、生涯平衡轮、职业锚、SWOT分析法和决策平衡单等指导小晴进行自我分析，瞄准目标职业；联系优秀校友与小晴交流，让她了解职业信息，做到知己知彼。

（4）有针对性制作简历，增加面试机会。小晴的简历是根据网络模板制作的，针对性不强，无法吸引招聘人员的眼球。辅导员指导小晴针对具体职位，结合实践经历及个人特质修改简历。

（5）加强面试指导服务。为提高面试成功率，辅导员建议小晴收到面试通知后要仔细研究该公司的企业文化；面试前要注意形象塑造，穿着打扮要符合“TOP”原则；面试时熟练进行自我介绍，运用STAR法则和“5W2H”（What、Why、Who、When、Where、How、How much）思维回答问题；面试后要写感谢信，重申对企业和应聘职位的兴趣。

3. 成效

经过两个星期指导，小晴重建了合理的就业信念，根据人职匹配原则修改了简历，不良情绪逐渐得到缓解，3个月后收到了一家私立医院的offer。

三、案例反思与启示

大学生就业问题已成为社会和高校的一大难题，大学生应在不同时期对就业做好准备工作：大一上学期（唤醒期），生涯意识唤醒，开展自我探索，进行自我分析和认知；大一下学期和大二上学期（萌芽期），专业技能培养，加强职业探索，丰富自己和提升能力；大二下学期和大三上学期（勃发期），个人特质培养，敲定职业决策并采取行动；大三下学期（绽放期），实践能力培养，进行简历制作，参加结构化面试模拟和就业咨询面对面指导等活动，积极挖掘适合自己的岗位并积极求职，做好心态调整。

资料来源：浙江思政网. 第三届浙江省高校辅导员优秀案例评选二等奖作品：告别“拒无霸”，职通“必胜客”［EB/OL］.（2020-04-16）. https://szzx-zj.hdu.edu.cn/info/1105/2060.htm?sid_for_share=99125_3，有改动。

第七章　职场敲门砖——大学生就业信息收集

第一节　就业信息种类

一、政策类信息

（一）国家就业政策

为了促进大学生就业，国家出台了一系列政策措施，如鼓励大学生到基层就业、扶持创业等政策。了解这些政策可以帮助大学毕业生更好地规划自己的职业发展方向，享受相应的政策优惠。

例如，2024 年 9 月 15 日发布的《中共中央　国务院关于实施就业优先战略　促进高质量充分就业的意见》指出："坚持以习近平新时代中国特色社会主义思想为指导，深入贯彻党的二十大和二十届二中、三中全会精神，坚持以人民为中心的发展思想，全面贯彻劳动者自主就业、市场调节就业、政府促进就业和鼓励创业的方针，以推动高质量发展为基础，以实施就业优先战略为引领，以强化就业优先政策为抓手，以破解结构性就业矛盾为着力点，以深化就业体制机制改革为动力，以不发生规模性失业风险为底线，持续促进就业质的有效提升和量的合理增长，推动实现劳动者工作稳定、收入合理、保障可靠、职业安全等，不断增强广大劳动者获得感幸福感安全感，为以中国式现代化全面推进强国建设、民族复兴伟业提供有力支撑。""经过努力，就业机会充分、就业环境公平、就业结构优化、人岗匹配高效、劳动关系和谐的局面逐步形成，系统集成、协调联动、数字赋能、管理科学、法治保障的就业工作体系更加健全。"

其中，第九条专门强调了"拓展高校毕业生等青年就业成才渠道。促进市场化就业，完善工资待遇、职称评聘、培训升学等政策，开发更多有利于发挥所学所长的就业岗位，鼓励青年投身重点领域、重点行业、城乡基层和中小微企业就业创业，有条件的地方可对到位于县乡中小微企业就业的高校毕业生加大政策支持力度。提升青年就业服务效能，强化针对性职业指导、职业介绍、技能培训、见习实习，形成衔接校内校外、助力成长成才的服务支撑。实施青年就业启航、‘宏志助航’等专项计划，强化对困难家庭毕业生、长期失业青年的就业帮扶，促进其尽早就业、融入社会。支持留学回国人员同等享受就业创业政策和服务。”

还有“三支一扶”（支农、支教、支医和扶贫）计划，为大学毕业生提供了到基层锻炼和服务的机会。服务期满后，大学毕业生还能享受一定的优惠政策，如在公务员招录、事业单位招聘等方面给予优先考虑。

（二）地方就业政策

各地方政府根据本地实际情况制定了就业政策，包括人才引进、就业补贴等，这些政策对于毕业生在特定地区就业具有很大的吸引力。一些城市为吸引高层次人才，推出了购房补贴、生活补贴、降低落户门槛等优惠措施，为大学毕业生提供了良好的发展环境和生活保障。

以潍坊市为例，为促进高校毕业生高质量充分就业，潍坊市政府着力完善政策体系，突出稳岗扩岗，积极打造大学生就业服务品牌，创新建设大学生就业创业赋能中心，两所驻潍高校被纳入省级试点。在全省首创大学生“完整就业”服务模式，通过“校内＋校外”服务联动，串起大学生就业指导、创业孵化、技能培训等全服务链条。创新发展职业生涯规划教育，让更多风华正茂的青年在潍坊找到适合自己的领域发光发热。从“心”出发，用足“千方百计”。2023 年以来，潍坊市先后组织开展公共就业服务进校园、“年轻有潍 · 就业有坊”、“智汇潍坊—直通名校”等系列活动，举办各种招聘活动 118 场次，为 3 400 余家企业、9.51 万人次提供全方位招聘求职服务；发布事业单位招聘公告 1.82 万个，开发青年就业见习岗位 1.4 万个。

为帮助毕业生顺利就业，潍坊市制定实施了一系列支持就业创业措施，推动相关政策和招聘活动进园区、进企业、进高校，拓宽基层就业空间。为了让高校毕业生“就业在潍坊、乐业更放心”，潍坊市还创新思路，采取网络直播带岗、现场观摩等多种措施，在全市范围内开展了“高校学子看家乡”系列活动。

健全和完善人才政策，深入实施“四十万大学生集聚计划”，制定“鼓励驻潍院校毕业生留潍 12 条措施”，提高大学生生活补贴标准……潍坊市构建起全方位、多层次就业创业政策支持体系。全面落实各项就业创业补助政策，创新政策找人、直补快办、免申即享等服务模式，加速释放政策促进就业红利。加大“三支一扶”计划实施力度，用好期满转编等激励性政策，鼓励大学生到基层就业。持续开展就业见习计划，面向不同类型单位，开发科研类、管理类、技术技能类、社会服务类等见习岗位。

潍坊市出台了《鼓励支持驻潍院校毕业生留潍若干措施》等一揽子政策举措，开展高校毕业生就业服务系列专项行动，深入推进高校毕业生留潍、回潍、来潍的“3V”计划，并以次第升级的人才政策为牵引，构建起立足潍坊、覆盖全省、面向全国的青年人才招引模式。

2024 年 3 月，潍坊市首个大学生“完整就业”服务站在奎文区正式投用。服务站汇集了就业规划指导、技能培训、信息发布等 7 个板块 26 项全链条服务内容。该服务站以在校大学生和离校未就业高校毕业生为重点，以一个就业年度为完整周期，以职业规划和就业指导、观念养成和心理疏导、就业动力和技能提升为完整设计，统筹家、校、社、企四方资源，做好校社过渡、校企互通、供需结合、职业串联四个衔接，帮助大学生顺利度过衔接期、窗口期、高原期、转换期四个就业关键期。

二、招聘类信息

（一）校园招聘信息

各大高校为毕业生提供校园招聘信息。校园招聘会通常由学校就业指导中心组织，邀请众多企业到校招聘，提供的岗位针对性强，与毕业生的专业匹配度高。

校园招聘一般分为秋季校园招聘和春季校园招聘，秋季招聘规模较大，企业数量多，岗位种类较丰富；春季招聘则主要是对秋季招聘的补充，也有一些企业会在这个时候开展新的招聘计划。

（二）社会招聘信息

各类企业、事业单位通过招聘网站、人才市场等渠道发布招聘信息。社会招聘的范围更广，面向社会各界人士，竞争也相对较激烈。

常见的招聘网站有智联招聘、前程无忧、BOSS 直聘等，这些网站上发布的招聘信息涵盖了各个行业和领域，大学毕业生可以根据自己的专业和兴趣进行筛选。

（三）专场招聘信息

专场招聘信息是针对特定行业、专业或群体发布的招聘信息。专场招聘的针对性更强，企业和岗位与特定群体的需求更加匹配，提高了求职的效率和成功率。

例如，针对护理专业毕业生举办的医疗卫生专场招聘会，聚集了众多医院、医疗机构等用人单位，提供大量护理岗位，为护理专业毕业生提供了集中求职的机会。

三、企业类信息

（一）企业基本信息

企业基本信息包括企业的规模、性质、行业地位、发展前景等。了解企业的基本信息可以帮助大学毕业生判断企业的实力和稳定性，选择更有发展潜力的企业。

例如，一家在行业内处于领先地位的企业通常具有更好的发展前景、更完善的培训体系和更高的薪酬待遇，对于大学毕业生来说是一个不错的选择。

（二）企业文化信息

企业文化是企业的价值观、行为准则和工作氛围的体现。了解企业文化可以帮助大学毕业生判断自己是否与企业的价值观相契合，是否适应企业的工作氛围。

有的企业注重创新和团队合作，有的企业强调工作严谨和规范，大学毕业生可以根据自己的性格特点和职业追求选择适合自己的企业。

（三）企业岗位信息

企业岗位信息包括岗位的职责、要求、薪酬待遇、晋升空间等。了解岗位信息可以帮助大学毕业生确定自己是否符合岗位要求，以及该岗位是否能够满足自己的职业发展需求。

例如，某岗位要求具备较强的沟通能力和团队协作精神，如果大学毕业生在这方面有优势，那么这个岗位可能就适合他。同时，了解岗位的薪酬待遇和晋升空间也可以帮助大学毕业生做出更明智的职业选择。

四、职业发展类信息

（一）职业规划指导

职业规划指导包括职业规划的方法、步骤、案例等信息。职业规划指导可以帮助大学毕业生了解自己的职业兴趣、能力和价值观，制定合理的职业发展目标和规划。

例如，通过职业测评工具，大学毕业生可以了解自己的性格特点、职业倾向等，从而选择适合自己的岗位。同时，职业规划指导还可以提供一些职业发展的建议和经验，帮助大学毕业生更好地实现自己的职业目标。

（二）培训与晋升机会

了解企业或行业提供的培训和晋升机会，可以帮助大学毕业生规划自己的职业发展路径，提高自己的职业竞争力。

一些企业会为员工提供内部培训、轮岗机会、晋升通道等，这些都有助于员工的职业成长。大学毕业生可以在求职过程中关注企业的培训和晋升机制，选择能够提供更多发展机会的企业。

（三）行业发展趋势

了解所在行业的发展趋势，可以帮助大学毕业生把握行业动态，选择具有发展前景的职业方向。例如，随着人工智能、大数据等技术的发展，相关行业的就业需求不断增加，大学毕业生可以关注这些新兴行业，提前做好职业准备。

案例

擦亮眼睛，收集信息

在当今世界经济低迷、生产力发展失速的大背景下，作为医疗卫生专业院校的毕业生如何在竞争激烈的就业市场中收集有效且真实的就业信息，是预防就业陷阱的关键一步。大学毕业生刚刚走出校园步入社会，他们怀揣着对未来的憧憬和梦想，积极地寻找着自己的职业发展道路。然而，一些不法分子却利用大学生缺乏社会经验、急于就业的心理，设置了各种各样的陷阱，给他们带来了巨大的困扰和损失。

（一）虚假招聘信息与培训费诈骗

1．案例情况

小李是一名即将毕业的高职护理专业大学生，他在某招聘网站上看到某地区一家知名三甲医院的招聘信息，职位描述和薪资待遇都非常诱人，而且远远超出自己找工作的心理预期。小李毫不犹豫地投递了简历，并且很快收到了面试通知。但是，面试地点并没有在应聘的医院中，而是选在了某写字楼，也没有进行专业能力的测试。小李对此感到十分疑惑，也对这次面试是否正规产生了一些怀疑，但是想到自己面试的是第三方派遣人员，这些疑虑也就消散了。面试过程中，面试官在询问了小李一些基本信息和问题之后，对小李的表现非常满意，并当场表示他被拟录用了。然而，面试官随后告诉小李，这个职位的待遇和薪资之所以这么好，是因为需要特定的技能和知识，他需要参加公司组织的培训课程，并且只有通过最后的技能考试且合格后才能入职，培训须缴纳费用 5 000 元。小李虽然有些犹豫，但想到这个职位的前景和薪资待遇，最终还是决定缴纳培训费。在参加完培训课程后，招聘负责人让小李回家准备考试，具体的考试时间会另行通知，但是小李再也没有收到招聘方的任何消息。其间他多次联系对方，但是电话始终无人接听，邮箱也没有回复，当他再次来到面试的办公楼时，该公司早已大门紧锁。紧接着，小李联系了招聘委托方的三甲医院，该医院表示并没有委托该公司进行第三方人员的招聘和培训工作，如有招聘信息会在医院官网公布，并在医院组织正规的技能和理论考试，小李这才意识到自己被骗了。

2．案例分析

这种虚假招聘信息与培训费诈骗是大学生就业陷阱中比较常见的。不法分子通常会在招聘网站上以大型知名医院或公司为噱头发布虚假的招聘信息，利用低准入条件、高薪资和优厚的待遇吸引大学生投递简历。然后，他们会以各种理由要求大学生参加入职培训或者技能培训，并收取高额的培训费。一旦大学生缴纳了培训费，不法分子就会消失得无影无踪。大学生在遇到这种情况时一定要保持警惕，就业信息一定要从企事业单位的官方网站获取，要擦亮眼睛仔细甄别就业信息，既不要轻易相信招聘信息中的高薪承诺，也不要随意缴纳培训费。

（二）“假试用”陷阱

1．案例情况

小赵是一名护理专业的应届毕业生，他在找工作的时候发现当地有家私立医院在招收实习护士且待遇不错。小赵抱着试试看的心态进行了面试，没想到竟然通过了。该医院表示，因为小赵还没有取得护士资格证，所以试用期内的工资只能约定他试用期工资的 80%，而且没有绩效工资，不缴纳社保。但是，医院承诺在小赵获得护士资格证后马上为其办理入职手续并转正。小赵思考片刻后觉得这个条件还可以，便同意了。然而，在小赵成功取得护士资格证后，医院却以没有转正名额为由拒绝了小赵的转正申请，也没有给他提高薪资待遇。小赵觉得自己在试用期内表现良好，不应该被拒绝转正。他多次与医院沟通，但医院始终以各种理由推脱和搪塞小赵。最后，小赵办理了离职手续。

2. 案例分析

“假试用”是大学生就业陷阱中的常见形式。不法分子通常会以试用期或未取得相关资格证书为借口，在试用期内压低大学生的工资，并让他们承担大量的工作任务。一旦试用期结束，他们就会以各种理由拒绝给他们转正，并要求他们离职。大学生在遇到这种情况时，一定要保持警惕，不要轻易相信公司的试用期承诺。在签订劳动合同之前，要仔细阅读合同条款，了解试用期的期限、工资待遇、转正条件等情况。同时，大学生也要注意保留自己在试用期内的工作记录和业绩证明，以便在需要的时候维护自己的合法权益。

第二节　就业信息获取途径

一、校内主管部门——招生就业处

（一）机构设置

以潍坊护理职业学院为例，该校招生就业处内设招生与创新创业科、实习与就业科两个科室。

（二）招生就业处的职责

（1）负责统筹学院招生工作。
（2）负责与中职院校联合办学工作。
（3）负责统筹学院学生实习实训工作。
（4）负责统筹学院学生就业服务工作。
（5）负责学院大学生就业服务站的管理和运营。
（6）负责护士执业资格考试相关工作。
（7）负责统筹学院学生专升本工作。
（8）负责学院校友联谊会工作。
（9）负责学院双创课程教学工作。
（10）负责学院创新创业工作。

（三）招生就业处电话

招生与创新创业科：（0536）3277335、3278236。
实习与就业科：（0536）3225766、3279056。

（四）招生就业处网站

网址：https：//zhaosheng.wfhlxy.com/index.htm，如图 7-1 所示。

图 7-1　招生就业处网站

二、招聘会

（一）职引未来——全国大中城市巡回招聘潍坊护理职业学院站

“职引未来”招聘会是由人力资源和社会保障部发起的一项重要就业服务活动，旨在为高校毕业生等青年群体提供更广阔的就业渠道和更优质的就业服务，促进其高质量充分就业（见图 7-2）。包括：

行业专场招聘会：针对就业需求量大、市场紧缺领域，推出医疗卫生、先进制造、新能源等行业专场招聘会。

区域专场招聘会：结合国家区域发展战略，推出“一带一路”、京津冀、长江经济带、粤港澳大湾区等区域专场招聘会。

专业化小型化招聘会：结合地方产业特点、高校毕业生和用人单位需求，灵活、密集组织专业化、精准化、小型化、定制式招聘会。

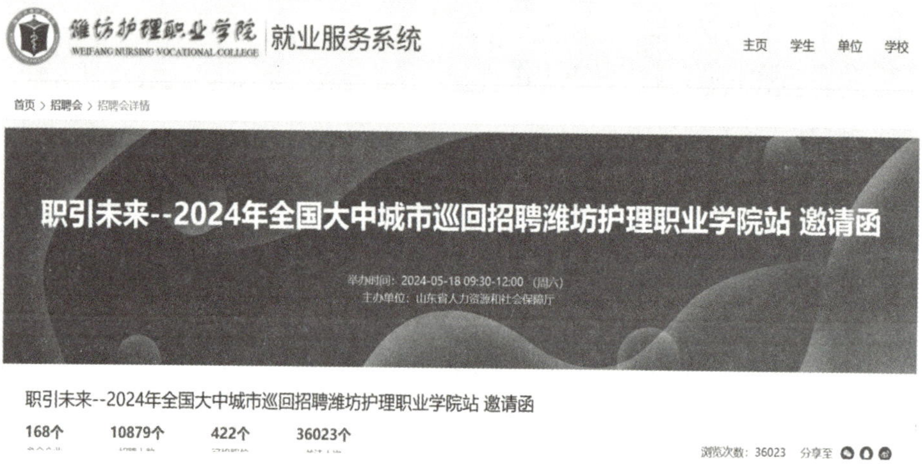

图 7-2　“职引未来”招聘会

（二）“职汇云端 才聚线上”潍坊护理职业学院空中双选会

“职汇云端 才聚线上”招聘会是多所院校为促进毕业生就业而联合人才网等平台举办的空中双选会活动（见图 7-3）。根据学校的院系专业设置独立专场，毕业生能够按照所学专业和求职意向，精准地与用人单位直接对接，提高求职效率和成功率。打破了时间和空间的限制，毕业生和用人单位无须到现场，通过网络平台即可完成简历投递、筛选、面试等招聘流程，方便快捷，节省了时间和成本。

图 7-3　空中双选会

（三）“职引未来·就选山东”山东省高校毕业生省级集中招聘活动医养健康产业专场

“职引未来·就选山东”是山东省为促进高校毕业生等青年群体就业开展的一系列招聘活动。众多来自不同行业、不同地区的企业参与其中，为毕业生提供了广泛的就业选择，涵盖了制造业、金融业、电子信息、医养健康、文化旅游、现代物流等多个产业领域，满足了不同专业毕业生的就业需求。除了现场招聘，部分活动还配套了就业指导、政策咨询、技能培训、直播带岗等多样化的服务，帮助毕业生提升求职技巧，了解就业政策，增加就业机会，同时也为企业提供了更全面的人才服务平台（见图 7-4）。

招聘会类型：校园招聘会
举办地址：潍坊护理职业学院主校区、益都校区、潍坊校区
主办单位：潍坊护理职业学院

开放预定时间：2023-05-05 08:00 ~ 2023-05-18 08:30
举办时间：2023-05-21 09:30-11:30（周日）
承办单位：

招聘会详情

“职引未来·就选山东”2023 年山东省高校毕业生省级集中招聘活动医养健康产业专场

暨潍坊护理职业学院2023年毕业生就业双选系列活动

邀请函

尊敬的用人单位：

感谢贵单位一直以来对潍坊护理职业学院毕业生就业工作的大力支持！

为深入贯彻党中央、国务院关于促进高校毕业生就业决策部署，拓展学校毕业生和用人单位求职招聘对接通道，根据《山东省人力资源和社会保障厅关于开展“就选山东”2023年山东省高校毕业生校园招聘系列活动通知》统一安排，我校将于2023年5月开展系列集中就业招聘会活动，特邀请贵单位参加。现通知如下：

一、活动场次和时间安排

图 7-4 “职引未来·就选山东”招聘会

三、社会实践和实习单位

（一）“三下乡”社会实践

暑期“三下乡”社会实践活动是大学生社会实践的重要组成部分。创新“三下乡”活动形式，优化活动内容，鼓励更多青年学子积极参与，为实现乡村振兴战略贡献青春智慧和力量，助力潍坊护理职业学院培养有理想、肯担当、能吃苦、肯奋斗的新时代青年（见图 7-5）。

图 7-5 潍坊护理职业学院“三下乡”社会实践

（二）实习单位

潍坊护理职业学院的实习单位类型丰富，涵盖了医院、医药企业、康养中心等，以下是部分实习单位。

1. 医院类

（1）潍坊市人民医院。潍坊地区大型综合性医院，医疗资源丰富，能为大学生提供全面的临床实习机会，涉及各个科室的实践学习，帮助大学生提升临床技能和对各类疾病的诊断、治疗能力。

（2）陆军第八十集团军医院（原解放军八十九医院）。具有良好的医疗设施和专业的医疗团队，大学生在这里可以接触到军队医院的管理模式和专业的医疗技术，对于培养其纪律性和专业能力有很大帮助。

（3）潍坊医学院附属医院。作为教学医院，其在医学教育和临床实践方面有着丰富的经验，为大学生提供了优质的实习环境和专业的临床指导。

（4）诸城市人民医院、高密市人民医院、昌邑市人民医院、寿光市人民医院等地方医院。这些医院是当地医疗机构的重要组成部分，大学生在这类医院实习可以深入了解基层医疗的工作模式和需求，积累丰富的临床经验。

（5）平度市第三人民医院。作为教学医院，其注重教学体系建设和教学质量，为大学生提供系统的培训和实践机会。

2. 医药企业类

（1）漱玉平民大药房连锁股份有限公司。在山东省具有较高的品牌影响力，大学生可以在药店零售岗位实习，了解药品零售的流程和管理，学习药学服务的相关知识。

（2）国邦医药集团股份有限公司。主要以药品研发、化工研发为主，为大学生提供与医药研发相关的实习岗位，有助于他们了解医药研发的流程和技术。

（3）青岛双鲸药业股份有限公司。是一家集药品创新研发、生产和销售于一体的高新技术企业，大学生可以在生产、销售等不同部门实习，了解药品生产和销售的全过程。

（4）鲁南制药集团股份有限公司。是集中药、化学药品、生物制品的生产、科研、销售于一体的综合制药集团，为大学生提供丰富的实习岗位和大量的实践机会。

3. 康养中心类

潍坊魏仕康养中心。为大学生提供养老护理、康复护理等方面的实习机会，让他们了解康养机构的运营模式和服务内容，培养他们老年护理和康复护理技能。

4. 网络媒体

（1）中华人民共和国人力资源和社会保障部（www.mohrss.gov.cn，见图 7–6）、山东省人力资源和社会保障厅（hrss.shandong.gov.cn，见图 7–7）、潍坊市人力资源和社会保障局（rsj.weifang.gov.cn，见图 7–8）。

图 7-6　中华人民共和国人力资源和社会保障部网站

图 7-7　山东省人力资源和社会保障厅网站

图 7-8　潍坊市人力资源和社会保障局网站

（2）国家卫生健康委人才交流服务中心（www.21wecan.com，见图 7-9）。

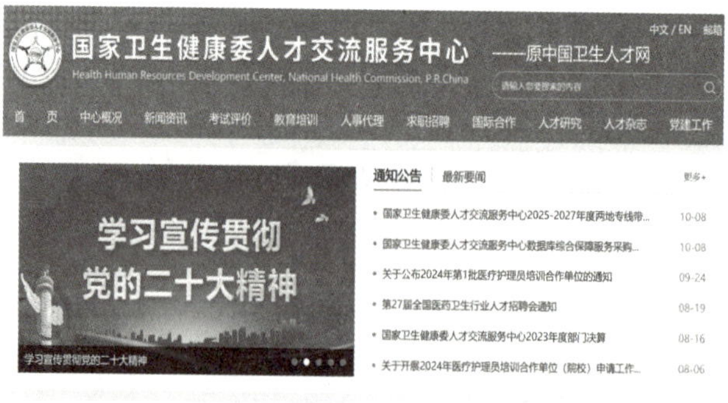

图 7-9　国家卫生健康委人才交流服务中心网站

（3）潍坊护理职业学院智慧校园微信公众号（见图 7-10）。

（4）医药人才网（www.medrc.net，见图 7–11）。
（5）医疗人才网（Doctorjob.com.cn，见图 7–12）。
（6）卫人就业网（www.weirenjob.com，见图 7–13）。
（7）58 同城（www.58.com，见图 7–14）。
（8）智联招聘（www.zhaopin.com，见图 7–15）。

图 7–10　潍坊护理职业学院智慧校园微信公众号

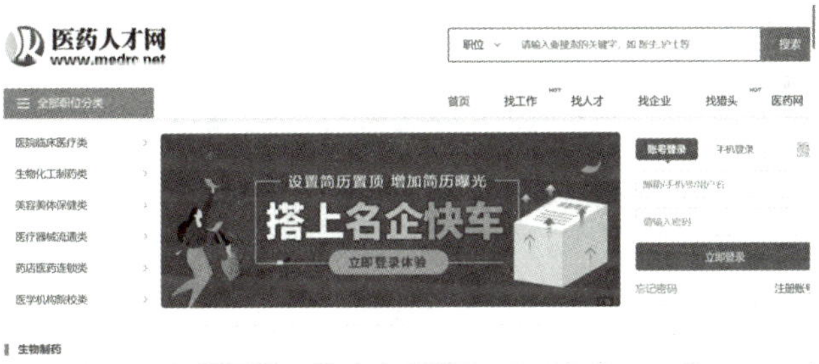

图 7–11　医药人才网网站

图 7–12　医疗人才网网站

图 7-13 卫人就业网网站

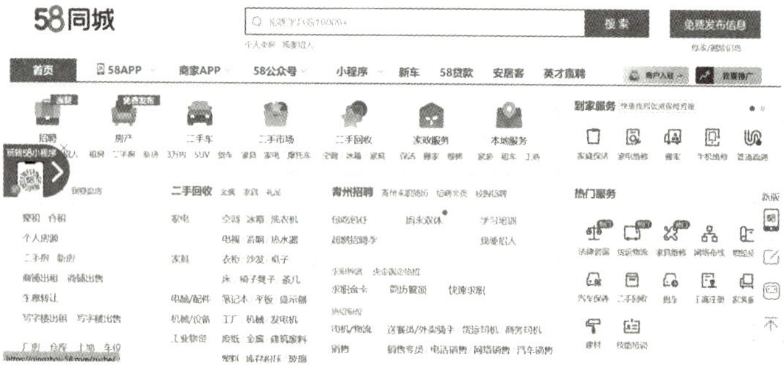

图 7-14 58 同城网站

图 7-15 智联招聘网站

案例

案例一：大数据分析，精准就业

数字化时代的到来，改变了人们生活的方方面面，在数智驱动下增加了就业渠道与就业机会，在数字化赋能下推动了大学生精准就业。就业平台利用大数据进行个人信息精准分析与画像构建，清晰地呈现求职者的优势、特长和职业倾向，为其精准匹配就业提供基础，通过对就业市场信息的深度挖掘与分析，进行人岗精准匹配与推荐。

1. 案例情况

小张是护理专业的应届毕业生，毕业后为了找到一份心仪的工作而到处奔波，参加各种招聘会和面试，但往往是乘兴而来，败兴而归。她所咨询的岗位要么是专业不符合、离家太远，要么是薪资待遇低、发展前景窄，小张为此苦恼不已，到底用什么样的方法才能既简便又快捷地找到适合自己的工作岗位呢？小张在机缘巧合下发现，某在线招聘平台竟然有大数据精准推职功能，这个在线招聘平台可以通过大数据分析求职者的简历信息、浏览记录、岗位申请，以及企业的招聘需求、岗位要求、面试反馈等数据。当求职者在平台上搜索岗位时，平台不仅会展示符合其基本条件的岗位，还会根据大数据分析预测求职者可能感兴趣的其他相关岗位，并进行推荐。小张把自己护理专业的教育背景，还有三甲医院的实习经历和所获得的护士资格证等信息上传到该平台系统，系统根据收集到的信息，利用数据分析技术和算法，对她进行多维度的画像构建，并根据小张个人信息的修改和完善进行实时动态更新，形成个人简历。平台利用大数据分析医护行业的发展动态和趋势，根据小张所在地域的经济发展状况、产业结构、人口结构等进行医护行业人才需求分析，基于小张的个人画像和市场护理人员招聘信息进行人岗匹配，并根据小张对岗位的薪资待遇、就业地区、岗位前景等要求自动为其推荐符合的工作岗位。最终，小张在其推荐的 5 个岗位中选择了一个匹配度最高的、当地规模比较大的牙科医院的护士岗位，通过面试后顺利入职。

2. 案例分析

“磨刀不误砍柴工”，好的工具和方法往往能够让办事的效率有所提高。大数据就业推荐平台通过收集求职者的个人信息，如学历、专业、技能、工作经验、兴趣爱好等，利用大数据分析技术对这些信息进行整合和分析，了解求职者的优势和不足，为其提供个性化的求职建议，并将求职者的信息与企业的招聘信息进行匹配，根据匹配度为求职者推荐合适的岗位。招聘平台或就业服务机构可以利用大数据算法，对求职者的简历和企业的岗位要求进行关键词匹配、技能匹配、经验匹配等，提高求职的成功率。因此广大应届毕业生应该提高数字化素养，学会利用智能化的大数据就业平台增加高质量的就业机会。

案例二：盲目求职，毫无所获

如果大学生在求学期间不注重职业规划和专业的发展动态，只知道埋头学习知识，那么大学毕业后一头扎进求职市场就会两眼一抹黑，不知道如何进行取舍和选择。盲目地利用各种途径寻找工作，这样不仅大大增加了试错成本，而且可能毫无所获，甚至被骗。

1. 案例情况

小王是一名护理专业应届毕业生，他在学校附近一家职业中介机构散发的传单中看到一则护士招聘广告，广告中声称可以为护理类专业大学生提供某三甲医院高薪护士实习岗位。小王心动不已，便抱着试试看的心态来到这家中介机构进行咨询。得知小王的来意后，中介机构的工作人员热情地接待了他，根据小王的基本信息和需求，工作人员向他介绍了几个对口的护理专业实习岗位，并向小王暗示自己有关系能要到内部留用的名额。小王十分心动，而且其中一个岗位非常适合自己，便决定报名参加。在填写报名表后，中介机构要求小王缴纳500元的中介费，并承诺跟医院协调好后会在一周内为他安排面试。然而，两周过去了，小王并没有收到任何面试通知。他多次联系中介机构，该中介机构的工作人员总是以各种理由推脱。最后，小王发现这家中介机构根本没有为他安排医院的面试，而是骗走了他的中介费。

2．案例分析

"黑中介"陷阱是大学生就业陷阱中的常见形式，它往往利用大学生对就业市场不熟悉、对就业信息不了解盲目求职的特点，对其进行诈骗。不法分子通常会以职业中介机构的名义，在学校附近、人才市场等地发布虚假的招聘广告，吸引大学生前来咨询。然后，他们会以各种理由收取中介、报名、体检等费用，却不会为大学生提供真正的就业机会。大学生在选择职业中介机构时，一定要选择正规的、有资质的中介机构，可以通过查看中介机构的营业执照、资质证书等方式，核实其合法性和信誉度。同时，大学生也要注意保护自己的个人信息，不要随意向中介机构提供身份证号码、银行卡号码等敏感信息。

第三节　就业信息的筛选与使用

一、就业信息分析方法

（1）分析鉴别、去伪存真。要确定信息的真实可靠程度。大学毕业生需要通过不同渠道证实和澄清信息真伪，全面了解信息内容，避免上当受骗。

（2）分清主次、把握重点。大学毕业生需要对掌握的信息进行比较和选择，分析企业所需人才特点，有针对性地设计应聘材料，提高应聘效率。

（3）选择决策、处理及时。信息是稍纵即逝的，大学毕业生收到信息后要尽快分析、处理，并向信息发布者反馈。如果求职失败，要认真分析原因，及时调整择业方向。

二、就业信息筛选技巧

（一）明确自身需求

1．职业目标

确定自己想要从事的职业方向，如技术研发、市场营销、人力资源等。思考自己在未来几年内的职业发展规划，是追求职务晋升还是提升专业技能。

2．工作条件

考虑工作地点，是倾向留在本地还是愿意去其他城市发展。确定可接受的工作时间和工作强度，如是否接受加班或倒班。明确对薪资待遇的期望范围，包括基本工资、奖金、福利等。

3. 个人兴趣和优势

结合自己的兴趣爱好筛选就业信息，这样工作起来会更有动力和热情。分析自己的专业技能和优势，寻找与之匹配的职位，提高求职成功率。

（二）评估信息来源

1. 可靠性

选择正规的招聘渠道，如知名招聘网站、企业官网、校园招聘等，这些渠道的信息相对可靠。对于一些来源不明的招聘信息要谨慎核实，避免掉入诈骗陷阱。

2. 时效性

关注招聘信息的发布时间，尽量选择近期发布的信息，增加职位仍然空缺的概率。对于一些长期招聘的职位，要了解其原因，可能是职位要求较高或者企业招聘难度较大。

3. 针对性

根据自己的专业和求职目标选择针对性强的招聘渠道，如专业招聘网站、行业论坛等。参加与自己专业相关的招聘会和宣讲会，获取更具有针对性的就业信息。

（三）分析职位信息

1. 职位描述

仔细阅读职位描述，了解工作职责、任职要求等内容，判断自己是否具备该职位所需的专业技能、工作经验和能力素养等。

2. 公司背景

了解招聘公司的基本情况，包括公司规模、行业地位、发展前景等，可以通过网络搜索、查看公司官网、咨询他人等方式获取公司信息。

3. 薪资待遇

关注薪资水平是否符合自己的期望，同时要了解薪资结构和福利待遇，还要注意一些隐性福利，如培训机会、晋升空间、工作环境等。

（四）排除不良信息

1. 虚假信息

警惕一些夸大其词、承诺过高薪资待遇或福利的招聘信息，这可能是虚假宣传。注意识别一些诈骗信息，如要求缴纳费用、提供个人敏感信息等。

2. 不适合的信息

如果职位要求与自己的能力和兴趣相差甚远，或者工作条件无法满足自己的需求，就可以果断排除。对于一些要求过高或过低的职位，也要谨慎考虑，避免浪费时间和精力。

3. 不良公司信息

如果了解到招聘公司存在不良记录，如拖欠工资、劳动纠纷等，就要谨慎选择，可以通过查询企业信用信息、咨询劳动监察部门等方式了解公司的信誉情况。

（五）多方比较和验证

1. 比较不同职位

将筛选出的就业信息进行比较，分析各个职位的优缺点，可以从职业发展、薪资待遇、工作条件等方面进行综合评估。

2. 验证信息真实性

在确定应聘某个职位之前，可以通过多种方式验证信息的真实性。例如，联系招聘公司的人力资源部门、咨询在该公司工作的人员等。

3. 寻求他人意见

可以向老师、同学、家人、朋友等征求意见，他们可能会提供一些有价值的建议和信息，也可以参加就业指导讲座、咨询专业的职业顾问等，以获取更多的求职技巧和信息。

案例

案例一：辨别真伪

1. 案例情况

小张是一名护理专业的大学毕业生，他在网上看到一则境外医院招聘护士的广告，广告中声称可以为大学生提供高薪护理工作，并可以半工半读提升学历，工作地点在东南亚某国家。小张心动不已，便联系了广告中的联系人。联系人告诉小张，这家医院工作非常轻松，收入也非常高，还可以提供升学深造的机会，而且公司会提供免费的机票和住宿。小张觉得这个机会非常难得，便决定报名参加。然而，在小张到达境外后，他才发现自己被骗了。原来，这个所谓的高薪工作实际上是电信诈骗团伙的陷阱。小张被要求从事电信诈骗活动，如果他拒绝，就会遭到殴打和威胁。最后，小张在当地警方的帮助下回国。

2. 案例分析

境外高薪诱骗是大学生就业陷阱中的新形式。不法分子通常会在网上发布虚假的招聘广告，声称可以为大学生提供境外高薪工作，工作地点在东南亚、非洲等国家和地区。然后，他们会以各种理由劝说大学生前往境外工作，并承诺提供免费的机票和住宿。一旦大学生到达境外，他们就会被要求从事电信诈骗、网络赌博等非法活动。如果大学生拒绝，就会遭到殴打和威胁。大学生在遇到这种情况时，一定要保持警惕，不要轻易相信境外高薪工作的招聘广告。如果想要出国工作，一定要选择正规的渠道，并了解目的地国家的法律法规和就业政策。同时，大学生也要注意保护自己的人身安全，不要轻易前往陌生的国家和地区。

案例二：虚假“猫腻合同”陷阱

1．案例情况

小孙是一名护理专业大学毕业生，他在一家医院找到一份护士的工作。在签订劳动合同的时候，小孙发现合同中有一些条款比较模糊，如涉及工作内容、工作地点、工资待遇等方面的条款都没有明确规定。小孙向医院提出了疑问，但医院人事科的工作人员告诉他，这些条款都是按照医院的规定执行的，一起入职的同事都是签订这个劳动合同，不会有问题。小孙觉得医院的规模比较大，应该不会有问题，便没有在意这些条款，签订了劳动合同。然而，在工作了一段时间后，小孙发现自己的工作时长和工作绩效与当初面试时的承诺有很大的出入，工资待遇也没有达到合同中的约定。他多次与医院沟通，但医院始终以各种理由推脱。最后，小孙因为实在无法接受现状，只能无奈地离开了医院。

2．案例分析

“猫腻合同”陷阱是大学生就业陷阱中的常见形式。不法分子通常会在劳动合同中设置一些模糊条款、霸王条款或陷阱条款，以欺骗大学生。大学生在签订劳动合同之前，一定要仔细阅读合同条款，了解自己的权利和义务。对于合同中的模糊条款、霸王条款或陷阱条款，要及时与公司沟通，要求公司给予明确解释或进行修改。如果公司拒绝修改合同条款，大学生可以选择不签订合同，或者向劳动监察部门投诉。同时，大学生也要注意保留自己签订的劳动合同，以便在需要的时候维护自己的合法权益。

案例三：优秀毕业生感言——信息处理

尊敬的各位领导、老师，亲爱的同学们：

大家好！我是一名护理专业的毕业生，非常荣幸能够在这里分享我的就业经验。

回首过去3年的学习生涯，仿佛还在昨日。选择护理专业，是我人生中一个至关重要的决定。自踏入校园的那一刻起，我就被老师们的专业素养和敬业精神所感染，也被护理这个充满爱与责任的职业所吸引。

在学习的过程中，我经历了无数个日夜的刻苦钻研。从基础的医学知识到复杂的护理技能操作，每一个环节都让我不断成长和进步。实验室里的模拟练习、临床实习中的真实体验，都让我更加深刻地理解了护理工作的重要性和价值。下面我希望跟大家分享一下我的就业经验。

1．明确职业目标

在大学期间，我明确了自己要成为一名优秀护理专业人员的目标。我深入了解了护理行业的发展趋势和就业前景，认识到随着人口老龄化和医疗水平的不断提高，专业护理的需求量将会持续增长。这让我更加坚定了自己的职业选择，并为未来的就业做好了心理准备。

2．扎实专业知识和技能

（1）认真学习专业课程。在学校里，我努力学习护理学的基础理论知识，包括解剖学、生理学、病理学、药理学等。这些知识为我后续的临床实践打下了坚实的基础。

同时，我积极参加各种实验课和实训课程，熟练掌握了护理操作技能，如静脉输液、导尿、吸氧等。通过反复练习，我不仅提高了自己的操作水平，还培养了严谨的工作态度和职业素养。

（2）珍惜实习机会。实习是将理论知识与实践相结合的重要环节，我积极争取到了在知名医院的实习机会。在实习过程中，我虚心向带教老师和同事学习，认真观察和学习他们的工作方法和经验。

我主动参与各种护理工作，包括患者的日常护理、病情观察、护理记录等。通过实习，我不仅提高了自己的临床实践能力，还熟悉了医院的工作流程和管理模式，为今后的就业做好了充分的准备。

3．拓展综合素质

（1）培养沟通能力。护理工作需要与患者、家属、医生等进行多方面沟通。因此，我特别注重培养自己的沟通能力，学会倾听患者的需求和意见，用温暖的语言和微笑给予他们安慰和支持。我还积极参加各种沟通技巧培训和活动，提高自己的沟通水平和人际交往能力。

（2）提升英语水平。在全球化的背景下，英语已经成为护理专业人员必备的技能之一。我努力学习英语，通过了大学英语四、六级考试，并参加了一些英语口语培训课程。我还阅读了一些英文护理文献和书籍，了解国际护理领域的最新动态和发展趋势，为今后的职业发展打下了良好的基础。

4．积极寻找就业机会

（1）关注招聘信息。我密切关注各大医院、医疗机构和招聘网站的招聘信息，及时了解就业市场的动态。我还订阅了一些护理专业的公众号和杂志，获取最新的就业资讯和行业动态。同时，我积极参加学校组织的招聘会和就业指导活动，与用人单位进行面对面的交流和沟通，了解他们的招聘需求和要求。

（2）制作优秀的简历和求职信。简历和求职信是求职的重要工具，我认真制作了自己的简历和求职信，突出自己的专业技能、实习经历和综合素质。我还请老师和同学对我的简历和求职信进行了修改和完善，确保它们能够吸引用人单位的注意。

（3）做好面试准备。面试是求职的关键环节，我在面试前认真准备，了解用人单位的背景和业务范围，复习自己的专业知识和技能。我还准备了一些常见的面试问题，并进行了模拟面试，以提高自己的面试能力和临场应变能力。在面试过程中，我始终保持自信、真诚和积极的态度，展示自己的优势和潜力。

5．总结与建议

（1）总结。作为一名护理类优秀毕业生，我通过明确职业目标、扎实专业知识和技能、拓展综合素质、积极寻找就业机会等方面的努力，成功找到了自己满意的工作。在这个过程中，我深刻体会到了努力和坚持的重要性，也感受到了护理专业的魅力和价值。

（2）建议。对于即将毕业的护理专业同学，我建议你们要提前做好职业规划，明确自己的职业目标和发展方向。在学习过程中，要认真学习专业知识和技能，积极参加实习和实践活动，提高自己的综合素质和实践能力。

同时，要关注就业市场的动态，积极寻找就业机会，制作优秀的简历和求职信，并做好面试准备。在求职过程中，要保持自信、真诚和积极的态度，展示自己的优势和潜力。相信只要你们努力，就一定能够找到自己满意的工作，实现自己的人生价值。

如今，我顺利地走上了工作岗位，成为一名真正的护士。刚开始的时候，心中难免有紧张和不安，但在领导和同事们的关心和帮助下，我很快适应了新的环境。在工作中，我深刻体会到了护理工作的艰辛与不易。我们需要时刻保持高度的责任心和敬业精神，为患者提供优质的护理服务。每一次看到患者在我们的精心护理下逐渐康复，心中都充满了成就感和喜悦。

这份工作也让我更加懂得了关爱和尊重他人。患者在生病的时候，往往是最脆弱和最需要关心的时候。我们的一个微笑、一句问候、一个小小的举动，都可能给他们带来巨大的温暖和安慰。在与患者及其家属的交流中，我学会了倾听和理解，也更加珍惜生命。

我要感谢我的学校和老师们，是你们传授我扎实的专业知识和技能，为我的就业打下了坚实的基础。也要感谢我的同学们，在学习和生活中，我们一起奋斗、一起成长，这份友谊将永远铭记在心。

最后，我想对学弟学妹们说，选择护理专业就是选择了一份神圣而光荣的职业。在学习中，你们要刻苦努力，不断提升自己的专业素养和综合能力。在未来的工作中，你们要始终保持对护理工作的热爱和敬畏之心，用真心、爱心和耐心去关爱每一位患者。

第八章　决胜职场——大学生求职技巧

第一节　掌握笔试技巧

笔试是常用考核办法，目的是考核应聘人员的文字能力、知识面和综合分析事物的能力（见图 8-1）。它通常用于一些专业技术要求很高和对录用人员素质要求很高的单位，如一些涉外部门、技术要求很高的专业公司及国家机关选聘公务员等。

图 8-1　笔试示例

一、笔试的前期准备

1. 了解考试内容和形式

在参加笔试前，务必详细了解考试的范围、题型、时间限制等信息，可以通过查阅过往真题、咨询有经验的人或查看相关的考试说明来获取这些重要信息。例如，参加公务员考试，要清楚地知道行政职业能力测验涵盖的言语理解、数量关系等模块，以及申论的题型特点，这样才能有的放矢地复习，如图 8-2 所示。

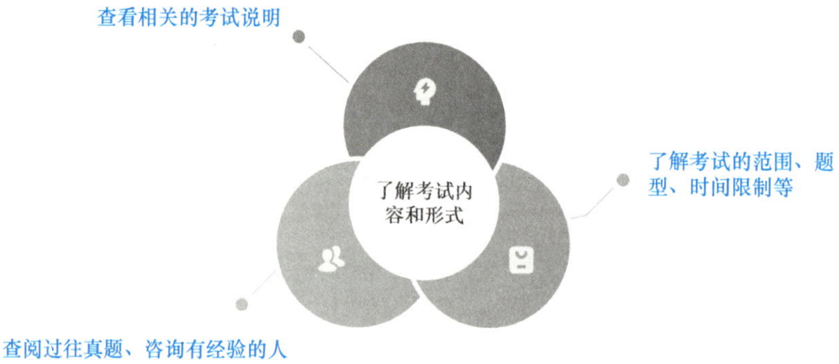

图 8-2　了解考试内容和形式

2. 复习相关知识

根据考试要求，有针对性地复习相关专业知识、基础知识和技能。制订合理的复习计划，确保全面覆盖重点内容。比如，准备会计资格考试，就要系统地复习会计原理、财务报表等专业知识。

3. 进行模拟练习

多做模拟题和真题，熟悉考试的节奏和难度。通过模拟练习，可以提高答题速度和准确性，同时也能发现自己的薄弱环节，及时进行针对性强化。

二、笔试的方法与技巧

1. 复习知识

对大学期间学习的专业知识进行必要的复习是笔试准备的重要内容。一般说来，笔试都有大体的范围，可围绕这个范围翻阅一些有关的图书资料，复习巩固所学过的课程内容，温故知新，做到心中有底。

2. 增强信心

笔试怯场，大多是缺乏信心所致。要客观冷静地对自己进行正确评估，克服自卑心理，增强信心。临考前，一要减轻思想负担，二要保证充足的睡眠，三要适当参加一些文体活动，从而使高度紧张的大脑得到放松和休息，以充沛的精力参加考试，如图 8-3 所示。

图 8-3 考前心态放松方法

3. 临场准备

提前熟悉考场环境有利于消除应试时的紧张心理，仔细阅读考场注意事项，尽量按要求做好。除携带必备的证件外，一些考试必备的文具（钢笔、橡皮等）也要准备齐全。

4. 科学答卷

拿到试卷后，首先应通览一遍，了解题目的多少和难易的程度，以便掌握答题的速度，然后根据先易后难的原则排出答题的顺序，先做相对简单的题，后做难题。这样就不会因为攻克难题浪费时间太多，而没有时间做会答的题；如果遇到较大的综合题或论述题，则应先列出提纲，再逐条论述。

在答完试卷后，要进行一次全面复查，特别注意不要漏题、跑题。纠正错别字、语句不通、词不达意等错误。值得注意的是，卷面必须做到字迹端正、整洁。因为招聘单位往往会从卷面上联想应聘者的思想、品质、作风，字迹潦草、卷面不整的人，招聘单位会觉得不可靠；而那些字迹端正、答题一丝不苟的人，招聘单位会认为是态度认真、作风细致的表现。

三、常见的笔试种类

1. 专业能力考试

这种考试主要是检验应聘者担任某一职务时，是否能达到所要求的专业知识水平和具备相关的实际能力。这几年，大学毕业生热衷报考的国家机关公务员资格考试，其笔试包括“行政职业能力测验”“申论写作”和“综合知识”。招聘行政管理、秘书方面岗位的单位需对应聘者文字能力进行测试；部分单位对某种计算机语言有较高的要求时会测试应用特定语言编程的能力。为检验毕业生实际工作能力或专业技术能力，通常还要进行专业技术能力考试，这种考试往往在特意设置的工作环境中进行。例如：①阅读一篇文章，写读后感；②自编一份请求报告或会议通知；③听到多个人的发言，写一份评价报告；④某公司计划在5月赴日本考察，写出需要做哪些准备工作；⑤给一个科研题目，写出科研论文的详细大纲。从求职者的答卷中可以看出其文字表达、分析问题和逻辑思维等能力。

2. 智商和心理测试

智商测试主要为一些著名跨国公司所采用，它们对大学毕业生所学专业一般没有特殊要求，但对其智商要求较高。它们认为，专业能力可以通过公司的培训获得，因此有没有专业训练背景无关紧要，但大学毕业生是否具有不断接收新知识的能力是至关重要的。智商测试并不神秘：一类是图形识别，如有4种图形，让应试者指出其相似点和不同点。这类题目在一些面向中小学生的智力游戏书中是很常见的，一些面向大众的杂志偶尔也刊登这类游戏题目。另一类是算术题，主要测试大学毕业生对数字的敏感程度及基本的计算能力，如给定一组数据，让被试者根据不同的要求求出平均值，其难度不超过对中学生的计算能力的要求。尽管如此，一些理工科的大学毕业生也考不到60分。这类测试一般是会计师、审计师等职业所要求的。心理测试是要求被试者完成事先编制好的标准化量表或问卷，根据完成的数量和质量来判定其心理水平或个性差异的方法。一些特殊的用人单位常常以此测试求职者的态度、兴趣、动机、智力、个性等心理素质。

3. 综合能力测试

综合能力测试兼有智商测试的要求，但难度更高。比如，应试者要在规定的时间内对一组数据、一组资料进行分析，找出其合理的地方和存在的问题，并设计出解决问题的方案。这是对大学生阅读理解能力，发现问题、分析和解决问题的能力，知识面等素质的全方位测试，甚至有时候问答都是用英语进行，相对来说难度更大一些。

案例

案例一：精准筹备——医疗笔试的成功之道

小张怀着一颗热忱的心，梦想着能够加入一家顶尖的医疗机构，专业从事肿瘤学研究。当得知有机会参加国内某著名医疗研究中心的选拔考试时，他的内心激动不已。面对珍贵的机会，小张立即投入了周密的准备工作。

信息收集成了小张准备工作的第一步。他在专业论坛和学术交流群组中搜寻历届考生的经验帖，特别关注那些成功入选者分享的学习心得。通过主动联系已在该中心工作或曾参与选拔的专业人士，小张深入了解了考试的重点与难点，尤其是肿瘤学领域的最新进展和研究热点，备考策略随之形成。小张重拾大学时期的专业书籍，细致复习分子生物学、遗传学、免疫学等基础知识，并结合最新研究成果进行深度学习。同时，他在利用在线平台和数据库广泛阅读相关文献、增强理论功底的同时，提升自己对前沿科学的理解与洞察。

最终，选拔日来临，小张以充足的准备和平稳的心态踏入考场（见图 8-4）。面对复杂的病例分析题，他展现了深厚的专业素养和敏捷的思维。特别是在处理一例罕见肿瘤病症时，小张凭借扎实的理论基础，结合最新的科研成果，提出了独到的见解，获得了评委的高度评价。

图 8-4　笔试现场示例

数周后，小张收到了录取通知书，那一刻，所有的汗水与努力都化作了甜美的果实。这段经历教会小张，充分的准备加上坚韧的精神是开启职业生涯新篇章的关键。它不仅帮助小张实现了职业梦想，更为未来的医学之路奠定了坚实的基础。这次经历让小张深刻体会到，无论在哪个领域，专业知识的积累和个人潜能的挖掘都是通往成功的必经之路。在医学的世界里，每一刻的付出，都将汇聚成推动人类健康事业前进的力量。

案例二：专业深耕，洞察入微——医学分析笔试的突围之路

小林对投身医疗事业怀有满腔热情，特别是对神经科学领域尤为痴迷，他梦想着能在一家领先的医疗科研机构从事神经系统疾病的研究。当得知自己获得了该机构的面试机会时，小林的心情既雀跃又忐忑，这份机遇对他而言意义非凡。

面对即将到来的挑战，小林迅速投入到具有针对性的准备工作中。他首先对神经科学研究岗位的具体需求进行了详尽调研，发现笔试将侧重评估候选人的专业知识与研究潜力。为此，小林决定重温神经解剖学、神经生理学和神经病理学等核心课程，重新梳理并加深记忆。他制作了一份详细的学习大纲，涵盖重要概念、实验技术和临床案例，以便系统复习。

与此同时，小林意识到紧跟科研前沿的重要性。他订阅了权威的神经

科学期刊，每日浏览最新发表的文章，重点关注阿尔茨海默病、帕金森病等领域的突破性研究。通过参与线上的学术讲座和研讨会，小林与同行们探讨观点，这不仅让他打开更多新颖的视角，还锻炼了他的批判性思维能力。

在准备期间，小林还特意挑选了一些经典和新兴的神经科学案例进行分析，强化自己解决问题的技巧。他注意到，有效的时间管理和压力控制也是成功的关键因素，于是他定期进行冥想和轻度体育活动，确保身心健康状态良好，时刻准备迎接挑战。

面试如期而至，小林带着充足的信心步入考场。在遇到棘手的神经科学问题时，他能够沉着应对，运用扎实的专业知识和开阔的思维给出深入且有创见的回答。最终，小林的表现赢得了评审团的一致好评，成功踏上了追寻神经科学奥秘之旅。

这次经历不仅加深了小林对神经科学的热爱，更让他明白了一个道理：在医疗科研的道路上，持之以恒的学习和永不满足的好奇心是驱动他进步的动力源泉。

案例三：深入钻研，精准把握——医学专业笔试的制胜之道

张华是一名医学专业的学生，面临即将到来的医学笔试。为了在这次考试中取得优异的成绩，他深知自己需要深入钻研医学知识，并精准把握考试要求和题型特点。

首先，系统地复习医学基础理论知识。张华利用图书馆的资源，借阅了大量教材和参考书，认真阅读并做笔记。他不仅关注书本上的内容，还通过网络资源查找最新的研究成果和临床实践进展，以拓宽知识面。此外，他还积极参加学校组织的学术讲座和研讨会，与教授和同学交流学习心得和经验。

其次，了解本校的考试大纲和考试形式。张华通过查阅历年的考试真题和模拟试题，熟悉了各种题型的特点和解题技巧。他还特别关注了考试评分标准，了解了哪些部分是重点分值区域，从而在复习时有所侧重。

为了更好地掌握考试要求，张华还制订了详细的复习计划。他根据考试大纲，将复习内容划分为不同的模块，并为每个模块分配了具体的复习时间和目标。他还设定了每周的复习进度，以确保自己按计划完成复习任务。

在复习过程中，张华注重基础知识的巩固和实践操作的练习。他通过反复阅读和整理笔记，加深了对基础知识的理解和记忆。同时，他还积极参与实验课程和临床实习，通过实践操作来锻炼自己的临床思维能力和实践操作技能。

最终，在医学笔试中，张华取得了优异的成绩。他的成功不仅来自深入钻研医学知识和精准把握考试要求，还得益于他制订合理的复习计划和培养良好应试心态的策略。张华的案例表明，通过科学有效的复习方法和积极的心态调整，就可以在医学笔试中取得优异的成绩。

第二节　掌握面试技巧

一、面试前的准备

（一）着装礼仪

作为第一印象的重要组成部分，礼仪着装往往能在无形中影响面试官对求职者的初步判断，如图8-5所示。因此，了解并掌握面试前的着装礼仪，对于提升个人形象，增加面试成功概率至关重要。首先，选择合适的着装风格需要考虑目标行业的特性与公司的企业文化。例如，金融、法律等传统行业倾向保守、专业的商务正装；创意设计、互联网企业则可能更为接受休闲但不失整洁的装扮。通过研究公司官网上的员工照片、社交媒体账号发布的内容，可以捕捉到该企业关于着装风格的一些线索。男士应穿着深色西装套装（黑色、深蓝或灰色），搭配白色或浅色衬衫，领带颜色不宜过于花哨，皮鞋应保持干净光亮。也可选择无领带的长袖衬衫，搭配西裤或卡其裤，鞋子可以选择商务休闲鞋。女士应穿着职业套装或剪裁合体的连衣裙，长度应在膝盖上下，配以低调的首饰，避免过多香水；也可以选择简洁大方的职业装或优雅的半正式裙装，避免过于暴露或紧身的设计。如图 8-6 所示。

图 8-5　规范着装的示范

图 8-6　着装公式

其次，除了基本的着装要求，还有一些细节不容忽视，如确保衣物干净、熨烫平整；避免过于鲜艳的颜色和复杂的图案，要选择经典、简约的款式；检查扣子、拉链是否完好，确保所有物品（如简历、笔记本）整齐放置；良好的个人卫生同样重要，注意发型整洁、指甲清洁；准备一双舒适的备用鞋垫，以防长时间站立导致的不适。

着装之事虽小，却能体现一个人的专业态度和对他人的尊重程度。通过精心挑选适合场景的服饰，不仅能增强自信心，也能给面试官留下专业、可靠的第一印象。

（二）行为礼仪

面试不仅是技能和经验的较量，更是个人素质与修养的展现。恰当的行为礼仪能够帮助大学生在众多候选人中脱颖而出，赢得面试官的青睐。面试前再次检查面试的时间、地点，并确认是否有特定的着装要求，至少提前 15 分钟到达面试地点，预留足够时间应对突发状况。保持乐观的态度，即使紧张也要展现出自信的一面。熟悉常见面试问题，思考个人经历中的亮点，准备好相关案例分享。进门时微笑并与接待人员礼貌打招呼，展现亲和力。等待面试官到来时，如果知道对方名字，可用“× 经理 / 总监，您好”打招呼。与面试官握手时，力度适中且持续 2 ～ 3 秒，表明你既专业又值得信赖。握手的同时保持眼神接触，传递出自信和专注的信息。说话速度适中，发音清晰，尽量避免口头禅或填充词。使用敬语，如“请”“谢谢”，即使讨论困难话题也要保持尊重和耐心。坐姿挺直，双肩放松，避免交叉手臂或腿，显得开放而自信。适时露出微笑，保持眼神交流，但避免过度凝视给人造成的不适感。面试是职业生涯中的重要节点，良好的行为礼仪能够让你从众多竞争者中脱颖而出，给面试官留下深刻印象。

（三）交谈礼仪

在面试过程中，恰当的交谈礼仪不仅体现了求职者的专业素养，还能有效促进双方沟通，营造和谐氛围，从而增加获得工作机会的可能性。进入面试房间后，求职者应主动向每位面试官微笑并问好，如“各位下午好，很高兴见到你们”，热情而不失稳重。

当被要求做自我介绍时，简短地概括个人信息、教育背景和工作经验，避免冗长叙述。面试官讲话时求职者应给予充分关注，偶尔点头示意，展现求职者的尊重和兴趣。回答问题前应稍作停顿，整理思路后再清晰、准确地回复，避免抢话或打断他人。针对提问直接给出答案，然后补充具体事例或数据支持，使回答更有说服力。即使谈论成就，也要保持谦虚态度，避免夸夸其谈，表现出团队合作精神。遇到难以立即回答的问题，可以坦诚地说需要一点时间思考，而不是匆忙作答。将负面问题转化为展示解决问题能力的机会，如解释如何克服过去的挑战。在面试接近尾声时，可以简要回顾一下自己的优势和为何是该职位的理想人选，强化第一印象。询问企业文化和未来发展的规划，或是角色的具体职责，显示出求职者对工作的认真态度。面试结束时不忘礼貌道别，向每位面试官表示感谢，如“非常感谢您给我这次面试的机会”。面试结束后，及时通过电子邮件发送感谢信，再次表达自己对职位的兴趣，并附上任何遗漏的信息或材料。面试不仅是技能与经验的检验，更是个人品质和交际能力的展现。在面试中应树立正面的形象，与招聘方建立良好的互动关系，从而提高入职成功率，做到在每一次面试过程中都能游刃有余，向着理想的事业目标稳步前进。

（四）其他细节

面试是求职过程中至关重要的环节，它不仅考查求职者的能力和知识，更是一次全方位的人格魅力展示。为了确保万无一失，除了着装礼仪、行为规范及交谈技巧之外，还要注意一些容易被忽略的小细节，它们同样能够影响面试官对求职者的整体评价。在远程视频面试日益流行的当下，确保技术设备正常运行尤为重要。需要测试网络稳定性，最好使用有线连接，减少掉线风险。确保摄像头画面清晰，麦克风声音流畅，避免临阵磨枪。提前下载并熟练使用指定的视频会议软件，防止操作不当。携带必要的文件和资料，可以让求职者在回答问题时更加自信。打印多份简历，即使在线发送过，带上纸质版也是一种礼貌。提前做好笔记与提纲，列出自己想强调的经验和成就，方便面试官快速查阅。面试前的心理准备和身体状态同样不可忽视。须保证充足的休息，避免因疲惫而影响表现；早餐吃好，避免油腻食物，保持头脑清醒；注意情绪的调节，通过冥想、深呼吸等方式缓解紧张，保持平静心态。

确保准时甚至略微提前到达面试地点，展现求职者的专业性和对机会的重视。预先规划出行路线，考虑到可能的堵车因素，留足充裕的通勤时间。查看当天天气预报，做好雨具准备，避免因天气变化影响心情和形象。做好紧急预案，设定闹钟提醒，预备多个交通工具选项，以防万一。出发前做最后检查，确保一切就绪。设置好手机静音，避免面试期间电话或信息通知干扰现场气氛。检查仪容仪表，确保头发整洁，口气清新。注意复核面试邀请函，再次确认面试时间和地点，以及任何特殊指示或要求。面试成功与否，很多时候在于细节的处理。通过对技术设备、资料准备、身心状态、时间管理和最后检查等方面的周密筹划，求职者将以最饱满的状态出现在面试官面前，如图 8-7 所示。

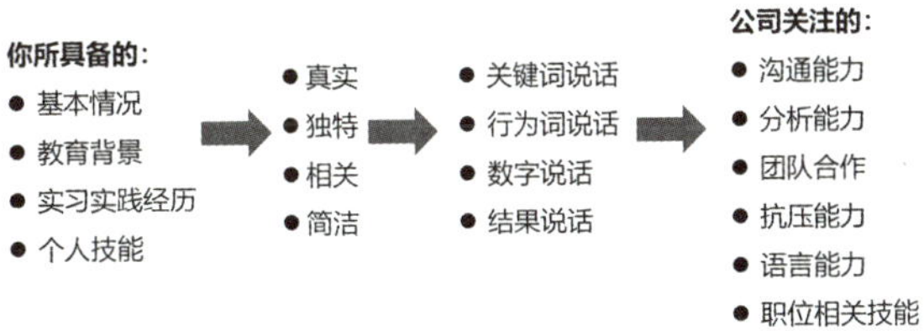

图 8-7　面试要点

案例

案例一：微笑是面试成功的第一步

李婷是一名口腔医学专业的应届毕业生，她即将参加一家知名口腔医院的面试。为了这次面试，她做了充分的准备，包括复习专业知识、准备自我介绍和模拟面试等。然而，她最重视的还是面试中的微笑礼仪（如图 8-8 所示）。

面试当天，李婷早早地来到了医院，她坐在等候区，深呼吸，调整自己的心态。她告诉自己要保持微笑，展现出自信和友好的态度。当叫到她的名字时，她微笑着走进去，向面试官打招呼。

面试过程中，李婷始终保持着微笑。当面试官提问时，她微笑着倾听，然后认真回答。她的微笑不仅让她自己感到放松，也让面试官感到舒适和愉悦。在回答问题时，她还巧妙地运用了微笑来缓解紧张的气氛，使得整个面试过程非常愉快。

除了微笑之外，李婷还展现出了扎实的专业知识和良好的沟通能力。她能够准确地回答面试官的问题，并给出自己的见解和建议。她还主动询问了一些关于医院的问题，显示出她对医院的兴趣和热情。

图 8-8　面试表情管理示范

面试结束后，李婷微笑着向面试官道谢，然后离开了面试室。她感到自己发挥得不错，但仍然保持着谨慎的态度。几天后，她收到了医院的录取通知，她被正式录用了。

李婷的成功并非偶然。她的微笑、专业知识和沟通能力为她赢得了这次面试的成功。她深知微笑在面试中的重要性，因此她在面试前做了充分的准备，并在面试过程中巧妙地运用了微笑来展现自己的优势。

案例二：细节决定成败

王丽是即将毕业的护理专业学生，她对即将到来的面试充满了期待。她知道，护理工作不仅要求有扎实的专业知识，更要求有出色的沟通能力和细心的服务态度。因此，她在面试前做了大量的准备工作，希望能够给面试官留下深刻的印象。

面试当天，王丽穿着整洁大方，提前到达了面试地点。她注意到候诊区的杂志有些陈旧，于是主动向护士站询问是否可以更换新的杂志。这一举动虽然微小，却展现了她的细心和对患者体验的关注。

进入面试房间后，王丽微笑着向面试官打招呼，并主动递上了自己的简历。在自我介绍时，她详细介绍了自己的教育背景、实习经历和职业规划，还特别提到了自己在实习期间参与的一次紧急抢救事件，讲述了自己如何迅速反应、冷静处理的经历。

在面试过程中，王丽还展现了出色的沟通能力。当面试官问到关于护理工作的挑战时，她不仅谈到了自己在实习过程中遇到的困难和挑战，还分享了自己克服这些困难的经验和教训。她的回答既真实又具体，让面试官感受到了她的成熟和专业。

面试结束后，王丽微笑着向面试官道谢，并表示期待有机会加入该医院。几天后，她收到了医院的录取通知。

王丽的成功并非偶然。她在面试中展现出的细节意识、沟通能力和专业素养都是她能够被录用的关键因素。这个案例告诉我们，在面试过程中，细节决定成败，只有关注细节、展现出专业素养和良好的沟通能力，才能在激烈的竞争中脱颖而出。

案例三：心态制胜——一位口腔医学生的逆袭之路

陈晨是一名口腔医学专业的学生，她即将参加一家知名口腔医院的面试。对于她来说，这次面试是她实现职业梦想的关键一步。然而，在面试前，陈晨得知自己将要面对的是一场激烈的竞争，这让她感到了前所未有的压力。

面试当天，陈晨早早地来到了医院，她坐在等候区，深呼吸，调整自己的心态。她告诉自己要保持冷静，相信自己的能力和准备。当叫到她的名字时，她微笑着走进面试房间，向面试官打招呼。

面试过程中，陈晨遇到了许多具有挑战性的问题。有些问题她之前没有接触过，这让她感到有些紧张。但是，她很快调整了自己的心态，告诉自己要冷静应对。她仔细思考每一个问题，然后给出自己的见解和建议。

在面对一个特别难的问题时，陈晨心跳加速，手心开始出汗。她深吸一口气，告诉自己要保持冷静。她闭上眼睛，仔细回想相关的知识点，然后慢慢地开口回答。她的声音虽然有些颤抖，但思路非常清晰，答案也非常准确。

面试结束后，陈晨微笑着向面试官道谢，然后离开。她感到自己发挥得不错，但仍然保持着谨慎的态度。几天后，她收到了医院的录取通知，她被正式录用了。

陈晨的成功并非偶然。她在面试中展现出的冷静和专注让她在激烈的竞争中脱颖而出。她知道，在口腔医学领域，面对复杂的病例和紧张的患者，医务工作者保持冷静的心态是非常重要的。因此，她在日常学习和实践中都注重培养自己的心理素质和应变能力。

这个案例告诉我们，在面试时，保持冷静的心态是非常重要的。只有保持冷静，才能充分发挥自己的能力和水平，展现出最好的自己。同时，我们也应该学会调整心态，面对挑战和压力时，要相信自己，勇敢地迎接挑战。

案例四：衣冠楚楚，礼尚往来——面试着装礼仪的制胜法则

张华是一位即将毕业的护理专业学生，她对即将到来的护士面试充满了期待和紧张。她知道，护士工作不仅要求有扎实的专业知识，更要求有良好的职业形象和礼仪。因此，她在面试前做了充分的准备，特别是在面试着装和礼仪方面。

面试当天，张华选择了一套简洁大方的护士服，颜色搭配得体，既符合护士的职业特点，又显得干净利落。她还特意选择了一双舒适且易于行走的鞋子，以确保在面试过程中能够保持良好的状态。

在面试过程中，张华展现出了出色的专业素养和良好的沟通能力。她能够准确地回答面试官的问题，并给出自己的见解和建议。同时，她还能注意到面试官的需求和细节，比如及时递上纸巾、整理桌面等。

在面试结束时，张华微笑着向面试官道谢，感谢他们的耐心和指导。她还主动询问了一些关于医院的问题，显示出她对医院的兴趣和热情。最终，她被录用了。

张华的成功并非偶然。她在面试中展现出的专业素养、沟通能力以及良好的礼仪都让她成功被录用。这个案例告诉我们，在面试过程中，除了专业知识外，良好的职业形象和礼仪也是非常重要的。只有做到着装整洁得体、行为举止礼貌大方，才能在激烈的竞争中脱颖而出，赢得面试官的青睐。

二、面试的程序

（一）申请与简历筛选

求职者通过公司官网、招聘网站、招聘会等渠道提交个人简历（见图 8-9 ~ 图 8-11）。人力资源（HR）部门或招聘团队对收到的简历进行初步筛选，评估候选人的教育背景、工作经验、技能匹配度等，选出符合职位要求的候选人。

（二）初步筛选（电话或视频面试）

对于一些远程招聘者或者在初步筛选阶段，公司可能会安排电话或视频面试，以便快捷地了解候选人的基本情况和意愿。面试内容包括自我介绍、对职位的理解、过往工作经验的简述等。

意向岗位：护理岗位

性别：	**年龄**：
电话：	**户籍**：
现所在地：	**开始工作时间**：
邮箱：	**政治面貌**：
身高：	**体重**：

求职意向

意向岗位：护理岗位　　意向城市：临沂

期望薪资：6000~10000 元/月　　期望行业：医疗卫生

教育经历

2022.9-2024.　潍坊护理职业学院　护理 | 大专

主修课程：人体解剖学、生理学、病理学、药理学、健康平估、护理学基础、内科护理学、外科护理学、妇产科护理学、儿科护理学、急救护理学、老年护理学、护理心理学等。

荣誉嘉奖

专业证书：

- 健康照护师等级三级
- 全国计算机等级二级

个人荣誉：

- 2023 年山东省“技能兴鲁”职业技能大赛第三届山东省医养健康产业职业技能竞赛“健康照护师”一等奖
- 2023 年“外研社·国才杯”全国大学生外语能力大赛“英语写作”二等奖
- 2023 年潍坊护理职业学院职业技能大赛“护理技能”赛项一等奖
- 2023 年潍坊护理职业学院“筑梦青春·职引未来”英语写作比赛一等奖
- 2024 年潍坊护理职业学院“挑战杯”创业计划竞赛铜奖
- 潍坊护理职业学院优秀学生奖学金
- 优秀共青团员
- 优秀社团干部

在校经历

2023.5-2024.6　潍护之翼——护理学社社团　社长

1. 团队管理:负责拆制定工作计划,社团年度工作计划完成率 100%。
2. 配合学校、院系教学安排,主动开展专业技能和健康教育培训,积极响应志愿者教育活动。
3. 协助举办大型活动,如护士节表演,社团文化节表演等,展现出良好的组织和沟通能力,有序完成活动任务,获得一致好评。

自我评价

1.具有扎实的护理基础理论知识，熟练掌握护理专业基本技能，掌握心肺复苏操作技巧、气管插管、心电监护等技术及输液流程。

2.对相关疾病预防和健康教育有深入理解，保持学术热情，随时关注医学新进展。

3.有很强的集体荣誉感，态度端正、对待工作认真负责，具备良好的沟通与团队协作能力，能够迅速融入团队。

图 8-9　简历示例 1

求　职　意　向　：

出生年日：	电　　话：
政治面貌：	邮箱：
最高学历：	现 居 住：

教育背景

2022.09-至今　　潍坊护理职业学院/ 护理系

主修课程：人体解剖学、生理学、心理学、护理学基础、急重症护理学、内科护理学、外科护理学、妇儿科护理学、精神护理学、预防医学、护理管理学等。

学习成绩：3/1301

综测成绩：1/1301

工作经历

- 在班级中担任学习委员期间,获山东省省级优秀学生称号。
- 在学生会思政部任职时，组织 500 人以上的会议 10 次以上，组织青马工程正常开课，取得圆满成功。
- 在演讲与口才社团中担任干事，协助社长举办 3 次大型演讲活动，并协助组织纳新活动。
- 在潍护之翼社团参加院级比赛三次以上，并参加过院级护理技能大赛活动。
- 在学院组织的国家级单招考试和春季高考中，做相关志愿服务工作 2 次。

校内荣誉

- ★ 2023 年 5 月 4 日被评为优秀团员干部
- ★ 2023 年 5 月 17 日有幸成为一名入党积极分子
- ★ 2023 年 6 月校级 5·12 护理技能大赛二等奖
- ★ 2023 年校级第一届形态学读片和人体解剖标本辨识技能大赛三等奖
- ★ 2023 年 10 月山东省大学生医养健康创新创业大赛三等奖
- ★ 2023 年 10 月 8 日被评为优秀学生
- ★ 2023 年 10 月被评为“齐鲁工匠后备人才
- ★ 2023 年获得国家奖学金
- ★ 2024 年获山东省优秀学生

掌握技能

专业技能：熟练掌握静脉输液、静脉采血、生命征监测技术、心肺复苏、氧气吸入技术、经鼻/口腔吸痰法、心电监测技术、洗胃技术、血氧饱和度监测技术、雾化吸入疗法等各项操作。

图 8-10　简历示例 2

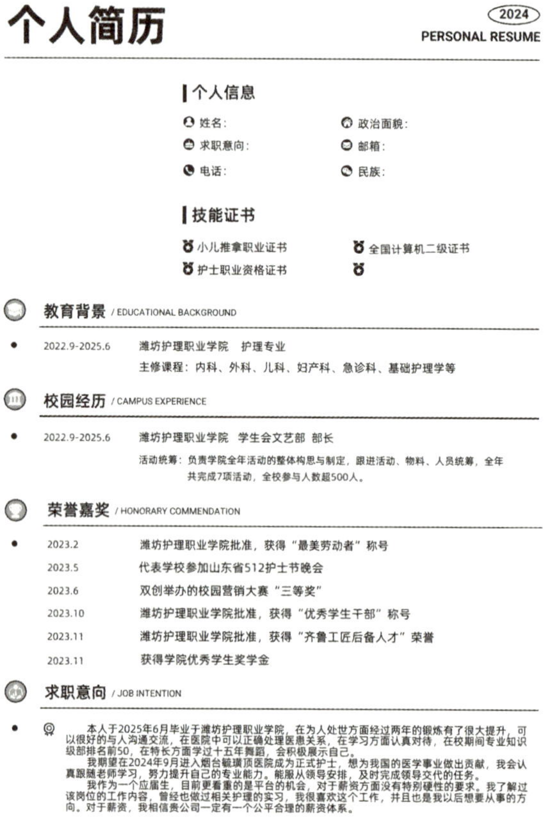

个人简历 2024 PERSONAL RESUME

个人信息

姓名：　　政治面貌：
求职意向：　　邮箱：
电话：　　民族：

技能证书

小儿推拿职业证书　　全国计算机二级证书
护士职业资格证书

教育背景 / EDUCATIONAL BACKGROUND

2022.9-2025.6　潍坊护理职业学院　护理专业
主修课程：内科、外科、儿科、妇产科、急诊科、基础护理学等

校园经历 / CAMPUS EXPERIENCE

2022.9-2025.6　潍坊护理职业学院　学生会文艺部　部长
活动统筹：负责学院全年活动的整体构思与制定，跟进活动、物料、人员统筹，全年共完成7项活动，全校参与人数超500人。

荣誉嘉奖 / HONORARY COMMENDATION

2023.2	潍坊护理职业学院批准，获得“最美劳动者”称号
2023.5	代表学校参加山东省512护士节晚会
2023.6	双创举办的校园营销大赛“三等奖”
2023.10	潍坊护理职业学院批准，获得“优秀学生干部”称号
2023.11	潍坊护理职业学院批准，获得“齐鲁工匠后备人才”荣誉
2023.11	获得学院优秀学生奖学金

求职意向 / JOB INTENTION

本人于2025年6月毕业于潍坊护理职业学院，在为人处世方面经过两年的锻炼有了很大提升，可以很好的与人沟通交流，在医院中可以正确处理医患关系，在学习方面认真对待，在校期间专业知识级部排名前50，在特长方面学过十五年舞蹈，会积极展示自己。

我期望在2024年9月进入烟台毓璜顶医院成为正式护士，想为我国的医学事业做出贡献，我会认真跟随老师学习，努力提升自己的专业能力。能服从领导安排，及时完成领导交代的任务。

我作为一个应届生，目前更看重的是平台的机会，对于薪资方面没有特别硬性的要求。我了解过该岗位的工作内容，曾经也做过相关护理的实习，我很喜欢这个工作，并且也是我以后想要从事的方向。对于薪资，我相信贵公司一定有一个公平合理的薪资体系。

图 8-11　简历示例 3

（三）正式面试

1. 人力资源部门面试

通常由人事专员负责，主要考察候选人的职业态度、沟通能力、稳定性、对公司及职位的理解等。

2. 部门经理 / 技术专家面试

针对具体职位，由相关部门经理或技术专家进行面试，深入了解候选人的专业技能、项目经验、解决问题的能力等。

3. 高层面试

对于高级职位或关键岗位，可能需要公司高层管理者进行面试，主要评估候选人的战略思维、领导力、与企业文化的契合度等。面试形式包括一对一、一对多（小组面试）、案例分析、技术测试等。

（四）评估与决策

面试结束后，面试官会整理面试记录，对候选人进行综合评估。招聘团队或相关部门会进行讨论，决定最终录用人选。

（五）背景调查

对于最终候选人，公司可能进行背景调查，包括学历验证、工作经历核实、个人品行了解等，以确保候选人的信息真实可靠，如图 8-12 所示。

图 8-12　背景调查内容

（六）发放录用通知书

确定录用后，人力资源部门会向候选人发放正式的录用通知书（offer），内容包括职位、薪资、福利待遇、入职时间、地点等信息。

（七）入职准备与培训

候选人接受 offer 后，开始办理入职手续，包括签订劳动合同、参加入职培训等。公司也会为新员工安排导师或指导人，帮助其快速融入团队和公司文化。如图 8-13 所示。

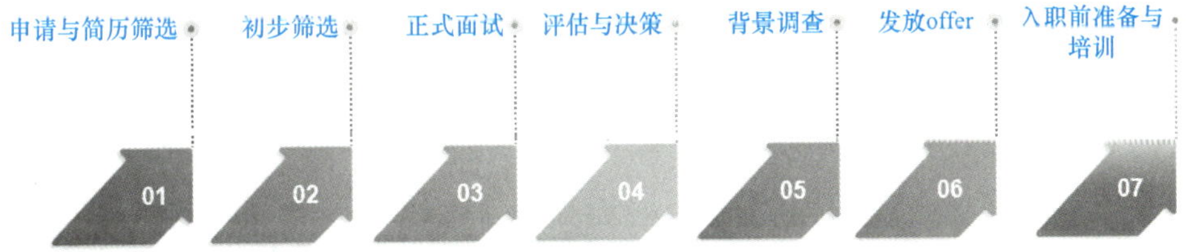

图 8-13　入职前准备流程

三、面试类型

（一）结构化面试

结构化面试也称为标准化面试，是根据预先设定的问题、评价标准和评价方法进行的面试。这种面试方式旨在确保面试过程的一致性、公正性和有效性，使得所有应聘者都在相同的条件下接受评估。结构化面试通常包括以下几个关键要素：

1．明确的评分标准

在面试开始前，面试官会依据岗位需求、企业文化和胜任力模型等，制定详细的评分标准或评价维度，如沟通能力、问题解决能力、团队协作能力等。

2．固定的问题列表

面试官会准备一套针对特定岗位或职位的问题列表，这些问题通常围绕应聘者的教育背景、工作经验、专业技能、职业规划等方面展开，且问题的顺序、难度和类型都是预先设计好的。

3. 统一的评分标准

每位面试官都会遵循相同的评分标准对应聘者进行评价，以减少主观偏见对面试结果的影响。评分标准可能包括等级划分（如优秀、良好、一般、差）或具体的分数（如1～10分）。

4. 流程标准化

面试过程通常遵循固定的流程，包括开场白、问题提问、应聘者回答、追问、结束语等环节，以确保每位应聘者都能获得相同的面试体验。

5. 结果汇总与分析

面试结束后，面试官会根据评分标准对应聘者的表现进行打分或评级，并将结果汇总后进行综合分析，以决定最终的录用名单。

结构化面试的优点如下：

（1）公平性。通过标准化流程和评分标准，确保了面试的公平性和一致性，减少了人为偏见的影响。

（2）效率性。由于问题和评分标准都是预先设定的，面试官可以更快地评估应聘者的能力和适应性，提高了招聘效率。

（3）可比性。由于所有应聘者都接受相同的面试流程和评价标准，因此他们的表现具有可比性，便于企业做出决策。

（二）无领导小组讨论

无领导小组讨论是评价中心技术中经常使用的一种测评技术，它采用情景模拟的方式对考生进行集体面试。无领导小组讨论是指由一组应试者组成一个临时工作小组，讨论给定的问题，并做出决策（见图 8-14）。由于这个小组是临时拼凑的，并不指定谁是负责人，所以目的在于考察应试者的表现，尤其是看谁会从中脱颖而出。无领导小组的特点如下：

图 8-14　无领导小组讨论示例

（1）平等性。所有参与者的地位平等，没有明确的领导者或指挥者，每个人都有机会表达自己的观点和看法。

（2）自主性。参与者需要自主思考、自主决策，共同推动讨论和任务的进行。

（3）互动性。讨论过程中，参与者需要积极互动，倾听他人的观点，尊重不同的意见，共同寻求最佳方案。

（4）竞争性。虽然强调合作，但参与者之间也存在一定的竞争关系，需要在竞争中展示自己的能力和优势。

无领导小组讨论的操作流程通常包括以下 3 个阶段：

（1）前期准备。编制讨论题目，确保题目与岗位需求相关且具有讨论价值。设计评分表，明确评价指标和权重，以便对参与者进行客观评价。编制计时表，控制讨论时间，确保讨论高效有序。对考官进行培训，确保他们熟悉评分标准和观察要点。定场地，确保讨论环境舒适且适合进行集体讨论。确定讨论小组，确保小组成员具有代表性且数量适中（一般为 6 ～ 9 人）。

（2）讨论阶段。参与者首先阅读题目并了解讨论任务。在规定时间内进行小组讨论，发表自己的观点和看法，并尝试说服他人接受自己的观点。考官在旁观察，记录参与者的发言内容、形式、特点及发言对整个讨论进程的影响。

（3）评价与总结。根据评分表对参与者的表现进行评价，包括参与程度、影响力、决策情况、任务完成情况及团队氛围和成员共鸣感等方面。汇总评价结果，形成综合评价报告。对讨论过程进行总结和反馈，指出参与者的优点和不足，并提出改进建议。

（三）情景面试

情景面试也被称为情景模拟面试，是结构化面试的一种重要形式。它通过设置一系列与申请职位或工作紧密相关的场景问题，评估应聘者的实际工作能力和综合素质。情景面试是通过对岗位进行深入分析，确定工作情节，设计一系列问题，并在面试时对所有候选人询问同样的问题，然后按预定的答案对被试者的回答进行评价的一种面试方法。

情景面试的特点如下：

（1）针对性。情景面试的环境是拟招岗位或近似拟招岗位的环境，测试内容也是拟招岗位的某项实际工作，因此具有很强的针对性。

（2）直接性。情景模拟能够消除面试过程中的被动因素，使应聘者从被动接受转为主动思考和解决问题，从而更直接地考察其基本素质。

（3）可信性。由于情景面试接近实际工作，应聘者在处理情景问题的过程中，实际上已经展现出了可能具备的处理实际问题的能力，这使得面试结果更具可信性。

（4）动态性。模拟实际管理中瞬息万变的情况，不断对应聘者发出各种随机变化的信息，要求应聘者在一定时间和一定情景压力下做出决策，从而更全面地考察其应变能力。

（5）预测性。情景模拟具有识才于未显之时的功能，模拟的工作环境为尚未进入这一层次的应聘者提供了一个发挥其才能与潜力的机会，对其素质和能力具有一定的预测作用。

在情景面试中，常常引入无领导小组讨论、公文处理、角色扮演、演讲、答辩、案例分析等情景模拟方法。这些方法旨在通过模拟实际工作场景，让应聘者在特定环境中扮演一定角色，完成一定任务，从而多方面考察其能力。情景面试主要考察应聘者的思维灵活性与敏捷性、语言表达能力、沟通技能、处理冲突的能力、组织协调能力、人际关系处理能力等。通过模拟实际工作场景，面试官可以直观地观察应聘者的行为表现，从而更准确地评估其是否适合所申请的职位。

案例

案例一：一对一，让才华无处遁形的病例实况

假设你所在的团队正在负责病例实况，作为团队成员之一，你需要在有限的时间内与小组成员共同讨论并制定出一个可行的治疗方案，如图 8-15 所示。

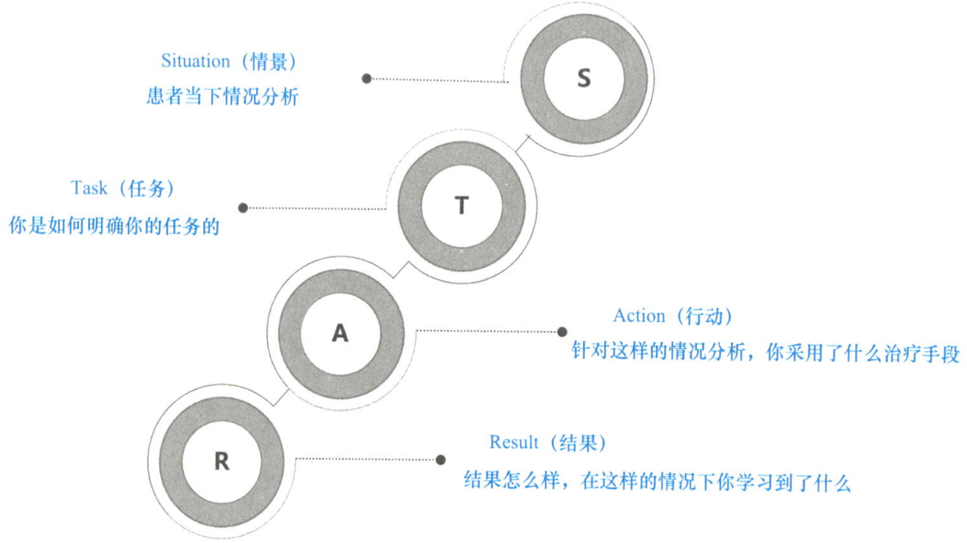

图 8-15　治疗方案示例

面试过程：

1. 讨论开始：面试官首先介绍讨论的主题、目标和时间限制（如 30 分钟讨论时间）。面试者自行安排发言顺序，并开始讨论。

2. 讨论过程：

（1）积极参与者：

小 A 首先发言，他分析了患者当下病情，并提出了初步的解决方案。

小 B 接着补充，他详细列举了当前潜在的并发症。

小 C 则提出了一个创新的治疗思路。

（2）沉默者与附和者：

小 D 在整个讨论过程中较为沉默，只是偶尔点头表示同意。

小 E 则频繁附和他人观点，没有提出自己的见解。

（3）冲突与解决：在讨论过程中，小 F 和小 G 就某个具体方案产生了分歧。小 F 坚持自己的方案，而小 G 则提出了反对意见。经过一番争论，小 H 作为调解者，提出了一个折中的方案，得到了大家的认可。

3. 总结陈词：讨论时间结束后，小 I 作为代表总结了小组的讨论结果，并提出了最终的解决方案。他强调了团队合作的重要性，并详细阐述了方案的可行性和优势。

4．案例分析：

（1）积极参与者的贡献。小 A、小 B 和小 C 在讨论中积极发言，提出了有价值的见解和方案，为小组讨论的深入发展做出了贡献。他们的表现展示了良好的组织协调能力、领导能力和语言沟通能力。

（2）沉默与附和者的弊端。小 D 和小 E 在讨论中表现较为消极，没有充分展示自己的能力和观点。这种表现可能会让面试官认为他们缺乏主动性和独立思考能力。

（3）冲突解决与团队合作。小 F 和小 G 的冲突虽然一度影响了讨论进程，但小 H 作为调解者及时介入，提出了折中方案，化解了冲突。这展示了小 H 的团队合作能力和解决问题的能力。

（4）总结陈词的重要性。小 I 作为代表总结了小组讨论的结果，并提出了最终的解决方案。他的总结清晰、有条理，展示了良好的概括能力和口头表达能力。

结论：

面试者需要在面试过程中展现出领导能力、语言沟通能力、团队精神和问题解决能力（见图 8-16）。在面试过程中，应聘者应积极参与讨论，提出有价值的见解和方案；同时，也要尊重他人观点，善于倾听和调解冲突。只有充分展示自己的能力和素质，才能在激烈的竞争中脱颖而出。

图 8-16　优势能力展示

案例二：未来病房剧场——你的即兴表演秀

在医院面试中，展示出色的医患关系管理技能是评价医生候选人综合素质的重要标准之一。这不仅关乎对其专业能力的认可，更是衡量其能否成为理想团队成员的关键指标。以下是几个典型情境下的处理策略，旨在指导面试者如何妥善应对医患之间的敏感议题，展现出卓越的沟通技能与同理心。

情景假设：安抚情绪化的患者。

情景再现：一位因长期遭受慢性疾病的困扰而情绪崩溃的患者，在公共场合表达了强烈的不满，质疑医疗服务质量和效率。

候选者回答分析：

第一位候选者：我听到您正经历一段极其艰难的时期，您在这种情况下感到沮丧和失望是完全合理的。请您知道，您的声音被听见了，我们团队非常重视您的感受。我承诺会尽一切可能加快处理流程，同时也希望您允许我们提供心理辅导，帮助您度过这段时间。您并不孤单，我们会共同努力。

第二位候选者：感谢您指出我们在服务中的不足之处，这对于我们改善工作非常重要。目前，我了解到您等待的时间比预期要长，我们正在采取行动，您很快就会看到变化。

总结：对医患关系的维护是一项持续的工作，它建立于相互尊重、有效沟通与真正关心的基础上。面对不同情境，作为医务工作者应当展现出高度的专业素养与人文关怀，致力于营造和谐温馨的就医环境。通过上述情景演练，不仅能提升应聘者的应变能力，还能促进医患间的良性互动，更能推进医疗服务质量与患者满意度的双提升。见图 8-17。

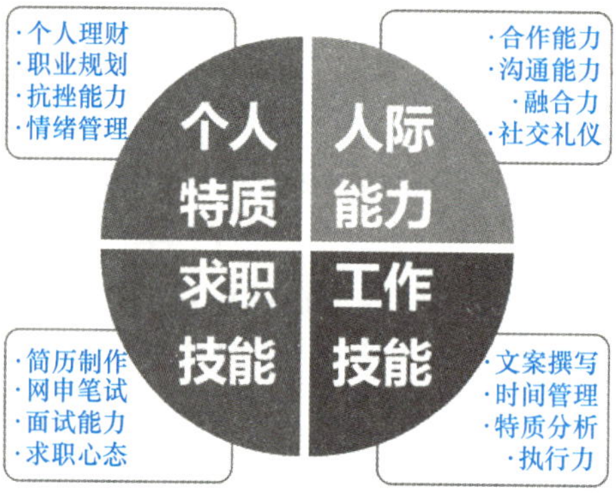

图 8-17　个人特质、人际能力、求职技能、工作技能的总结示例

案例三：智勇双全——紧急病情模拟下的决策盛宴

在心内科面试中，展示“智勇双全”意味着既要展现深厚的医学知识与临床技能，又要体现出面对紧急情况时的冷静判断与果断决策。以下是一则融入“智勇双全”情景的模拟案例，旨在帮助准备面试的候选人更好地理解如何在这种高压环境中保持清醒与勇敢。

情景设定：

假设面试者在一次实习轮转中，突然接到急诊科的通知，一名 45 岁的男性患者因严重胸痛被紧急送入心脏监护病房。初步诊断疑似急性心肌梗死，病情危急。作为实习医生，面试者被临时指派负责患者的初次评估与急救处理。

面试官提问：“在这种情况下，你如何快速做出评估，并采取哪些措施稳定患者生命体征，为后续治疗争取时间？”

回答框架及解析：

（1）快速评估。“我的第一步是立即确认患者的生命体征，包括血压、心率、呼吸频率和血氧饱和度。同时，我会查看 ECG 结果，确认是否存在 ST 段抬高或其他指示心肌梗死的迹象。”

（2）初始干预。“一旦确诊急性心肌梗死，我将立即启动 STEMI（ST-elevation myocardial infarction，ST 段抬高型心肌梗死）协议，进行吸氧、开放静脉通路，给予阿司匹林和其他抗血小板药物，并准备溶栓剂或介入治疗所需的准备工作。”

（3）镇定指挥。“在整个过程中，我会保持冷静，给护理团队和实习生下达明确指令，确保每个人都清楚自己的职责；同时我会密切监控患者状态，准备应对可能出现的并发症，如心律失常或休克。”

（4）沟通与告知。“我会及时与家属沟通，解释当前的状况与采取的措施，让他们了解治疗计划，尽管时间紧迫，但透明的沟通至关重要。”

（5）后续规划。“最后，我会协调心脏病专家团队，确保患者得到无缝的高级护理，包括 PCI（Percutaneous Coronary Intervention，经皮冠状动脉介入治疗）手术或冠状动脉搭桥手术的准备，以期尽早恢复正常血液流动。”

结论：

通过以上一系列的快速反应与精准操作，不仅体现了面试者深厚的医学素养，更重要的是展现了面对紧急状况时其不慌不忙、临危不乱的勇气与智慧。在心内科领域，“智勇双全”的特质往往是区分优秀与杰出医者的关键所在，它要求医生不仅要具备专业的技术实力，还要有能力在极端条件下做出明智决策，带领团队克服困难，拯救生命。

在面试中，面试者能够清晰阐述上述思路，不仅证明了其临床技能与应急能力，也将赢得考官对其专业素质与个人品质的高度认可。

第九章　开启征程——大学生就业手续

第一节　签订就业协议

案例

就业协议（三方协议）哪方应先盖章

某私立医院前往当地高校招聘毕业生，小E顺利通过面试、体检及政审考核。医院向学校明确表示同意录用小E，但因未带公章，请求学校先盖章。学校就业指导中心虽反复提醒小E应该用人单位先盖章，但在单位人员催促、小E保证及院系领导说情下，不得不先行盖章。当时单位有关人员说："反正我们已同意接收，只要能方便同学，简化手续，谁先盖章都可以。"同时小E也表示："我体检、政审考核都通过了，请学校给我盖章，我愿写保证书，保证因此出现的问题由自己承担。"仅两天后，单位就退回小E的就业协议书。对此小E无可奈何，学校就业指导中心也只能表示遗憾。

大学生毕业离校手续繁多且程序复杂，毕业生只有掌握正确的就业流程，才能顺利迈上工作岗位，建立健康的劳动关系，为顺利毕业及未来职业生涯的健康发展筑牢基础。正确的就业流程应当是用人单位与毕业生充分沟通，确定录用意向后，由用人单位先在就业协议书上盖章，以此明确对毕业生的接纳，再由毕业生确认相关条款，无误后签字，最后由学校进行审核盖章。这样的流程能够确保三方的权益得到切实保障，避免出现类似小E这样的尴尬局面，让毕业生能够更加平稳地开启职业生涯。

思考：就业协议是什么？它受法律保护吗？你如何看待小E的轻率行为？

一、就业协议概述

（一）什么是就业协议

所谓协议，是指当事人之间确立变更、终止民事权利和义务关系的文书，是一种法律行为。就业协议又称“三方协议”，是“全国普通高等学校毕业生就业协议书”的简称。它是由教育部或省级高校毕业生就业工作主管部门统一印制，明确毕业生、用人单位和学校三方在毕业生就业工作中的权利和义务的书面表现形式，使用对象为普通高等学校大专及以上国家计划内统招毕业生，经用人单位、毕业生和学校签字盖章生效，是维护各方权益，同时又相互制约的一个法律程序。定向或委培毕业生没有就业协议，因为他们在入学前就已经和定向地区、单位签订了定向协议。伴随网络信息技术的飞速发展，传统纸质就业协议逐渐转变为电子就业协议。

（二）就业协议的功能

就业协议对于毕业生就业工作至关重要，学校对其管理极为规范严格，毕业生务必认真对待。就业协议的主要功能有以下三个：

1．维护毕业生合法权益

就业协议是毕业生落实用人单位、用人单位接收毕业生的主要依据。经双方盖章、签字及学校鉴证后具有法律效力，任何一方不得擅自废止，否则须承担法律责任；签约后，若发生工伤事故，用人单位负责赔偿；毕业生因疾病等意外事件影响工作，用人单位不得中途解除协议。毕业生毕业报到后，用人单位应依协议约定提供工作岗位、条件及待遇，切实维护毕业生合法权益；避免用人单位和毕业生在双向选择过程中的随意性，保护双方的合法权益。

2．作为签署劳动合同的基本依据

毕业生在正式毕业前到用人单位工作须先签订就业协议，毕业后则签署劳动合同。用人单位在签署劳动合同时，必须把就业协议中的约定条款纳入其中，否则构成违约。

3．有助于编制就业规划及作为关系凭证

就业协议有助于毕业生就业主管部门编制就业计划，高校制定毕业生就业方案，同时它还是转递档案、移送党团组织关系和转迁户籍关系的重要凭证。

二、就业协议书内容

就业协议书一般由教育部或省级高校毕业生就业工作主管部门统一印制，内容涵盖以下三方面。

（一）规定条款

（1）毕业生应按国家规定就业，向用人单位如实介绍自己的情况，了解用人单位的情况，表明自己的就业意见。在规定时间内按时到用人单位报到，若遇到特殊情况不能按时报到，则须征得用人单位同意。这也是为了维护国家就业计划的严肃性，明确毕业生、用人单位、高校三方在毕业生就业工作中的权利与义务。

（2）用人单位要如实介绍单位情况，明确对毕业生的要求及使用倾向，做好各项接收工作。凡取得毕业资格的大学生，用人单位不得以学习成绩为由提出违约；对于

未取得毕业资格的结业生，本协议无效。

（3）学校如实向用人单位介绍毕业生的情况，做好推荐工作，用人单位同意录用后，学校审核列入就业计划，报教育部批准，学校负责办理去向落实手续。学校应在学生毕业前安排体检，不合格者不派遣，协议自行取消，由学校通知用人单位。如用人单位对毕业生的身体条件有特殊要求，原则上应在签订协议前进行单独体检，否则以学校体检为准。

（4）毕业生、用人单位、高校三方如有其他约定，应在备注栏注明，并且视为协议的一部分。协议经各方签字、盖章生效。三方应严格履行，若有一方提出变更协议，须征得另外两方同意，如违约，由违约方承担违约责任。协议一式三份，毕业生、用人单位、学校各执一份，复印无效。

（二）签署意见与签字、盖章

本部分包括以下三方面内容：

（1）毕业生情况及意见。由毕业生填写，涵盖姓名、政治面貌、毕业学校、毕业时间、专业、学历、生源地、身份证号码、家庭地址、联络方式等个人信息。在“毕业生应聘意见”栏中，要对是否愿意到用人单位就业表明自己的意见，同时写明与用人单位在洽谈中达成的基本意向，防止以后因态度不明而发生争议。应聘意见对毕业生而言尤为重要，它是毕业生行使自己权利的体现。

（2）用人单位情况及意见。这项内容由用人单位填写，包括单位名称、组织机构代码、联系人、联系电话、邮政编码、通讯地址、单位性质、接收档案单位名称及详细地址、入户地址。“用人单位意见”栏中包括单位及上级主管部门意见。因部分单位无人事权或毕业生户口落实需上级主管部门审批，上级主管部门须认真审核毕业生相关信息，明确其是否符合单位录用条件和当地户口落实政策，与用人单位共同完成意见填写，确保整个招聘流程的规范与公平，保障毕业生的合法权益。

（3）学校意见。分院（系）意见和学校就业工作部门意见。院（系）意见主要对毕业生的就业去向进行初审，学校就业工作部门意见代表学校的最终审核。

全国普通高等学校毕业生就业协议示例如图 9-1 所示。

（三）备注

“备注”栏供三方约定合法条款。毕业生签订就业协议前务必充分了解用人单位情况，保障自身权益，确保协议严谨有效。首先毕业生在协议书上以文字形式注明基本情况，签署同意到选定单位工作的意见，同时签署姓名；其次用人单位在协议书上签署同意接收该毕业生的文字意见并签字盖章。用人单位应在协议书上注明可以接收毕业生档案的机构名称和详细地址。用人单位或学生本人将协议书送交学校毕业生就业指导部门，学校毕业生就业指导部门对协议书签署意见并盖章。最后，学生及时无误地将就业协议书送达用人单位（具体执行可视地方院校情况而定）。

<table>
<tr><td rowspan="5">毕业生情况及意见</td><td>姓名</td><td></td><td>性别</td><td></td><td>年龄</td><td></td><td>民族</td><td></td></tr>
<tr><td>政治面貌</td><td colspan="2"></td><td>培养方式</td><td></td><td>联系方式</td><td colspan="2"></td></tr>
<tr><td>专业</td><td colspan="2"></td><td>学制</td><td></td><td>学历</td><td colspan="2"></td></tr>
<tr><td>家庭地址</td><td colspan="7"></td></tr>
<tr><td colspan="8">应聘意见：

毕业生签名：　　　　年　　月　　日</td></tr>
<tr><td rowspan="6">用人单位情况及意见</td><td>单位名称</td><td colspan="3"></td><td>单位隶属</td><td colspan="3"></td></tr>
<tr><td>联系人</td><td></td><td>联系电话</td><td colspan="2"></td><td>邮政编码</td><td colspan="2"></td></tr>
<tr><td>单位性质</td><td colspan="3"></td><td>所有制性质</td><td colspan="3"></td></tr>
<tr><td>通讯地址</td><td colspan="7"></td></tr>
<tr><td>档案转寄详细地址</td><td colspan="7"></td></tr>
<tr><td colspan="4">用人单位意见：

签章
年　月　日</td><td colspan="4">用人单位上级主管部门意见：
（有用人自主权的单位此栏可略）

签章
年　月　日</td></tr>
<tr><td rowspan="3">学校意见</td><td>学校联系人</td><td></td><td>联系电话</td><td colspan="2"></td><td>邮政编码</td><td colspan="2"></td></tr>
<tr><td>学校通讯地址</td><td colspan="7"></td></tr>
<tr><td colspan="4">院（系、所）意见：

签章
年　月　日</td><td colspan="4">学校毕业生就业部门意见：

签章
年　月　日</td></tr>
</table>

图 9-1　全国普通高等学校毕业生就业协议示例

三、就业协议的签订流程与注意事项

（一）就业协议的签订流程

就业协议的签订应遵循主体合法与平等协商的原则，随着网络技术的飞速发展，网签就业协议逐渐成为主要形式。以山东省为例，高校毕业生需在山东高校毕业生就业信息网上签订毕业生与用人单位的就业协议。具体签约流程如下：

1. 注册登录

高校毕业生登录山东高校毕业生就业信息网（www.sdgxbys.cn），点击“登录”，进入用户选择页面，选择“学生登录”。

2. 查看邀请函

高校毕业生收到单位发送的签约邀请函（见图 9–2）后，查看邀请内容，进行回复：回复“同意”即生成协议书，回复“拒绝”则邀请函无效。

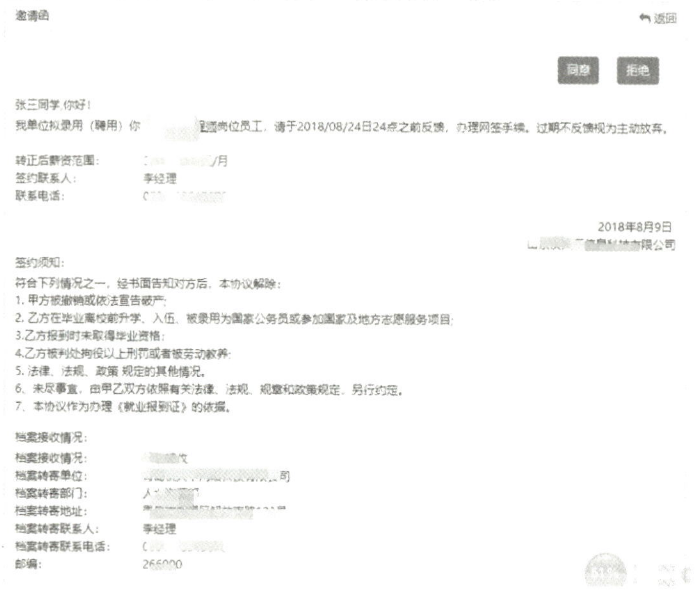

邀请函 返回

同意 拒绝

张三同学 你好！

我单位拟录用（聘用）你 [illegible] 岗位员工，请于2018/08/24日24点之前反馈，办理网签手续。过期不反馈视为主动放弃。

转正后薪资范围： [illegible]/月

签约联系人： 李经理

联系电话： [illegible]

2018年8月9日

[illegible]有限公司

签约须知：

符合下列情况之一，经书面告知对方后，本协议解除：

1. 甲方被撤销或依法宣告破产；
2. 乙方在毕业离校前升学、入伍、被录用为国家公务员或参加国家及地方志愿服务项目；
3. 乙方报到时未取得毕业资格；
4. 乙方被判处拘役以上刑罚或者被劳动教养；
5. 法律、法规、政策 规定的其他情况。
6. 未尽事宜，由甲乙双方依照有关法律、法规、规章和政策规定，另行约定。
7. 本协议作为办理《就业报到证》的依据。

档案接收情况：

档案接收情况： [illegible]

档案转寄单位： [illegible]司

档案转寄部门： [illegible]

档案转寄地址： [illegible]

档案转寄联系人： 李经理

档案转寄联系电话： [illegible]

邮编： 266000

图 9-2　山东高校毕业生邀请函示例

3．应约

高校毕业生应约生成协议书，发送审核，并可对审核过程进行跟踪（见图 9-3）。离校前由毕业院系或学校审核，离校后由发送单位注册地区人社部门审核。

就业信息

就业类型： 单位就业（网上签约）

协议书编号： [illegible]1

拟录用岗位： 销售经理

应约时间： 2018-08-25

协议书状态： 已生效

协议书存档状态： 已通过

协议书信息 查看原

甲方		乙方	
单位名称：	山东XX信息科技有限公司	姓名：	张三
统一社会信用代码：	[illegible]	身份证号：	[illegible]
联系人：	李先生	毕业院校：	山[illegible]大学
联系电话：	0531-[illegible]	学历：	本科
邮编：	12[illegible]om	专业：	会计电算化
通讯地址：	青岛市[illegible]路123号	联系电话：	[illegible]

下载协议书

流程追踪

用户	时间	操作	备注
才立方	2017-01-11 20:19	学院不通过	无
学生本人	2017-01-11 20:19	学生送审	无

图 9-3　山东高校毕业生应约协议书示例

4．录入协议

山东省内院校毕业生与省外非系统注册单位落实就业后须进行信息登记。由毕业生录入就业协议信息，提交至山东省厅主管部门审核。

高校毕业生按要求录入签约单位基本信息和档案接收信息及派遣信息，如有不确定信息可取消，确认信息无误可进行下一步。提交系统即生成有效协议书。毕业生下载打印就业协议书，联系单位盖章签字。上传纸质协议扫描件后，提交审核。如图 9-4 所示。

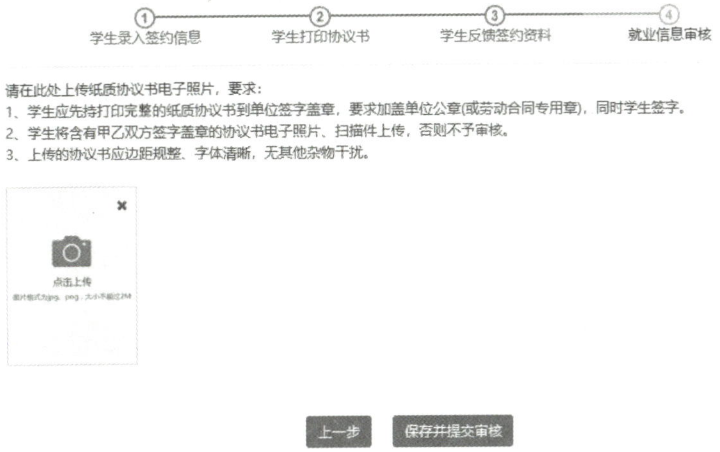

图 9-4　山东高校毕业生录入就业协议流程

5. 后续流程

学校根据就业协议审核派遣方案，生成档案、户口和党组织关系转递等信息。

（二）就业协议签订注意事项

1. 掌握就业政策及规定

认真了解并掌握国家、省市就业政策及学校就业规定。这些政策和规定可以指引高校毕业生择业方向，规范其择业行为，让毕业生明确可为与不可为，以及具体做法。

2. 慎重签订就业协议

高校毕业生签订协议前仔细阅读全部条款，包括用人单位附加条款，了解其内容含义。明确单位对档案及户口的处理方式。若有考研、出国计划，应提前向用人单位说明，以免产生不必要的纠纷。

3. 约定条款注意要点

高校毕业生与用人单位约定条款时须注意：一是约定条款要合理，应在可承受范围内，如过高的违约金不可取。二是备注条款须由双方签字，否则发生争议时难以发挥作用。认真考量这些方面，确保约定条款既合理又能为双方接受，才能维护自身合法权益。

4. 毕业生一企一签

高校毕业生只能与一家用人单位签订就业协议。学校就业主管部门履行监督管理职责，毕业生签订协议须在政策和规定范围内进行，以确保就业过程的规范有序。

5. 权益保障与签约

就业协议包括是否允许考研、合同期限、报酬以及是否缴纳社会保险等，以保障自身权益；与用人单位签约后，及时将就业协议交学校审核盖章，纳入就业方案；部分用人单位委托派遣服务公司进行招聘，毕业生在与派遣服务公司签订就业协议书时，首先要弄清楚其资质和法人资格，防止掉入签约陷阱。

四、就业协议书的解除

（一）单方解除

单方解除包含单方擅自解除与单方依法或依协议解除。单方擅自解除协议属于违约行为，解约方需对另两方承担违约责任；而单方依法或依协议解除，是一方依据法律规定或协议进行的解除，在这种情况下，解除方无须对另两方承担法律责任。总之，就业协议的单方解除应尽量遵循此规则，即单方擅自解除会面临违约后果，若依法或依协议解除，则可合理解除而不必承担法律责任。双方应明确解除的依据与后果，以确保权益得到保障。

（二）三方解除

三方解除指的是毕业生、用人单位和学校三方经过协商，共同决定取消已签订的协议，从而使该协议不再具有法律效力。这种解除方式充分体现了三方当事人真实意思的一致表达。在一般情况下，三方解除协议后均无须承担法律责任。然而，需要注意的是，三方解除应在就业计划上报主管部门之前进行。若就业派遣计划已经下达，此时想要进行三方解除，则必须经过主管部门的批准，并按照相关程序办理改派手续。这样的规定旨在确保就业程序的规范和稳定，保障各方的合法权益。同时，也提醒三方在签订就业协议时要谨慎考虑，一旦出现需要解除协议的情况，应及时沟通并按照规定的程序处理，以免带来不必要的麻烦和损失。

第二节　签订劳动合同

案例

职场新人：警惕糊涂入职

每到毕业季，便有大量应届毕业生步入社会。在竞争激烈的当下，找到理想工作是大学毕业生的梦想，但社会复杂，职场新人须关注自身合法权益。护理专业小 A 毕业前与甲公司签订了就业协议，约定服务期 5 年。小 A 毕业后入职，甲公司却迟迟不与小 A 签订书面劳动合同，还称有就业协议无须再签。小 A 在了解相关法律知识后，提起仲裁，仲裁委员会支持了他要求甲公司支付未签订书面劳动合同两倍工资差额的请求。

劳动合同是证明劳动关系的有力证据，也是规范用人单位与劳动者权利和义务的最佳方式。一般情况下，如果用人单位自用工之日起超过一个月不满一年未与劳动者订立书面劳动合同，则应当向劳动者每月支付两倍的工资。职场新人应保持清醒，认真对待入职事宜，维护自身合法权益。

思考：劳动合同是什么？为什么劳动合同不等于就业协议？

一、劳动合同概述

（一）劳动合同的内涵

劳动合同又称劳动契约或劳动协议，这里讲的劳动合同是大学毕业生与所在用人单位之间，为明确劳动过程中相互的权利和义务关系，通过平等协商签订的个人劳动协议。《中华人民共和国劳动法》（以下简称《劳动法》）第十六条规定：“劳动合同是劳动者与用人单位确立劳动关系、明确双方权利和义务的协议。建立劳动关系应当订立劳动合同。”

（二）劳动合同与就业协议的区别

劳动合同不同于就业协议，其主要区别有以下三点：

1. 适用法律法规不同

劳动合同受《劳动法》和《中华人民共和国劳动合同法》（以下简称《劳动合同法》）的限定与保护，签订劳动合同是一种法律行为，大学毕业生签订劳动合同的同时身份就由原来的学生变成了劳动者。而就业协议由教育部或各省、市、自治区就业主管部门统一印制，主要明确毕业生、用人单位、学校三方的基本权利及义务。其制定依据是国家高校毕业生就业的政策法规，有效期为签约日起至毕业生到用人单位报到止，且具有民事合同的性质。

2. 适用主体不同

劳动合同是双方合同，它由劳动者和用人单位双方的权利、义务构成。而就业协议是三方合同，它涉及毕业生、用人单位、学校三方，三方虽相互关联但彼此独立。

3. 身份不同

签订劳动合同后，学生成为劳动者，而毕业生签就业协议时为准劳动者，即学生身份，而且自劳动合同签订之日起，就业协议效力丧失。若劳动合同与就业协议的附件内容矛盾，以劳动合同内容为准。

为使于理解，可作形象比喻：就业协议如“出嫁协议”，毕业前由毕业生、用人单位和学校三方签订，确定就业意向与权益，包含违约金等。而劳动合同似“夫妻协议”，“出嫁协议”只约束婚前，婚后生活则由“夫妻协议”明确。大学生毕业离校，学校脱离三方关系，毕业生与用人单位应确立劳动关系，签订劳动合同，此时就业协议终止。两者分别规范不同阶段。

二、《劳动合同法》中关于大学生就业的条款

（一）订立原则

关于劳动合同的订立原则，《劳动法》第十七条第一款规定：“订立和变更劳动合同，应当遵循平等自愿、协商一致的原则，不得违反法律、行政法规的规定。”依法订立的劳动合同具有法律约束力，用人单位与劳动者应当履行劳动合同约定的义务。

（二）知情权

为了充分保障劳动者的知情权，《劳动合同法》第八条规定：“用人单位招用劳动者时，应当如实告知劳动者工作内容、工作条件、工作地点、职业危害、安全生产状况、劳动报酬，以及劳动者要求了解的其他情况；用人单位有权了解劳动者与劳动合同直接相关的基本情况，劳动者应当如实说明。”这里的基本情况通常包括劳动者的姓名、性别、年龄、学历、健康状况、职业技能、职业准入资格、社会保险记录、工作经历等，这些信息对于用人单位判断劳动者是否符合岗位要求、能否胜任工作具有

重要意义。但用人单位不能询问与订立劳动合同无关或涉及劳动者个人隐私的情况，如劳动者的婚姻状况、生育情况、家庭背景等，劳动者也无义务回答。

（三）关于劳动合同的订立

《劳动合同法》第十条规定：“建立劳动关系，应当订立书面劳动合同。已建立劳动关系，未同时订立书面劳动合同的，应当自用工之日起一个月内订立书面劳动合同。用人单位与劳动者在用工前订立劳动合同的，劳动关系自用工之日起建立。”这一条款的意义在于：明确劳动关系的建立形式；规范用人单位和劳动者的行为；便于监督管理和纠纷解决。关于违法成本，《劳动合同法》第八十二条规定：“用人单位自用工之日起超过一个月不满一年未与劳动者订立书面劳动合同的，应当向劳动者每月支付二倍的工资。用人单位违反本法规定不与劳动者订立无固定期限劳动合同的，自应当订立无固定期限劳动合同之日起向劳动者每月支付二倍的工资。”

（四）关于劳动合同的内容

劳动合同的条款分为法定条款和约定条款。法定条款是指法律、法规规定必须协商约定的条款；约定条款是根据工种、岗位的不同特点，以及双方各自的具体情况，双方选择协商约定的具体条款。《劳动合同法》第十七条规定：“劳动合同应当具备以下条款：（一）用人单位的名称、住所和法定代表人或者主要负责人；（二）劳动者的姓名、住址和居民身份证或者其他有效身份证件号码；（三）劳动合同期限；（四）工作内容和工作地点；（五）工作时间和休息休假；（六）劳动报酬；（七）社会保险；（八）劳动保护、劳动条件和职业危害防护；（九）法律、法规规定应当纳入劳动合同的其他事项。劳动合同除前款规定的必备条款外，用人单位与劳动者可以约定试用期、培训、保守秘密、补充保险和福利待遇等其他事项。”护理类劳动合同范本截取部分如图 9–5 所示。

护理类劳动合同书

甲方：山东××医院

乙方：

身份证号：

乙方通过山东××医院公开招聘，被录用为山东××医院员工，与甲方正式确立劳动关系，特订立聘用合同如下：

一、聘用日期：自___年____月至___年___月。

二、劳动报酬与保险及工作时间：

1．初聘医护类人员，试用期期满后并考核合格给予转正定级，享受国家规定的事业单位专业技术人员工资、福利待遇，其效益工资甲方按照自己规定的办法执行。

2．工作时间：每周工作 40 小时，享受国家法定节假日。

三、甲方对乙方的要求：

1．乙方切实遵守甲方制定的各项规章制度，严格执行各项医疗操作规范，树立良好的医德、医风，确保医疗安全。

2．乙方自觉维护医院形象，坚决维护医院利益。绝不做有损医院形象的事情，努力宣传医院特色，为创建医院品牌做努力。

四、本合同双方自觉遵守，如有违约，经当地劳动仲裁部门仲裁。

五、本聘用合同自签订之日起生效。

山东××医院

人事科

××年××月××日

北京 XX 医院护理人员劳动合同

甲方：北京××医院　　法人代表：

乙方：　　身份证号码：　　家庭住址：　　联系电话：

乙方自愿到甲方工作，甲方经过面试、笔试等综合考评，招聘乙方来院工作，为了保护甲、乙双方合法权益，经双方平等协商，签订如下劳动合同：

第一条 乙方到甲方工作后，甲方为乙方提供必要的办公条件和劳动安全防护，建立健全工作流程、工作规范和劳动安全卫生制度。

第二条 甲方根据工作需要，确定乙方的工作科室。

第二条 乙方到甲方工作以后，按照医院规定发放工资，试用期考核合格后缴纳社保。

第四条 乙方应遵守国家法律、法规，遵守甲方的一切规章制度，服从安排，认真工作，如有违反，甲方有权按照规定采取口头批评、通报批评、罚款、停职等处理措施，情节严重者可以解除劳动合同。

第五条 合同期五年，即××年××月××日至××年××月××日，合同期满，双方同意后续签。合同期间因乙方原因辞职，调离及辞职人员需本人提前一个月写出调离或辞职申请，注明调离或辞职原因，经科主任、所属职能科室主任、分管院长、院长审核签署书面意见，再经院长办公会讨论同意后，方可办理辞职手续。

辞职或调离者应支付甲方违反合同损失赔偿金，具体参照医院有关规定执行。对不缴纳违反合同损失赔偿金自行离职者，甲方上报业务主管部门、人事部门给予除名处理，并在相应媒体公布。

第六条 其中试用期 3 个月，自××年××月××日起至××年××月××日止。在试用期间，根据工作需要和乙方能力，甲方有权对乙方的工作岗位进行调整，乙方应保守甲方的商业秘密，严格遵守劳动纪律和甲方的各项规定及制度，根据甲方工作安排，认真履行职责，维护甲方合法权益。乙方试用期间按甲方有关规定享受工资及相关待遇，甲方如认为乙方不能胜任工作或发现乙方应聘材料弄虚作假，或因自身原因不能取得毕业证、学位证书的，不符合录用条件的，可随时终止试用并予以解雇。试用期满进行考核，各专业由相应主管科室负责考核，考核不合格者，甲方有权辞退乙方。甲方有权辞退乙方。

第七条 乙方的工作时间和休息休假依据国家法律法规和甲方的有关规定执行。

第八条 甲方每月按时为乙方发放上月工资。乙方的酬金标准将随本人工作业绩、部门绩效及甲方的整体经营状况的变化而变化。根据“岗变薪变”的原则，如乙方的工作岗位出

（a）

现变化，甲方也有权根据乙方新的岗位职责对其薪酬标准进行重新核定。

第九条 甲乙双方依照国家和当地有关规定缴纳社会保险。

第十条 乙方可享受的其他福利项目及标准依照国家和当地有关规定及甲方福利管理制度执行。

第十一条 甲方负责对乙方进行政治思想、职业道德、业务技术、劳动安全卫生及有关规章制度的教育和培训。

第十二条 甲方应为乙方创造符合国家职业卫生标准和卫生要求的工作环境和条件，按国家有关劳动保护规定切实保护乙方在生产工作中的安全和健康。

第十三条 乙方为完成甲方工作任务所创作的作品为职务作品，乙方享有署名权，该职务作品著作权的其他权利由甲方享有。

乙方执行甲方的任务或者主要是利用甲方的物质技术条件所完成的发明创造为职务发明创造，专利申请权利及专利权归甲方所有。执行甲方的工作任务所完成的职务发明创造，包括：(1) 乙方在本职工作中做出的发明创造；(2) 乙方履行甲方交付的本职工作之外的任务所做出的发明创造；(3) 乙方退职、退休或者调动工作后1年内做出的，与其在甲方承担的本职工作或者甲方分配的任务有关的发明创造；(4) 其他依法应认定为执行甲方的工作任务所完成的职务发明创造。利用甲方的物质技术条件所完成的发明创造，是指主要利用甲方的资金、设备、零部件、原材料或者不对外公开的技术资料等所完成的发明创造。

第十四条 在合同期内及合同终止后约定时间内，乙方不得违反医院有关竞业禁止的规定，直接或间接从事与甲方具有竞争性质的活动。

第十五条 初签合同的条件：如乙方曾就职于其他企事业单位，乙方本人应提供与原单位解除劳动关系的证明；在确实无法提供相关证明的情况下，乙方承诺签订本合同时与任何其它单位没有劳动关系且愿意承担因证明或承诺不实而产生的一切法律后果。

第十六条 初签合同的程序

1. 双方对合同内容协商一致，形成劳动合同书，由甲方的法定代表人或授权代表、乙方在合同书上签字，最后由甲方盖章，劳动合同生效。

2. 合同订立后，甲乙双方应当履行合同，享有合同权利和承担义务。甲方应依法提供相应的劳动条件，维护乙方的劳动权益。乙方应遵守甲方的合法有效的规章制度，不得损害甲方的利益，如乙方违反规章制度的，甲方有权对乙方的违规行为进行处罚。

第十七条 乙方确认甲方在订立本合同时已告知乙方工作内容、工作条件、工作地点、职业危害、安全生产状况、劳动报酬，以及乙方要求了解的其他与订立和履行劳动合同直接

（b）

相关的情况。

第十八条 合同的续签。劳动合同期限届满前，经甲乙双方协商一致，可以续签合同。

续签合同期限类型可由甲乙双方协商一致并书面约定，如无书面约定则依照法律、行政法规规定。

第十九条 合同的终止

1. 如出现以下情形，甲方应当通知乙方办理劳动合同的终止手续，至合同期满，双方劳动关系终止：

1）甲方在本合同期限届满三十日前向乙方发出不再续签劳动合同意向书；

2）甲方发出续签通知书后，乙方不同意续签或双方未就合同约定条件达成一致，但属于《劳动合同法》第四十二条规定的情形的，劳动合同应当续延至相应的情形消失时终止，属于该法第四十二条第二项规定丧失或者部分丧失劳动能力劳动者的劳动合同的终止，按照国家有关工伤保险的规定执行。

2. 合同终止的其他情形：

1）乙方开始依法享受基本养老保险待遇的；

2）乙方死亡，或者被人民法院宣告死亡或者宣告失踪的；

3）甲方被依法宣告破产的；

4）甲方被吊销营业执照、责令关闭、撤销或者甲方决定提前解散的；

5）法律、行政法规规定的其他情形。

第二十条 本合同一式两份，甲方组织人事部及乙方各执一份，均具同等法律效力。

甲方：（盖章） 乙方（签字）：

法定代表人或委托代表人（签字）：

日期：××年××月××日 日期：××年××月××日

（c）

图 9-5 护理类劳动合同

（五）劳动合同的形式与期限

《劳动合同法》第十二条规定："劳动合同分为固定期限劳动合同、无固定期限劳动合同和以完成一定工作任务为期限的劳动合同。"大学毕业生与用人单位签订的劳动合同通常为固定期限，即合同中明确规定了有效期限，如半年、一年、三年或五年等。劳动合同起算时间一般为劳资双方在合同上签字之日，若合同明确了生效日期，则从生效日期起算。劳动合同截止时间以劳动合同期限最后一日的二十四时为限；若因有工作任务而超过最后一天二十四时，则应以完成工作任务的时间为准。

三、大学毕业生签订劳动合同的注意事项

（一）未签合同先知法

依法签订劳动合同是产生法律约束力的前提。签订劳动合同前，大学毕业生应了解相关法律以保护自身合法权益，以《劳动法》与《劳动合同法》对劳动关系的规定最为全面。大学毕业生要清楚合同双方的权利和义务，包括订立、履行、变更、终止和解除合同及法律责任等规定。一旦用人单位违反劳动合同规定，劳动者便能借助法律武器维护自身权益，确保自己在劳动关系中得到应有的保障。

（二）合同的主体、内容、形式和程序必须合法

用人单位作为劳动合同主体必须符合法定条件。用人单位应当依法成立，能够依

法支付工资、缴纳社会保险费、提供劳动保护条件，并能够承担相应的民事责任。在劳动合同内容方面，大学毕业生应先确认其是否具备法律约束力。一份具有法律效力的劳动合同，签订程序须符合法律规定且用书面形式予以确认，至少一式两份，双方各执一份，大学毕业生要妥善保管。只有满足合法条件，劳动合同才能更好地保障双方权益，在发生纠纷时成为有力的法律依据。

（三）工作性质和内容、劳动条件应细化

劳动合同主要包含劳动合同期限、工作内容和地点、工作时间与休息休假、劳动报酬、社会保险及劳动保护等内容。工作内容与大学毕业生权利密切相关且易引发争执，需格外留意。若岗位工种外延大，履行合同期间岗位变化范围就可能较大，大学毕业生可要求用人单位细化。若大学毕业生对工作地点有要求，也应要求用人单位在合同中明确，以防因单位地址搬迁、设立分支机构等调整工作地点而引发争执，损害自身合法权益。明确这些内容，有助于保障大学毕业生在劳动过程中的权益，减少纠纷发生的可能性。

（四）合同约薪，知己知彼

大学毕业生与用人单位约定工资标准，需知己知彼。“知己”即了解自身条件，如学历、技能和身体素质等；“知彼”则要掌握人力资源市场供求状况和劳动力市场价位。劳动保障行政部门的劳动力市场指导价位有低、中、高三个标准，不可漫天要价，以免阻碍签约。同时，莫忽视双方协商约定的内容，如试用期、培训、竞业禁止补偿、补充保险和福利待遇等，大学毕业生应提出并在合同中写明具体要求，以保障自身权益。

（五）及时签订劳动合同

及时签订劳动合同至关重要。首先，在试用期前签订劳动合同，能明确双方的权利与义务，为大学毕业生提供稳定的工作保障。若未及时签订，一旦出现纠纷，大学毕业生的权益难以得到有效维护。其次，签订劳动合同时，若涉及数字应使用大写汉字。若是用人单位事先起草的文本要求大学毕业生签字，大学毕业生需慎重，应仔细推敲条款，对表述不清、概念模糊之处，及时要求用人单位说明并修订，以确保自身权益，避免因合同内容不清晰而在后续工作中产生纠纷。

四、山东省大学毕业生劳动合同就业登记操作说明

山东省大学毕业生如果与用人单位以签订劳动合同方式就业，则选择劳动合同就业类型，在 https://www.sdgxbys.cn/ 网站页面按要求填写劳动合同就业信息并上传证明材料。如有不确定信息可保存，暂不提交；确认信息无误可保存并提交审核，也可以取消本次操作返回，重新选择就业去向（见图 9–6）。

图 9-6　山东高校毕业生劳动合同就业登记填报信息

五、劳动合同变更与解除

劳动合同的变更通常是指在劳动合同履行过程中，由于客观情况发生变化，双方经协商一致对合同中的某些条款进行调整。比如，工作岗位的变动、劳动报酬的调整等。变更劳动合同应采用书面形式，以确保双方权益明确。《劳动合同法》第三十五条规定：“用人单位与劳动者协商一致，可以变更劳动合同约定的内容。变更劳动合同，应当采用书面形式。变更后的劳动合同文本由用人单位和劳动者各执一份。”值得注意的是，《劳动合同法》第三十三条规定：“用人单位变更名称、法定代表人、主要负责人或者投资人等事项，不影响劳动合同的履行。”《劳动合同法》第三十四条规定：“用人单位发生合并或者分立等情况，原劳动合同继续有效，劳动合同由承继其权利和义务的用人单位继续履行。”

劳动合同的解除是指劳动合同生效以后，尚未履行或还没全部履行以前，当事人一方或双方依法提前解除劳动关系的法律行为。它是劳动合同关系的非自然终止，一般是由于劳动合同订立时所依据的情况发生了变化。劳动合同的解除可以分为双方协商解除和单方解除。双方协商解除是指劳动合同当事人协商一致，解除劳动合同；单方解除劳动合同又分为用人单位单方解除和劳动者单方解除。

（一）用人单位单方解除劳动合同

1. 劳动者存在主观过错

（1）在试用期间被证明不符合录用条件的。

（2）严重违反劳动纪律或者用人单位规章制度的。

（3）被依法追究刑事责任的。

（4）劳动者被人民法院或有关部门判处拘役、3 年以下有期徒刑、缓刑的。

（5）法律、法规规定的其他情形。

2. 劳动者存在客观原因

（1）劳动者患病或者非因工负伤，医疗期满后，不能从事原工作也不能从事由用人单位另行安排的工作的。

（2）劳动者不能胜任工作，经过培训或者调整工作岗位仍不能胜任工作的。

有以上情形之一的，用人单位可以解除劳动合同，但是应当提前 30 日以书面形式通知劳动者本人。但劳动者有下列情形之一的，用人单位不得解除劳动合同：

（1）患职业病或者因工负伤并被确认丧失或者部分丧失劳动能力的。

（2）患病或者负伤，在规定的医疗期内的。

（3）女职工在孕期、产期、哺乳期内的。

（4）法律、法规规定的其他情形。

3. 用人单位原因

劳动合同订立时所依据的客观情况发生重大变化，致原合同无法履行，且经协商不能就变更合同达成协议时，用人单位可解除劳动合同，但需提前 30 日以书面形式通知劳动者本人。若未按规定提前通知，自通知之日起 30 日内，用人单位应承担劳动合同约定的义务。经济性裁员方面，用人单位濒临破产整顿或生产经营严重困难须裁减人员时，应提前 30 日向工会或全体职工说明情况，听取意见。在与工会或职工代表协商、采取补救措施基础上确定裁员方案，并向劳动保障行政部门报告，经审批后方可实施。裁员后 6 个月内重新录用人员的，应优先录用被裁减人员。

（二）劳动者单方解除劳动合同

根据《劳动法》规定，劳动者也可以单方面解除劳动合同，解除形式分为以下两种。

（1）劳动者提前 30 日以书面形式通知用人单位解除劳动合同。劳动者采取此种方式解除劳动合同，既不需要考虑单位是否存在过错，也不需要征得用人单位的同意。在提前 30 日以书面形式通知后，劳动者向用人单位提出办理解除劳动合同手续的，用人单位应当予以办理。

（2）劳动者随时通知用人单位解除劳动合同。劳动者采取此种方式解除劳动合同，必须有下列情形之一：

1）劳动者在试用期内的。

2）未按照劳动合同约定支付劳动报酬或者提供劳动条件的。

3）用人单位规章制度违反法律、法规的规定，损害劳动者权益的。

4）用人单位以暴力、威胁或者非法限制人身自由的手段强迫劳动的。

六、与大学毕业生相关的特殊劳动问题

（一）实习期、见习期、试用期的区别

实习期、见习期、试用期的区别见表 9-1。

表 9-1　实习期、见习期、试用期的区别

阶段	适用主体	期限规定	权益保障
实习期	在校大学生（大三、大四）	几个月到一年	与实习单位无劳动关系，签订实习协议
见习期	初次就业人员（不是劳动合同中的概念）	一般为一年	不评定正式工资，根据人事制度制定
试用期	已经与用人单位建立劳动关系	视劳动合同期限而定	工资不得低于本单位相同岗位最低档或约定工资的 80%

（二）试用期相关规定

《劳动合同法》第十九条第一款、第三款规定：“劳动合同期限三个月以上不满一年的，试用期不得超过一个月；劳动合同期限一年以上不满三年的，试用期不得超过二个月；三年以上固定期限和无固定期限的劳动合同，试用期不得超过六个月。以完成一定工作任务为期限的劳动合同或者劳动合同期限不满三个月的，不得约定试用期。”

（三）劳务派遣

1. 劳务派遣的内涵

劳务派遣是指劳务派遣单位与被派遣劳动者（员工）订立劳动合同，把劳动者派向其他用工单位，在临时性、辅助性或者替代性的工作岗位上工作，由用工单位向派遣单位支付服务费用的一种特殊用工形式。

2. 劳务派遣中三方主体的法律关系

（1）劳动派遣单位与用工单位。两者签订劳务派遣服务协议，根据协议，劳务派遣单位按照用工单位的要求派遣劳动者，而用工单位向劳务派遣单位支付服务费用。劳务派遣单位需要根据用工单位对劳动者技能、数量、工作时间等方面的要求，筛选和派遣合适的劳动者。同时，用工单位有权监督劳务派遣单位的派遣工作是否符合协议要求。

（2）劳务派遣单位与被派遣劳动者。二者签订劳动合同，双方建立劳动关系。这意味着劳务派遣单位是劳动者的“雇主”，有义务按照国家法律规定为劳动者支付工资、缴纳社会保险、提供劳动保护等。劳务派遣单位负责对劳动者进行人事管理，如档案管理、职业培训等。同时，在劳动者无工作期间，也要按照当地最低工资标准支付工资。

（3）用工单位与被派遣劳动者。被派遣劳动者在用工单位的工作场所工作，用工单位对劳动者的日常工作进行指挥和管理，劳动者需要遵守用工单位的工作规章制度。用工单位应当按照同工同酬原则，对被派遣劳动者与本单位同类岗位的正式员工

支付相同的劳动报酬。同时，用工单位要为劳动者提供必要的劳动条件和劳动保护措施。两者存在实际的劳动关系。

第三节　劳动争议与处理

案例

医生小 M 遭遇医院拖欠工资

医生小 M 在某医院辛勤工作，然而医院却以效益不佳为由拖欠小 M 数月工资。小 M 多次与医院沟通，却始终得不到有效回应。无奈之下，他决定通过法律途径来维护自己的权益。小 M 细心收集了工作记录、工资条等有力证据，勇敢地向劳动仲裁机构申请仲裁。仲裁机构高度重视，经过深入调查核实，最终认定医院的行为严重违法。根据法律规定，裁定医院必须立即支付小 M 被拖欠的工资。

此案例表明，无论在哪个领域，劳动者的合法权益都应得到切实保障。当劳动者与用人单位发生劳动争议时，不能忍气吞声，而要勇于拿起法律武器，积极维护自身的合法权益。只有这样，才能确保劳动者的尊严和权益不受侵犯，营造公平、公正的劳动环境。

思考：如果你在以后的工作中被侵害劳动权益，你知道采取哪些方式保护自己的合法权益吗？

一、劳动争议

劳动争议亦称劳动纠纷，是指劳动关系中劳动者和用人单位之间因执行劳动法律、法规和履行劳动合同而发生的纠纷，即劳动者与所在单位之间因劳动关系中的权利、义务而发生的纠纷。

二、劳动争议的分类

劳动争议可从不同角度进行分类，根据争议涉及的权利和义务具体内容，《中华人民共和国劳动争议调解仲裁法》（以下简称《劳动争议调解仲裁法》）第二条规定：“中华人民共和国境内的用人单位与劳动者发生的下列劳动争议，适用本法：（一）因确认劳动关系发生的争议；（二）因订立、履行、变更、解除和终止劳动合同发生的争议；（三）因除名、辞退和辞职、离职发生的争议；（四）因工作时间、休息休假、社会保险、福利、培训以及劳动保护发生的争议；（五）因劳动报酬、工伤医疗费、经济补偿或者赔偿金等发生的争议；（六）法律、法规规定的其他劳动争议。”

三、大学生求职常见劳动争议

（一）劳动合同争议

（1）用人单位与大学毕业生未签订书面劳动合同。部分用人单位为规避法律责任，故意拖延或拒绝与大学毕业生签订书面劳动合同，导致双方权益无法得到保障。有些大学毕业生认为就业协议就是劳动合同，为此产生很多劳动纠纷。

（2）合同内容不明确。即使签订了劳动合同，但合同内容往往过于笼统，缺乏具体的工作职责、薪酬待遇、工作时间等关键条款，容易引发后续争议。

（3）合同变更与解除。用人单位在未经协商一致的情况下，单方面变更或解除劳动合同，损害大学毕业生的合法权益。

（二）大学生试用期权利保障

试用期是用人单位和劳动者相互了解、相互适应的阶段，但这并不意味着大学毕业生在试用期内就没有权利保障。《劳动法》第二十一条规定："劳动合同可以约定试用期。试用期最长不得超过六个月。"试用期只能约定一次，续签劳动合同及岗位调整均不得再约定试用期，否则不合法且无法律效力。

若用人单位仅与劳动者签订试用期合同，则此合同效力等同于劳动合同。我国劳动法明确禁止试用期合同的存在。如果用人单位与员工未签订劳动合同，仅在聘书、录用通知等文件中约定试用期，则视为对劳动合同的约定，试用期的期限即劳动合同的期限。仅约定试用期薪资数额的，该数额被视为劳动报酬，若有转正后薪资约定，则转正后薪资被视为劳动报酬，试用期薪资约定无效。

试用期是双方尝试和接触的过程，若用人单位或劳动者在试用期内解除劳动关系，则须有充分理由并加以证明。用人单位须有证据证明劳动者不符合录用条件，方可单方面解除合同。一旦双方就试用期内劳动关系解除发生纠纷，用人单位就必须承担全部举证责任。因此，两者都应注意规范行为，积极履行合同中规定的义务，并保留必要的书面材料，发生纠纷时才能维护自身合法权益。

四、劳动争议的解决方式

（一）协商解决

《劳动争议调解仲裁法》第四条规定："发生劳动争议，劳动者可以与用人单位协商，也可以请工会或者第三方共同与用人单位协商，达成和解协议。"如果协商达成一致的，双方可以签订和解协议。如果当事人不愿协商、协商不成或者达成和解协议后在约定的期限内不履行的，劳动者可以依法向调解组织申请调解。

（二）申请调解

《劳动争议调解仲裁法》第十条规定："发生劳动争议，当事人可以到下列调解组织申请调解：（一）企业劳动争议调解委员会；（二）依法设立的基层人民调解组织；（三）

在乡镇、街道设立的具有劳动争议调解职能的组织。”第十二条规定：“当事人申请劳动争议调解可以书面申请，也可以口头申请。口头申请的，调解组织应当当场记录申请人基本情况、申请调解的争议事项、理由和时间。”第十四条第二款、第三款规定：“调解协议书由双方当事人签名或者盖章，经调解员签名并加盖调解组织印章后生效，对双方当事人具有约束力，当事人应当履行。自劳动争议调解组织收到调解申请之日起十五日内未达成调解协议的，当事人可以依法申请仲裁。”

（三）申请仲裁

仲裁又称公断，是指劳动争议仲裁机构依法对争议案件进行居中公断的执法行为。仲裁一般要经历申请与受理、调查取证、调解、裁决、调解或裁决的执行 5 个阶段，具体流程如图 9-7 所示。

需要注意的是：申请劳动争议仲裁的时效为一年，仲裁时效从当事人知道或者应当知道其权利被侵害之日起计算。超过仲裁时效，仲裁委员会将不予受理，所以劳动者要及时主张权利。当事人对于发生法律效力的调解书、裁决书，应当依照其规定的期限履行。一方当事人逾期不履行的，另一方当事人可以依照《中华人民共和国民事诉讼法》的有关规定向人民法院申请执行。

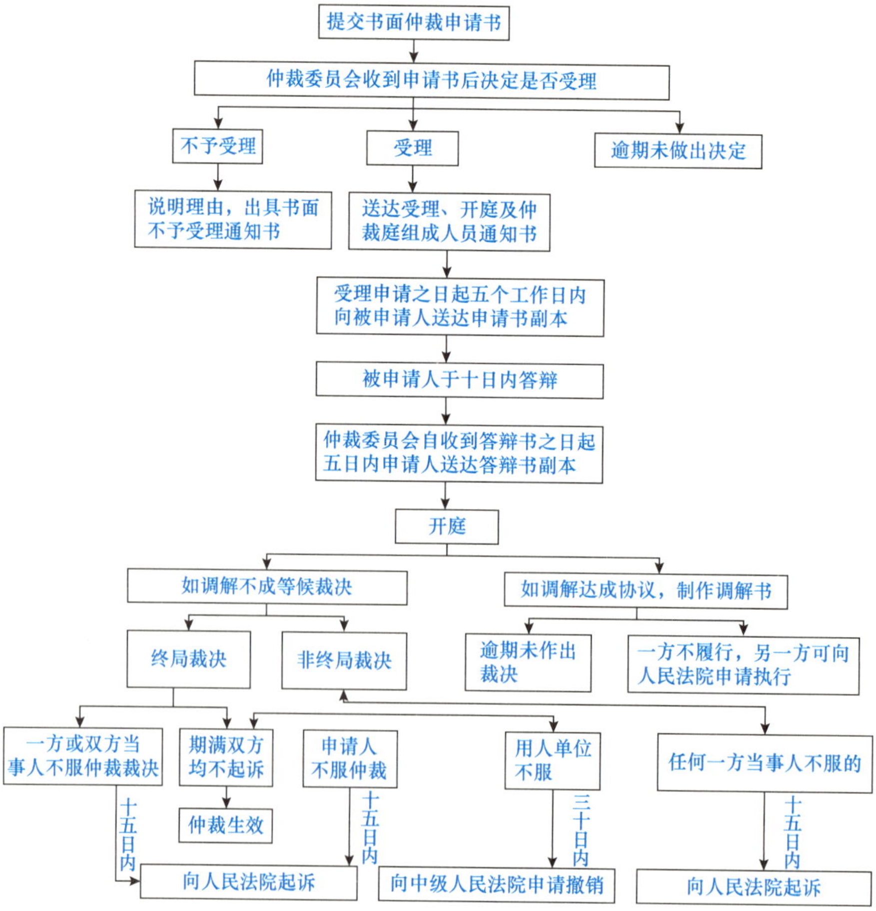

图 9-7　仲裁流程

（四）提起诉讼

诉讼为劳动争议的最终程序。劳动争议诉讼是当事人对劳动争议仲裁的裁决不服，在规定期限内向人民法院提起诉讼，人民法院依法审理和处理劳动争议的方式。当事人对仲裁不服的，可以自收到仲裁裁决书之日起十五日内向人民法院提起诉讼，期满不起诉的，仲裁裁决书就会发生法律效力。

在劳动争议诉讼中，诉讼的第一个阶段是一审判决。当事人向法院提起诉讼后，法院会对案件进行初次审理，对事实进行认定，依据相关法律做出判决，这个判决就是一审判决。若收到判决书十五日内双方不上诉，则判决书生效。一方不履行，对方可申请执行。如果当事人对一审判决不服，在规定的期限内（通常是判决书送达之日起十五日内）有权向上一级法院提起上诉。上诉后，上一级法院会再次审理该案件，这个阶段的审理结果就是二审判决。二审判决一般是终审判决，具有终局性的法律效力，当事人通常不能再上诉，必须按照二审判决执行。

案例

案例一：山东高校毕业生就业信息网毕业去向填报指南

1. 登录山东高校毕业生就业信息网（www.sdgxbys.cn/），点击左侧导航栏中的“就业信息维护”，如图 9–8 所示。

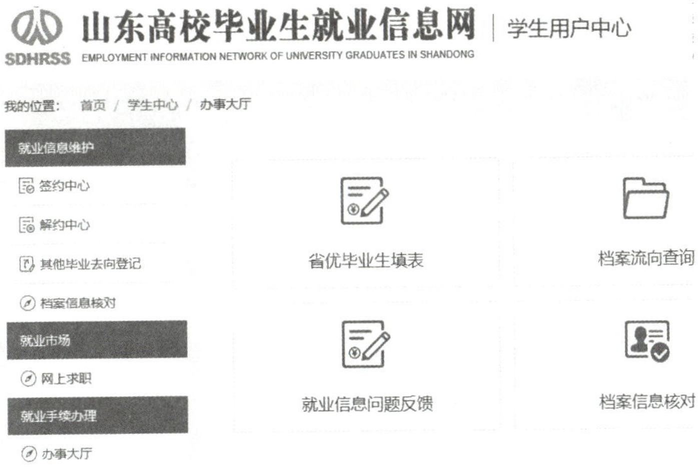

图 9–8　山东高校毕业生就业信息维护

2. 就业信息维护中的“签约中心”“解约中心”。

（1）“签约中心”分“网上签约”和“线下签约”两种形式，如图 9–9 所示。“网上签约”即意向签约单位已经在本系统注册且通过资质审核。“线下签约”即省内机关事业单位及省外签约单位尚未在本系统注册或已注册尚未通过资质审核两种形式，根据实际情况进行信息录入（“线下签约”需要录入就业协议书）。网上签约是由单位发起的，学校确认即可。

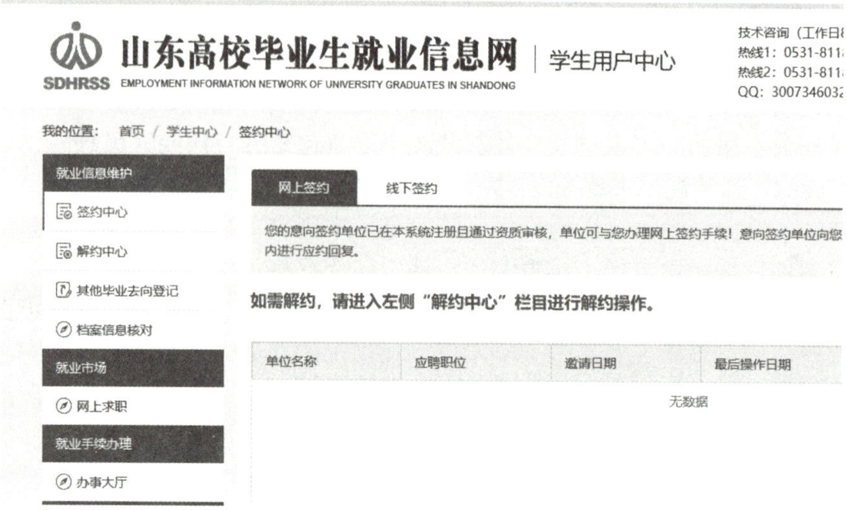

图 9-9 山东高校毕业生就业信息维护“签约中心”

（2）“解约中心”。网签协议由学生提出解约的，单位同意即可解除。线下签约则由学生提出解约的，离校前和离校后都由学校审核通过即可解除。

3. 就业信息维护中的“其他毕业去向登记”。点击左侧导航栏“其他毕业去向登记”，并点击“选择其他毕业去向”，页面包括劳动合同就业、其他录用形式就业、升学、出国出境就业、自主创业、应征义务兵等，如图 9-10 所示。

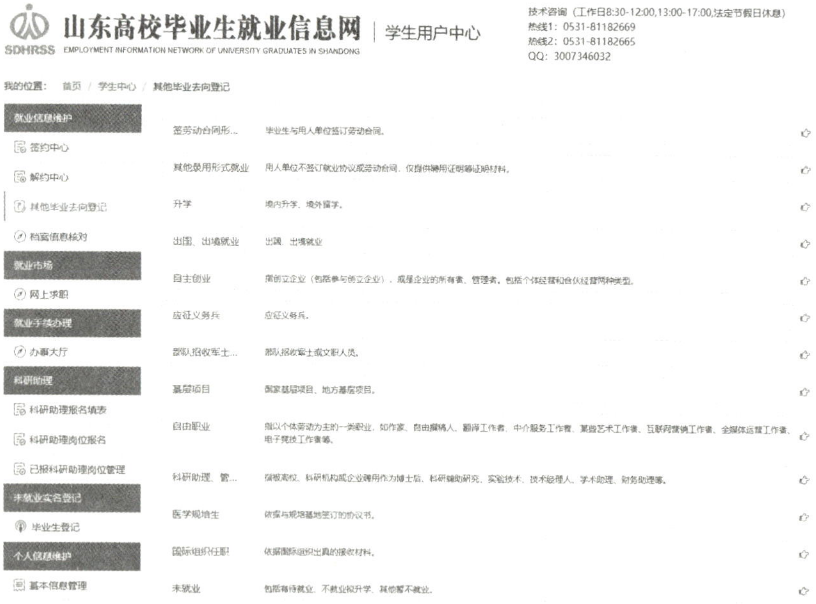

图 9-10 山东高校毕业生就业信息维护“其他毕业去向登记”

（1）劳动合同就业信息页面中带“*”号为必填项，单位名称与所盖公章一致，统一社会信用代码可根据单位名称或所盖公章进行网上查询，需上传劳动合同，如图 9-11 所示。

图 9-11 劳动合同上传

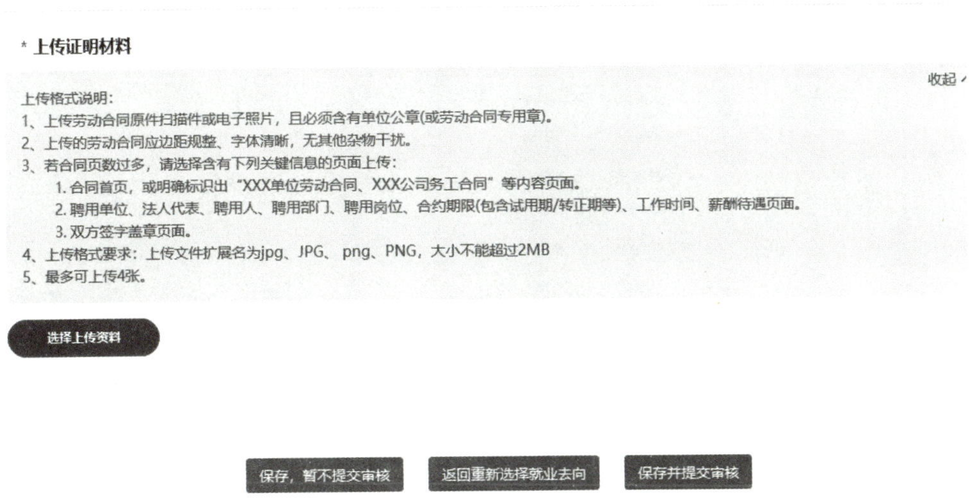

图 9-11 劳动合同上传（续）

（2）其他录用形式就业页面中带“*”号为必填项，单位名称与所盖公章一致，统一社会信用代码可根据单位名称或所盖公章进行网上查询，需上传用人单位出具的聘用证明或其他相关证明材料，如图 9-12 所示。

山东省高等学校毕业生其他录用形式就业证明

毕业年度：　　　毕业学校：　　　学校代码：　　　编号：

毕业生信息	姓　名		性　别	
	学　历		专　业	
	院　系		学　号	
	身份证号		个人手机	
单位信息	单位名称			
	统一社会信用代码			
	单位地址			
	单位性质	机关□ 部队□ 科研设计单位□ 高等教育单位□ 中初教育单位□ 医疗卫生单位□ 其他事业单位□ 国有企业□ 外商投资企业□ 其他企业□ 个体工商户□ 农村建制村□ 城镇社区□ 其他□		
	联系人		联系电话	
	薪酬	________元/月（不低于当地最低工资标准）		
	聘用期限	___年___月___日至___年___月___日 （聘用期限不低于6个月）		
毕业生签字： 年　月　日			聘用单位签字（盖章）： 年　月　日	

图 9-12　山东高校毕业生其他录用形式

大部分高校毕业生点击“选择其他毕业去向”中的劳动合同就业或者“其他录用形式就业”。

（3）升学。升学包括“专升本”和“考研”。操作说明：学生如果升学，则选择升学学校名称，在页面按要求填写升学信息并上传证明材料，如图9-13所示。

图 9-13　山东高校毕业生升学操作说明

（4）自主创业。电子商务创业是指利用互联网平台从事经营活动，如开网店等。操作说明：学生如果自主创业，则在页面按要求填写自主创业平台信息并上传证明材料，如图 9-14 所示。

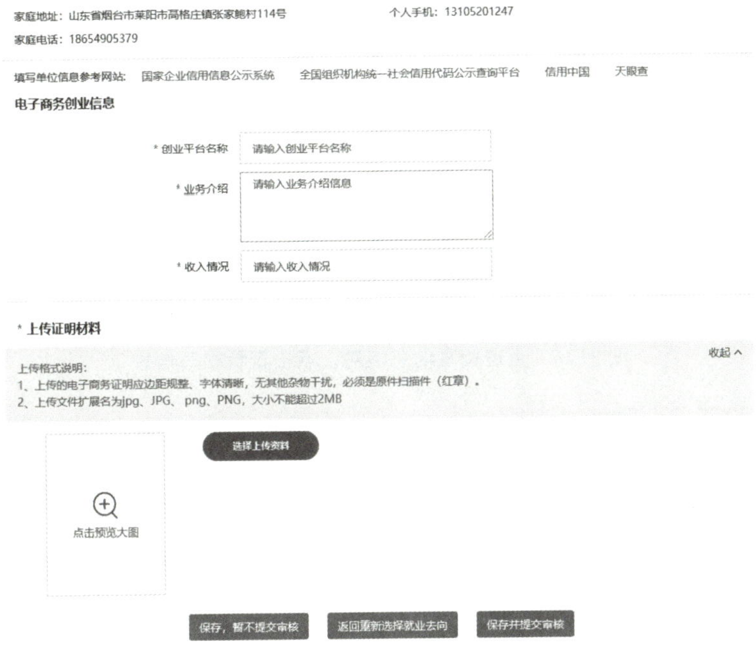

图 9-14　山东高校毕业生自主创业操作说明

（5）应征义务兵。应征义务兵非士官。

（6）自由职业。这是指以个体劳动为主的一类职业，如作家、自由撰稿人、翻译工作者、中介服务工作者、某些艺术工作者等。

4．山东省高校毕业生就业信息网（省网＋国网）确认流程。

（1）已经就业的同学：登入就业信息网（如图 9-15 ～ 9-18 所示）。

1）按照流程先进行省网确认；

2）再进行国网确认。

图 9-15　毕业生身份登录

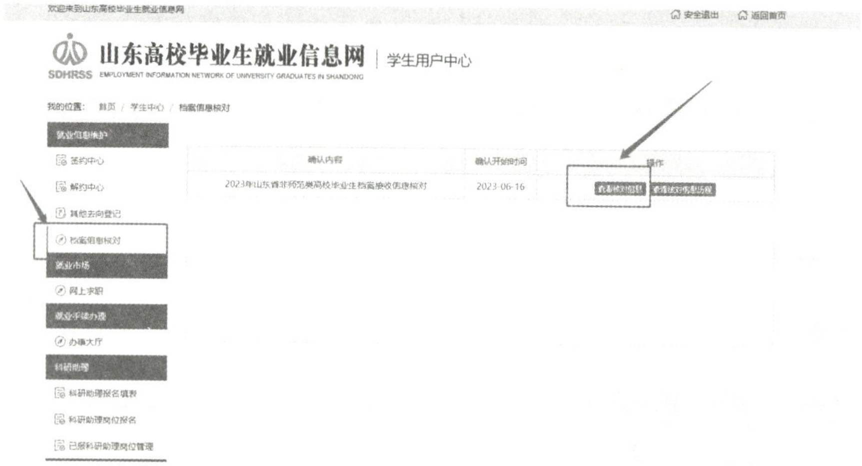

图 9-16　点击档案信息核对，点击查看核对信息

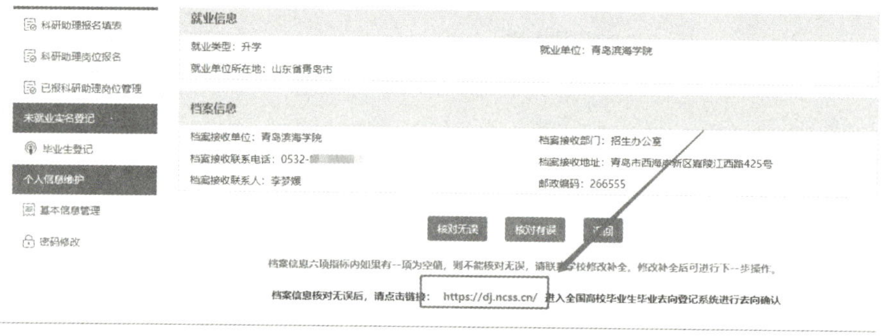

图 9-17　进入全国毕业生毕业去向登记系统

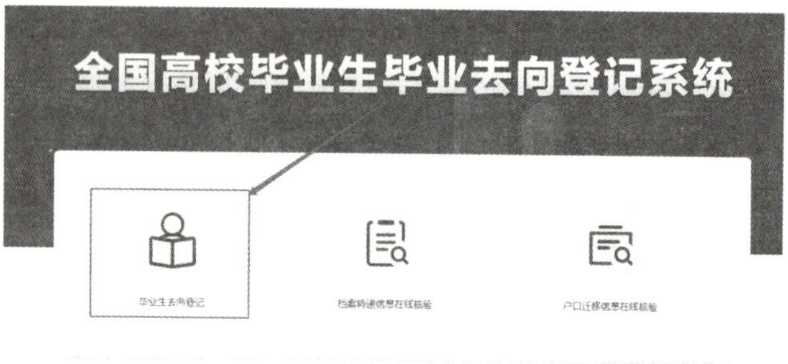

图 9-18　点击毕业生去向登记

（2）没录就业的同学，分两种情况（如图 9-19 所示）。

1）省外户籍同学（和上面第一项相同，直接进行省网确认和国网确认，国网确认完即完成工作）；

2）省内没就业同学（①先按流程进行未就业实名登记，②再进行省网确认，③再进行国网确认）国网确认完即完成工作。每位同学登入自己的账号，根据自己的情况进行操作即可。

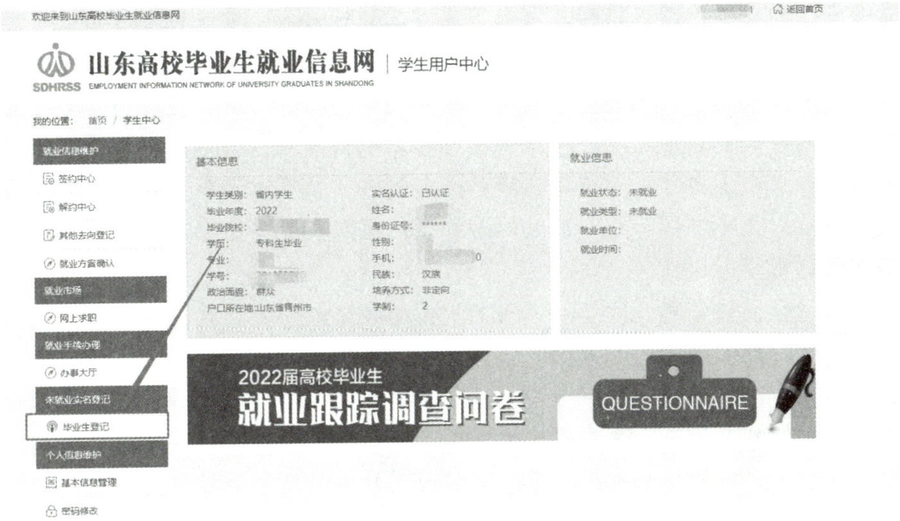

图 9-19　未就业实名登记操作流程

案例分析

通过规范的填报指南，保障高校毕业生权益，实现信息对接与交互，为其提供就业支持，同时为教育部门、高校及相关政府部门制定就业政策提供依据。

案例二：试用期能否签订专项技术培训协议

企业在招聘应届毕业生后，通常会对其展开岗前培训，旨在助力高校毕业生迅速适应新的工作环境，提升工作技能。有些企业还会将应届毕业生作为重点人才，给予专业性极强的技术培训。在此过程中，企业往往会与毕业生约定服务期限及违约条款，而这容易引发争议。为了让高校毕业生更好地了解相关政策与实际情况，下面整理相关案例以供参考。

小王是一名应届毕业生，被北京一家大医院录用。入职后，医院鉴于小王专业背景和发展潜力，决定对他进行一系列全面的培训。这些培训包括医院文化的深入了解、工作流程的熟悉及专业技术技能的提升。其中，专业技术培训部分邀请了行业内的专家进行授课，并且安排了小王出国到新加坡医院实地学习，整个培训过程持续了 3 个月，医院为此投入了大量的人力、物力和财力。在培训开始前，医院与小王签订了专项培训协议。协议中明确规定，小王在培训结束后需为医院服务满 5 年。如果小王在服务期限内主动离职，需按照未履行服务期限的比例向医院支付违约金。违约金的计算方式为培训总费用除以服务期限再乘以未履行的服务期限。

小王经过培训后，工作表现出色，很快成为部门的骨干力量。然而，在工作了 3 年后，他出于家庭原因不得不考虑回到家乡发展，于是向医院提出了离职申请。医院拿出当初签订的专项培训协议，要求小王支付违约金。小王则认为自己在医院工作 3 年，已经为医院做出了很多贡献，而且当初签订协议时自己并没有充分考虑到未来的不确定性，所以不愿意支付违约金。双方的争议焦点主要是违约金的合理性及服务期限的约束性。小王认为医院要求的违约金过高，而且服务期限过长，限制了自己的职业发展。医院则认为，它们为小王提供了高质量的培训，投入了大量资源，小王在享受了这些培训后却提前离职，给医院带来了损失，所以要求小王支付违约金是合理的。经过多次协商和调解，最终双方达成了协议。小王向医院支付了一定数额的违约金，医院也为小王办理了离职手续。

案例分析

《劳动合同法》第二十二条规定："用人单位为劳动者提供专项培训费用，对其进行专业技术培训的，可以与该劳动者订立协议，约定服务期。劳动者违反服务期约定的，应当按照约定向用人单位支付违约金。违约金的数额不得超过用人单位提供的培训费用。用人单位要求劳动者支付的违约金不得超过服务期尚未履行部分所应分摊的培训费用。用人单位与劳动者约定服务期的，不影响按照正常的工资调整机制提高劳动者在服务期期间的劳动报酬。"关于违约金的限制，如培训总费用 10 万元，约定服务期 5 年，每年分摊 2 万元，劳动者工作 2 年后离职，那么劳动者需支付的违约金为 6 万元，即剩余 3 年服务期应分摊的费用。

此案例提醒应届毕业生，在接受用人单位培训并签订服务期限与违约条款协议时，一定要充分考虑自己的职业规划和未来发展，谨慎签订协议。同时，用人单位也应该在制定协议时，合理考虑违约金的数额和服务期限的长度，确保协议的公平性和合理性。

资料来源：何小姬，杨永贵，大学生就业指导［M］. 北京：中国人民大学出版社，2024（269）.

案例三：员工不辞而别，为何医院还要支付补偿金

医院和劳动者均应积极履行法定责任与义务，按照相关法律维护自身合法权益。但在实践中，双方可能出现不恰当行为，从而增加了事情的复杂性。2021 年 10 月，小赵入职上海 W 人民医院。2024 年 4 月起，小赵常以各种理由请假，出勤率极低，这种情况持续了近两个月。6 月底，小赵与医院彻底失去联系，既不请假也不上班。医院对小赵这样的员工自然不满，见其不辞而别，便也乐得"相忘于江湖"。

然而一个月后，W 人民医院却接到仲裁委通知，小赵要求医院支付违法解除劳动合同赔偿金。小赵称 6 月 30 日，医院无故口头通知自己解除劳动关系，属于违法解除，并以月薪 15 000 元、工作 4 年为由，要求医院支付 120 000 元赔偿金。医院则出示小赵出勤记录，称其从 6 月底未出勤也未请假，属于自动离职，不同意支付赔偿金。庭审中，双方都认可劳动关系在 6 月 30 日解除，但对解除原因各执一词，且均无实证。

经过仲裁、一审，法院判决医院向小赵支付解除劳动关系的经济补偿金 60 000 元。从案例看，小赵行为距"合格劳动者"还有一定的差距，既然他选择不告而别，就不应该获得补偿或赔偿。但医院败诉，究其原因就是医院

草率地选择了“什么都不做，双方从此相忘于江湖”。法律规定，医院对于劳动关系的解除负有举证责任，须证明劳动关系何时、因何解除。

案例分析

《劳动合同法》第三十七条规定：“劳动者提前三十日以书面形式通知用人单位，可以解除劳动合同。劳动者在试用期内提前三日通知用人单位，可以解除劳动合同。”《劳动合同法》第三十八条第一款规定：“用人单位有下列情形之一的，劳动者可以解除劳动合同：（一）未按照劳动合同约定提供劳动保护或者劳动条件的；（二）未及时足额支付劳动报酬的；（三）未依法为劳动者缴纳社会保险费的；（四）用人单位的规章制度违反法律、法规的规定，损害劳动者权益的；（五）因本法第二十六条第一款规定的情形致使劳动合同无效的；（六）法律、行政法规规定劳动者可以解除劳动合同的其他情形。”案例中双方都存在不当行为，双方没有正式解除劳动合同，小赵擅自离职，医院则未对劳动关系的解除承担举证责任。

第十章　规避风险——大学生就业权益

第一节　法律法规规定的就业权益

权利是指国家法律、法规和政策对某种行为的许可和保障。为了维护大学生就业的合法权益，《中华人民共和国宪法》《中华人民共和国高等教育法》《普通高等学校毕业生就业工作暂行规定》都明确规定了大学生应当享有的权利。

一、自主择业权

根据《劳动法》第三条的规定，劳动者享有选择职业的权利。实行并轨招生后的普通高校应届毕业生（委培生、定向生除外），在国家就业方针、政策指导下实行“双向选择，自主择业”。

二、公平待遇权

（1）大学毕业生享有被学校公正、平等推荐的权利。
（2）大学毕业生享有被用人单位公平录用的权利。
（3）大学毕业生享有公平竞争的权利。

三、信息知情权

大学毕业生有全面、真实获取用人单位信息的权利。在双向选择过程中，大学毕业生有权向用人单位了解具体的工作内容、工作环境、薪酬待遇、发展前景等情况，从而做出符合自身条件的选择。

四、接受就业指导权

大学毕业生有权从学校接受就业指导，学校应成立专门机构，安排专门人员对大学毕业生进行就业指导，包括向大学毕业生宣传国家关于毕业生就业的有关方针、政策；对大学毕业生进行择业技巧的指导；引导大学毕业生根据国家、社会需要，结合个人实际情况进行择业，使其通过接受就业指导准确定位、合理择业。

五、违约及求偿权

（1）求偿权。求偿权是指当权利、资源等因个人或集体遭受侵害、损失的时候，当事人所具有的要求赔偿的权利。

（2）解除协议权。解除协议权就是协议当事人依照协议约定或法律规定享有的解除协议的权利，它的行使直接导致协议权利和义务消灭的法律后果。

（3）申诉权。申诉权是指公民对因行政机关或司法机关的错误或违法的决定、判决，或者因国家工作人员的违法失职行为，致使他或他的亲属的合法权益受到损害时，有权向有关国家机关申述理由，提出改正或撤销决定、判决或赔偿损失的请求。

六、协商签约权

协商签约权主要包括两个方面：一是毕业生与用人单位平等协商签订就业协议书。我国相关法律规定，合同当事人的法律地位平等，一方不得将自己的意志强加给另一方。二是毕业生与用人单位平等协商签订劳动合同。根据《劳动法》的规定，订立和变更劳动合同，应当遵循平等自愿协商一致的原则，不得违反法律、行政法规的规定。

第二节 常见的就业陷阱

每到毕业季，大学毕业生都要面临就业的选择。面对越来越严峻的就业形势，他们找工作越来越难，想要找到与专业匹配度高、薪资待遇好的工作更是难上加难，很多毕业生在海量的招聘信息前困惑迷茫，不知道该如何对行业、职业、岗位进行选择。而在找工作的过程中，有些不法分子利用大学毕业生急于找工作的心理，设下了就业陷阱，让人防不胜防。下面为大学毕业生介绍几种常见的就业陷阱。

1. 薪酬诱惑陷阱

高薪酬很容易吸引求职者的目光，但过分注重薪水往往会忽略其他重要因素，如工作环境、福利待遇等。低起点高压力的薪酬可能会对大学毕业生的工作生活造成负面影响，而忽视自身情感感受的工作则无法持久发展。

2. 职业曲线限制陷阱

将注意力过分放在赢得晋升和地位的竞争上，一味追求职业晋升往往会忽略自己的兴趣和长远发展。如果缺乏职业发展规划，过于追求表面上的权力和待遇，而忽视技能的积累和能力的提升，则会对个人职业生涯产生负面影响。

3. 社交认同陷阱

在工作中，过于注重与同事之间的社交关系，而忽视个人潜能的培养。以社交关系为主导的就业决策容易使大学毕业生的工作岗位与内在激情和长远发展目标不一致。

4. 短期就业陷阱

追求短期利益而忽略职业规划的一致性则往往会让大学毕业生陷入短期就业陷阱。长期来看，从事与自身兴趣和激情相符合的工作对大学毕业生的个人成就感和职业满意度都将具有积极的影响。

5. 表面诱惑陷阱

不要太注重表面上看似完美的职位，不要被公司品牌、排名等因素迷惑。内外认同匹配是大学毕业生职业发展的重要因素，必须权衡自身利益、能力、兴趣和需求，做出合理的抉择。

6. 人际关系困局

工作环境中的人际关系会对大学毕业生的职业发展产生深远影响。如果工作环境中存在激烈的内斗、人事变动频繁等问题，大学毕业生职业发展的空间将受到限制。

7. 单一能力职业陷阱

如果大学毕业生只有一项专长，则会面临职业市场需求变动的风险。随着技术的发展和职位需求的改变，多元化的技能和知识将给予个人更大的职业选择空间。

8. 忽视自身价值陷阱

大学毕业生忽视自身的能力和价值会对自己的职业发展产生负面影响。对自身价值缺乏认识将使大学毕业生难以找到真正能够激发热情和动力的工作，从而制约个人长远的职业发展。

通过了解并规避这些典型的就业陷阱，大学毕业生可以更好地规划个人职业发展，找到符合自身能力和价值观的工作岗位，并实现个人和职业生涯的长远目标。

第三节　如何识别就业陷阱

大学生识别并防范就业陷阱应做到以下几点：

（1）拒绝缴纳各种名义的费用。任何招聘单位，以任何名义要求求职者缴纳抵押金、服装费、产品押金、风险金、报名费、培训费等，都属于违法行为。

（2）不要相信到外地上岗、到外地企业或到国外打工，或到某外地分公司、分厂、办事处的高薪招聘。无论其待遇多好，求职者都要保持清醒的头脑和高度的警惕，不要轻信他们的口头许诺，以免吃大亏，被骗工、骗钱，甚至被人贩子骗卖。

（3）不要将重要的证件作为抵押。不要将自己的身份证、学生证、毕业证等重要证件用作抵押。有的用人单位以保证大学生实习时间等为由扣留其证件。根据相关的规定，任何单位都不能扣押证件。

（4）掌握劳动法规和相关政策。大学生应主动学习一些劳动法规和相关政策，提高自己的求职素质和独立思考的能力。

（5）多种途径了解公司的背景。在大学毕业生正式进入公司之前，应设法加强对企业的了解以免误入骗子设下的陷阱。比如，上网查找该招聘单位的相关资料，以及招聘单位的营业执照等相关证件；正规单位的招聘一般会设在单位办公室或会议室，对一些以租用房间作为招聘地点的单位需要警惕。牢记工商部门咨询电话“12315”、谨慎签订劳动合同。与用人单位签订合同时要注意“三看”：一看工商部门的登记及企业注册的有效期限，否则所签订的合同无效；二看字句是否准确、清楚、完整，不能使用缩写、替代或含糊的文字表达；三看劳动合同是否有必备的内容。劳动合同的一般内容包括合同期限、工作内容、劳动条件和劳动保护、劳动报酬、劳动纪律、劳动合同终止的条件、社会保险和福利待遇、违反劳动合同者应承担的责任、双方认为需要规定的其他事项。其中前8项为法定条款，必须具备；第9项为协商条款。

第四节　大学生就业权益维护

一、大学生的就业权益

大学生在就业过程中拥有一系列基本权益，这些权益保障了他们在求职和就业过程中的合法权益不受侵犯。以下是大学生就业权益的主要内容：

（1）就业信息知情权。大学生有权及时、全面地获取应当公开的就业信息，包括但不限于岗位需求、薪资待遇、工作环境等。

（2）接受就业指导权。大学生有权接受来自国家、社会和学校的就业指导与服务，帮助他们在就业过程中做出正确的选择。

（3）被推荐权。大学生享有被学校及时、公正、如实推荐到用人单位的权利。

（4）平等就业权。在就业过程中，大学生应受到公平对待，不得因民族、种族、性别、宗教信仰等受到歧视。

（5）就业选择自主权。大学生有权根据个人意愿和实际情况，自主选择就业岗位。

（6）择业知情权。大学生有权了解用人单位的主体资格、劳动岗位、劳动条件、劳动报酬及规章制度等情况。

（7）违约求偿权。一旦三方协议签订，任何一方都不得擅自毁约和违约。

（8）劳动合同权益。大学生享有与用人单位签订书面劳动合同的权利，合同中应明确工作内容、工作条件、工作时间、劳动报酬等条款。

（9）社会保障权益。大学生在就业后有权享受国家规定的社会保障待遇，如养老保险、医疗保险等。

（10）劳动保护权益。大学生在就业过程中享有劳动保护的权利，用人单位有责任为其提供安全、健康的工作环境。

为了保护这些权益，大学生需要具备以下意识：

（1）诚信意识。在求职和就业过程中保持诚信，不欺骗、不作假。

（2）法律意识。了解相关法律法规，明确自己的权利和义务。

（3）契约意识。认真对待就业合同，遵守合同规定。

（4）维权意识。在权益受到侵害时，要敢于并善于维权。

（5）证据意识。在求职和就业过程中，注意收集和保留相关证据，以便在发生纠纷时维护自己的合法权益。

二、大学生如何维护就业权益

大学生的就业权益是其顺利就业的重要保障，了解和行使这些权益，有助于大学生在求职和就业过程中避免不必要的困扰，更好地实现个人价值。大学毕业生在求职择业及上岗成为新职业者的过程中，依法享有不容侵犯的就业权益。但是在现实中，毕业生的就业权益经常受到有意或无意的侵犯，既损害了毕业生的利益，挫伤了毕业生服务社会的积极性，也影响了毕业生的职业发展前程。因此，大学生在求职与见习的过程中，应该时刻注意对自身合法权益的维护，以便能够顺利择业、愉悦上岗并在将来的工作中有所建树。那么，大学生应该如何维护自己的权益呢？

（一）端正求职心态

大学毕业生在首次就业过程中，一定要时刻保持清醒的头脑，了解和掌握就业方面的知识和政策，并严格按照程序办事，使自己的合法权益得到充分的保障而不致轻易受到侵害。

大学毕业生求职时，往往会出现焦虑、浮躁和盲目的心态，从而直接影响他们在维护合法权益方面的态度和表现：或为利益不惜委曲求全，或被花言巧语诱骗而轻信对方。虽然不是一次就业定终身，但如果首次就业就令自己的权益和身心都受到伤害，则必然会给自己未来的发展带来不小的负面影响。

（二）掌握政策学习法律

在求职、择业、签约之前，一定要全面了解和掌握大学毕业生就业政策，做好相关法律法规的知识储备。如此才能在应聘和签约时保持头脑清晰，及早识破不法单位设下的陷阱；才能懂得如何通过合法的途径和手段解决就业过程中出现的问题，最大限度地保护自己的正当权益。

（三）全面了解用人单位

大学毕业生享有全面、真实了解用人单位的知情权。签约前，大学毕业生应该尽量多方面打听、了解用人单位的运作状况、招聘信誉、用人意图、岗位职责及企业文化等情况。如果有可能，最好实地考察工作环境，尤其是对完全陌生的单位，应未雨绸缪，将未来实际就业中权益受侵害的可能性降至最低。

（四）学习劳动法规

初涉职场的大学生面对纷繁复杂的社会，在注重调节职业适应的同时，不要忽略对自己合法权益的保护，以免给自己职业生涯的发展造成不必要的阻滞和损失。

我国《劳动法》《企业劳动争议处理条例》及各地方性的劳动合同管理规定，是调整劳动关系、签订劳动合同、解决劳动争议最基本也是最常用的法律法规，大学毕业生在实际就业之前应对这些法律常识有所了解。

（五）重视劳动合同

如何签订劳动合同，关系到大学毕业生在实际就业过程中合法权益能否得到充分的保障。

一要及时签订。到单位报到后，大学毕业生应尽快与用人单位签订劳动合同，使双方的劳动关系能以法律的形式确认，使劳动者的合法权益能得到及时的保护。

二要逐条细看。对劳动合同的内容，大学毕业生要仔细分析，权衡利弊，切忌盲目签字。对模糊词句要提出质疑，对不平等条款要敢于指出，对不公平合同要坚决拒签。

三要保存证据。签订劳动合同后，大学毕业生也要持有一份合同，作为享受权利、履行义务及处理劳动争议的依据。

（六）善用救济方式

掌握合法的维权手段是解决合法权益受损最有效的途径。一旦在实际就业中自己的合法权益受到侵犯，就应该积极运用法律武器，通过申请调解、仲裁、诉讼等合法途径维护自己的正当权益。而对于用人单位一般的违规行为或争议不大的问题，劳动者可以先与用人单位协商，也可以向该单位所在的区县劳动保障监察机构举报，让劳动保障监察部门对其进行监督检查和处罚。

如果大学毕业生在实际就业中遇到劳动保障方面的问题还可以及时拨打劳动保障公益服务专用电话，咨询劳动保障的政策，获取有关的信息，更好地维护自己的合法权益。

三、大学生职场维权常识

（一）签订三方协议

大学毕业生离开学校，进入职场，首先要签订三方协议。进入公司以后，要与用工单位签订劳动合同，受到《劳动法》的保护，遇到问题时要学会拿起法律武器保护自己。

三方是指学校、企业、毕业生三方。三方协议是“全国普通高等学校毕业生就业协议书”的简称，它是明确三方在大学毕业生就业工作中的权利和义务的书面表现形式，能解决应届毕业生的户籍、档案、保险、公积金等一系列相关问题。三方协议在大学毕业生到单位报到、用人单位正式接收后自行终止。

（二）就业协议不能取代劳动合同

三方协议签订后不是万事大吉，接下来还要与企业签订劳动合同。劳动保障部门指出：就业协议和劳动合同是两个不同的概念，单位一旦和求职者确立了劳动关系，就应依法签订正式的劳动合同；应当订立劳动合同而未订立的，劳动者可以随时终止劳动关系。

（三）找兼职警惕安全问题

在校大学生兼职不能盲目，应警惕各种安全问题。

1. 人身安全

大学生应当建立自我保护和心理防范意识，既不要轻信一些网上兼职的招聘信息，也不要轻信路边张贴的各类小广告，尤其是招聘材料抄写员、押运员等所谓高薪岗位，其多为虚构职位，切勿上当。

2. 财产安全

应聘过程中一旦公司提出要先交纳费用就要引起重视，并坚决予以拒绝。若已经交费上当，则要向单位索取收据凭证，保留相关证据，并及时向劳动保障监察机构投诉，避免因单位事后转移，追讨无门而造成损失。

3. 信息安全

加强个人信息保密，不要随便提供个人的所有联系方式，一般留下手机号和电子邮箱即可；对于各种渠道尤其是网上兼职的招聘信息，务必核实，不要轻易填写翔实的个人信息，尤其不要抵押自己的身份证。

大学生找兼职，建议选择有一定知名度的大中型企业，这样除了可以锻炼自己的能力，还可以在人身安全和薪酬福利上得到应有保障。

（四）慎重签订协议

在与用人单位签约时，落笔要慎重，应仔细研究就业协议及其补充协议中的条款，确认合理合法后再签字；重点注意试用期及违约条款的约定；尽量不要在协议中留下空白条款；对用人单位的口头承诺要尽可能在补充协议中予以注明，并明确将来签订劳动合同时须对此予以确认。

（五）敢于据法力争

如果在求职应聘和签订协议的过程中发现有权益受侵害的不公平现象，不要因害怕失去就业机会而忍气吞声，要学会积极运用法律武器，力争自己的合法权益。加强维权意识，是阻止侵犯大学毕业生就业权益现象泛滥的根本途径。

案例

案例一：职场陷阱——大学生遇到黑中介怎么办

一、背景与概述

2023 年暑假的一天，一名大二的学生打来电话说：“老师，我们找工作时被骗了 700 元钱……”听到这里，我马上意识到了事情的严重性。原来这两名学生暑假没有回家，而是去潍坊市某人才市场找兼职工作，一是为了挣点钱，二是为了积累工作经验。他们连续几天都在人才市场附近关注招聘信息，但是一直没有找到合适的工作。正当他们有些灰心的时候，看到了某中介公司的招聘广告，便前去咨询。在那里，该中介公司的工作人员先让他们各自填写了一份申请表，然后让他们每人交200元的中介费，并承诺3天后安排工作。两名学生初次应聘，加上几天都没有找到工作，心里比较着急，所以听到中介公司能介绍工作，自然比较高兴。虽说这200元的费用有些不合理，但他们考虑到不能因为200元钱而失去工作的机会，于是当场就把钱交了。3天过后，两名学生再次来到该中介公司。工作人员仍然很热情地接待了他们，并把他们带到附近的一家公司，说是安排他们在该公司实习。没想到这么快就能上班了，两人还挺高兴。快下班时，一位工作人员向他们收取150元的服装费，说是公司要求统一着装，每个人都必须购买。两名学生当时也没多想，就交了钱。可是第二天，当他们再次来到这家公司上班时，却是人走房空，见不到该公司的任何人了。此时，他们才感到事情不对劲儿。于是，他们找到那家中介公司，问自己工作的公司为什么没人了。中介公司声称他们也不清楚。当两名学生要求退还150元服装费时，中介公司根本不予理睬，说那些钱不是他们收的，与他们无关。这时，两名学生才意识到自己受骗了。

黑中介就是利用求职者特别是大学生求职心切、没有太多社会阅历的特点，才屡屡得手。他们骗到求职者的钱后马上转移，骗一个是一个。当时我刚从事辅导员工作，也是第一次接触到此类事件。电话中我马上让这两名学生先回学校，把详细情况说清楚，因为单凭他们的力量是解决不了这种问题的。然后，我向系主任报告了此事，共同商讨解决办法。

二、分析与应对

（一）问题分析

此案例反映的是大学生求职过程中遇到黑中介，导致其上当受骗，产生就业恐慌、不自信的问题。那么亟待解决的问题如下：

（1）如何帮助他们追讨被骗的钱，避免其陷入经济压力的旋涡。

（2）如何帮助他们树立正确的工作观念，摆脱这次就业带来的不良情绪。

（二）组织实施过程

1．报警处理难度大，教师带队积极挽救损失

与系领导沟通后，我决定先向公安部门报警。于是，我带着两名学生来到派出所，向警方说明了情况。原来，派出所最近也接到过几起类似的案件，他们正在做进一步的调查。民警先让两名学生在派出所立案，然后回去等消息。其实，公安部门也很难处理这类案件，虽说是诈骗案件，可是涉案金额太小，而且还需要工商、劳动等部门配合，所以很难将他们一网打尽，以致此类事件屡禁不绝。遇到这种情况，求职者往往也只能自认倒霉。

了解到这些情况后，我意识到即使报了案，问题一时半会儿也难以解决。为了尽快挽回学生的损失，我向系领导汇报了自己的想法：既然警方不能马上解决

问题，那么我们就亲自找黑中介讨说法。系领导认可了我的想法，决定由我带一名学生干部及被骗的两名学生，以学校的名义去找中介公司理论。去中介公司之前，我上网查找了相关的法律法规，了解到招聘方不应以各种理由向应聘者收取任何费用。到该中介公司后，我们提出的条件是退还两名学生各自的350元钱。刚开始，该中介公司说学生实习时发生的事与他们无关。我说道："我是代表学校来跟你们交涉的，按国家相关规定，招聘方是不能向应聘者收取任何费用的。如果你们不退还非法收取的费用，我们将向相关部门反映。"经过激烈的谈判，中介公司最终同意退还两名学生各自的350元钱。后来，听说该中介公司被相关部门查处，得到了应有的惩罚。

2．召开班会培养防范意识

显然，层出不穷的黑中介是无法在短时间内被完全查处的，要避免误入招聘陷阱，除大学生自身需要加强防范意识外，学校也应该加大对学生的就业指导工作力度。

这件事后，我专门召开了针对该事件的主题班会，决定用这件事教育大学生警惕职场陷阱。我还从网上查找了大量的相关案件，如用人单位把"试用期"改成"实习期"、骗取求职者个人资料牟利等，举办专门的图片展，向全院学生介绍求职过程中常见的欺诈行为。

辅导员在对大学生进行就业指导时，职场陷阱这一课一定不能少，我们要把就业指导工作做在前面，将一些鲜活的事例告诉他们，时刻提醒大学生谨防受骗。如果真的发生了类似事情，辅导员也要勇敢地站出来，维护他们的合法权益。经历过这件事情后，每年给学生开班会的时候，我都会拿发生在身边的案例教育他们，增强他们对黑中介的防范意识。两年来，我所带的大学生再也没有遭遇过类似的事情。

三、工作成效及反思

当下，随着社会的日益发展，社会竞争也愈加激烈，大学生就业形势日趋严峻。刚走出校门的大学生由于涉世不深、社会阅历较浅，面对复杂的社会现象辨别能力不强，于是一些利欲熏心的黑中介就将目光瞄上了他们。回顾整个事件过程，我对自己的工作进行如下反思和总结。

1．迅速介入，采取正确途径

在得知两名学生受骗后，我迅速了解详细情况，并采取正确有效的途径帮助两名学生追回了被骗的700元钱，使黑中介得到了应有的惩罚。这给我们在教育学生、处理事情等方面带来不少启示。

2．联系实际，加强法律教育

在实际工作中，辅导员要重视对大学生增强法律意识与维权意识的教育，提高他们的分析辨别能力和自我防范能力。同时，辅导员还要加大对大学生就业指导工作的力度，采用主题班会、现场模拟、讲座报告、案例分析等方法，把就业指导工作做到前面，做实做细，让学生多了解和掌握一些求职就业的本领和防骗维权的方法与技能。

案例二：求职前，先挖掘真实的自我——大学生对跨专业就业不自信怎么办

一、背景与概述

小王是一名护理专业的大三女生，自入学起便担任班级团支书，还曾先后在学生会担任文艺部干事、文艺部副部长、学生会团总支副书记等职务。她的工作能力强，学习成绩中等。因为工作的缘故，我们接触较多。即将毕业，谈起就业情况，她告诉我："虽然我很喜欢护理专业，但并不想到医院工作，而是想从事贸易工作。不过，我的英语基础不好，这让我无法确定发展的方向。眼看毕业一天天临近，面对严峻的就业形势，我感到很迷茫也很着急。"

二、分析与应对

（一）问题分析

小王的问题实际上是对自己的职业目标不明确。根据职业生涯辅导理论，确定职业目标的前提是认识自己、认识职业和社会发展趋势，遵循人职匹配的原则，进行合理的职业定位，制订可行的行动计划。

（二）组织实施过程

我拟从以下几方面对小王进行引导。

1．帮助小王客观认识自我

我先让小王介绍一下她的家庭背景及其对自己成长的影响。小王来自内蒙古地区，爷爷是一名教师，从小就教育她要明辨是非、自食其力、自强不息，不能因为自己是女孩子而依赖别人。同时，她还列举了周围人对她的评价：老师们普遍认为她做事踏实负责，有效率、有魄力，适合做管理类或营销类的工作；同学和朋友们认为她比较能干，有主见，以后可以成为管理者；业余时间她喜欢设计制作一些布艺品和服装，有的同学说她心灵手巧，不去做设计可惜了；学生会的同学都愿意与她合作，比她小的同学都亲切地喊她"王姐"。

为了引导小王进行客观的自我分析，清楚地认识自身的优势和弱势，我建议她用学校提供的朗途测评软件进行职业测评，结合职业测评结果了解自己的职业兴趣、职业能力、性格特质、价值观等，发现潜能，拓展择业思路。

经过朗途测评软件职业兴趣测试，她的前三项职业类型分别是管理型、社会型、艺术型。这和她的具体情况比较符合：自小学起她就一直担任学生干部，并且积极组织和参加各种学生活动，有良好的组织与沟通能力，能细致、全面地思考问题，有号召力，并且有较强的创造力；对于制作手工艺品方面有极浓厚的兴趣和不错的天分，她设计制作过十字绣手袋、壁挂、T 恤、裙子等，其理想是拥有自己的设计工作室。

小王的个人风格及职业个性特征测评结果为外向、感觉、情感、直觉型。这表明她精力充沛、热情洋溢、富于冒险精神、自信，总是看到事情积极的一面，喜欢从事有挑战性的工作，而且她善于辞令，尤其适合做推销工作和领导工作。职业价值观测试表明，她渴望拥有一片自己的天地，可以自由地、无拘无束地创造人生价值；注重自己的专项才能，有广博的创意，希望服务他人；独立性强，有强烈的成就动机；思维活跃、富有创意，重视他人的感受与价值，做事目标明确，有强烈的

发展、提升意识；将来进行与自己专业相关的创业也是合适的。

2. 引导小王进行职业探索

我建议她通过学校就业部门、导师、校友、网络、企业调查等方式对专业知识结构、纺织行业的现状与发展趋势、以往本专业毕业生就业去向，以及毕业后所从事的职位要求等方面进行了解和分析，从而了解自己能够从事的职业群。通过分析，到贸易公司或企业做跟单员的工作很适合她，她也非常感兴趣。跟单员是指在企业运作过程中，以客户订单为依据跟踪产品、服务运作流向的专职人员。根据工作重心不同，一般分为生产跟单和业务跟单，无论哪一种，都几乎涉及企业的每一个环节。所以，跟单员需要具备较强的分析能力、预测能力、表达能力、专业知识、协作能力、交际能力、谈判能力、管理与推销能力等。小王有不少的师兄、师姐在从事跟单员的工作，我安排她找合适的学长进行一次生涯人物访谈，深入了解跟单员这一工作的相关情况。

3. 根据职业分析结果，按照人职匹配的原则，帮助小王明确就业目标和发展路径

小王设定的长期目标是自主创业，打造一个自己的家纺或服装品牌。阶段性目标及发展路径是跟单员—业务主管—业务经理—创业。同时，我告诉小王，实现目标的过程就是缩小差距的过程，并和她一起分析目前的状况与实现目标在观念、知识、能力等方面的差距，以及如何采取有效的行动制订和实施计划，尤其是短期计划。

小王通过对自我和职业追求的分析，其职业目标越来越清晰，对自己将来所从事职业的发展有了信心，她积极主动地参加相关社会实践，并重点补习英语。毕业后，她通过信息收集和老师的介绍，到对口公司做了40天的实习跟单员。这家公司是一家外资公司，总部在芬兰，目前在国内只有郑州一家分公司，以出口纯绒、丝绒、混绒等中高档服装为主要业务。经过40天的跟单员实习工作，公司对她的工作能力和业绩很满意，主动提出接收她到公司工作，起薪4 500元/月，并有出国学习的机会。小王在毕业之前就找到了满意的工作，她表示一定会通过学习和经验积累，创办自己的公司或工作室，打造自主品牌。

三、工作成效及反思

职业是个人满足自身需求的媒介。个人需求的满足，特别是高层次需求的满足与个人通过从事一定的职业对社会的贡献紧密相连。由于每个人都有自己的特性，并在需求上存在差异性，因此每个人的职业倾向是不同的，从事某个特定职业的潜力也是不一样的。通过职业规划，可以把“我想做的事情”与“我能做的事情”有机结合起来，在客观分析自身和外界环境之后，制订出科学可行、个性化的方案，并加以实施，将自己的优势得到最大限度的发挥，需求得到最大限度的满足。导师正是根据职业生涯辅导理论，引导大学生进行自我和职业的分析，使其有了清晰的职业目标和职业发展的信心，成功解决了大学生的困惑。

很多学生由于在基础教育阶段的习惯，在成长的过程中重分数、轻自我探索，目标意识淡薄，进入高校后会产生茫然感、不安全感，对自身的职业生涯没

有规划，定位不清晰，没有为自己确立合理目标。面对这些大学生，通过职业规划促使他们自我觉醒，进行自我定位，尽早明确人生目标，帮助其实现职、趣、能相匹配是十分必要的。

案例三：培养大学生签订合法劳动合同意识，引导大学生依法维护自身的合法权益

一、背景与概述

小张同学被一家医院录用为实习生并签订了相关协议。按照协议要求，小张的试用期为6个月，只要他在试用期内完成好相关的工作，医院承诺试用期过后正式聘用他为该医院工作人员。但是，小张在试用期内认真表现，并依据相关协议完成工作后，仍未收到该医院的转正录用通知，也未与实习单位签订任何劳动合同。小张认为医院的行为违反了协议规定，侵犯了个人利益，在与辅导老师沟通后，他想通过法律的手段来维护自身的合法权益。

二、分析与应对

面对层出不穷的职业陷阱，学校要把就业指导工作做在前面，将一些鲜活事例讲给大学生，时刻提醒他们谨防受骗。

1. 审查试用期范围

若用人单位签订的合同或者约定的试用期超过法律规定的试用期限，则用人单位已错过了试用期的特权，不能再以不符合录用条件为由辞退劳动者，否则用人单位将违反相应法律的规定，劳动者既可以要求恢复劳动关系，也可以要求给予代通知金和经济补偿金。

2. 自我检查是否有法律规定的合法辞退情形

《劳动合同法》第三十九条规定了6种用人单位合法辞退劳动者的情形。如果符合6种情形之一的，用人单位可以解除劳动合同。除此6种法定情形外，用人单位均不得在试用期内解除与劳动者的劳动关系。

3. 审查用人单位试用期辞退的程序是否合法

法律虽赋予了用人单位在试用期内依法解除劳动合同的权利，但也需遵循相关的程序规定，不得随意辞退劳动者。

三、工作成效及反思

辅导员在对大学生进行就业指导时，职业陷阱这一课一定不能少，应加大对其就业指导工作的力度，利用主题班会、现场模拟、讲座报告和案例分析等方法把工作做实做细，让大学生多了解和掌握一些求职防骗、维权的方法和技能。

1. 培养学生在试用期前签订合法劳动合同的法律意识

试用期是用人单位和劳动者协商确定的劳动合同内容之一。按照规定，用人单位与劳动者之间，自用工之日起即建立劳动关系，建立劳动关系就应依法订立劳动合同。因此，劳动者与用人单位签订劳动合同的时间应在试用期之前。

2. 提醒学生预先了解企业基本情况

前期的准备工作可以帮助大学生掌握核心的信息，如咨询在该单位工作的学

长、学姐或是熟识的人士，探听其是否存在试用期后未签约的情况，衡量实习的风险与收益。

3. 引导大学生依法维护自身的合法权益

如果用人单位在试用期内辞退劳动者，未能履行法律规定的义务，劳动者可依据《劳动法》《劳动合同法》的规定，向劳动监察部门举报，在其对用人单位的行为进行查处的同时，应注意保护自身的合法权益。如果与用人单位协商不成，可申请劳动仲裁，用法律的手段保护自己。

案例四：升本与就业的博弈——大学生对升本还是就业产生困惑时怎么办

一、背景与概述

大学专科毕业生要面对这样一个选择：升本还是就业。对于那些学习成绩比较好的学生来说，选择升本的愿望特别强烈，而另外一些观望的同学在受到这些同学的影响之后，也会跟风选择升本，结果往往是班级中选择升本的学生比较多，超过了合理的比例。有些不适合升本的学生也盲目地选择升入本科院校，结果在学习过程中出现了许多困难，导致学业不能顺利完成，白白地浪费了金钱和时间。在本科毕业时他们又面临着更大的就业压力，这样的选择实在是得不偿失。为了避免这种情况的发生，辅导员在学生临近毕业时应给予合理的指导，解决他们的困惑，帮助毕业生合理地分流。

中医班白同学的经历就是一个典型的例子。他的学习成绩不错，在班级中一直名列前茅，自进入校门的那一刻起，他就一门心思为升本做准备。大三上半学期，一个偶然的机会，他把简历投到一家企业，被该单位相中，拟与他签订就业协议。该单位是一家国有大型企业，效益好，有科研氛围，和白同学的专业也比较对口。白同学面对这样好的机会，举棋不定：想就业，但是父母不同意，要求他继续升本；若升本，弟弟和妹妹就要面临失学外出打工的风险。他考虑了一个晚上拿不定主意，不知道到底是该就业还是该升学。两难的选择折磨着他，于是他找到我帮助他解决这个问题。

二、分析与应对

此案例反映的是家庭经济困难学生在面对升学、就业时的抉择问题，那么针对需要解决的问题我对他从以下方面进行了开导。

虽然白同学的成绩很好，但是兄弟姐妹比较多，而且他的父母年龄偏大，家庭经济条件不是很好。如果听从父母的建议升本，在读本科期间还要花费近3万元的学费，这么高昂的学费对于他这样的家庭来说是沉重的负担。即使依靠助学贷款也只能解决学费的问题，生活费照样要靠父母支付，这样的话，弟弟、妹妹就可能辍学了。况且，两年后的就业形势将更加紧张，本科毕业后可能找不到这样好的工作。而提早就业，不仅能够把所学的专业知识运用到实践当中，还可以在实践中学习，丰富自己的知识、完善自己的知识结构，及早占领行业的制高点，同样能够实现远大的人生目标。因此，我建议白同学尽早就业，帮助家庭摆脱困境，进而使弟弟和妹妹完成中学学业。

通过我的对比分析，白同学接受了我的建议，当天下午就同那家企业签订了就业协议。这样一来，他既实现了就业，又没有耽误学习和专业研究，做到了双赢。最近，他专门抽出时间来到学校，感谢我对他的帮助。通过交谈，我了解到，他在短短的一年时间里已经成为单位的技术骨干，设计了新产品，为单位创造了几十万元的效益。这位曾经面临困境的学生谈吐间流露出自信与自豪。

三、工作成效及反思

马克思说过，物质是基础，人们的所有行为都要建立在一定的物质基础之上。就业指导工作也不例外，专科毕业生选择就业还是升本也要看物质基础。对于毕业生来说，哪些条件是物质基础呢？我个人认为，它包括两个方面：一是家庭的经济状况，二是个人的素质。在这两个条件当中，家庭经济状况的重要程度大于个人的素质，因为个人的发展离不开家庭的支持，没有稳定的经济基础，又何谈个人素质的提升呢？如果家庭的经济状况比较好，就是有了一个坚实的经济基础作支撑，加上个人的专业基础比较好，对学习又比较感兴趣，同时拥有这两个条件的学生可以考虑专升本。相反，如果遇到更复杂的情况：个人的素质不错，但是家庭条件不好；家庭条件很好，但是个人对学习不是很感兴趣；等等，就要把家庭的经济状况作为首要考虑的因素，然后根据具体情况指导毕业生选择升学还是就业。

升学，还是就业？确实是一个两难问题。例如这道“鱼与熊掌”的选择题就摆在了即将毕业的白同学眼前：选择升学，可能弟弟妹妹就要面临失学的危险；选择就业，就会违背父母的意愿。其实这种徘徊与抉择也是相当一部分毕业生面临的困惑，具有普遍意义。

在帮助学生成功解决两难抉择时，首先，良好的师生关系是辅导员开展工作的一把“金钥匙”。其次，辅导员只有具备一定的沟通能力，才能与学生建立起有效的人际关系，让学生敞开心扉，从而开发其内在的潜力和各种资源，培养他们成才。

案例五：绽放青春风采——大学生干部对就业没有自信怎么办

一、背景与概述

年味儿还没消散，我便投入到紧张而繁忙的学生工作中。每每想着自己在为一群朝气蓬勃的学生服务，心中便产生许多的满足感。开学两周过去了，我像往常一样，周一开早例会，各年级辅导员清点人数，布置一周的工作。我走在去办公室的路上，和辅导员聊着毕业班的学生到校情况。我很好奇怎么开学以来一直没见过王同学呢？假期里，我还因为收集国家奖学金获得者的先进事迹材料多次和她打电话沟通交流，可是开学两周过去了，却一直没有看见她。王同学是一名非常优秀的学生，她从普通的学生会干事到学生会主席，在学习、工作、体育等方面表现突出，特别是在专业技能方面，中医操作技能水平高，擅长针灸、推拿等。班长说她已经来报到过了，只是最近情绪有些低落。所以我决定找她聊聊。

当她走进办公室的一刹那，我发现她似乎变了，原本明亮、自信的眼神充满着忧郁、沮丧与迷茫。“开学两周了，忙什么呢？”我亲切地问，“来，坐沙发上。”听到我的话，她没有回答，只是默默低着头坐下，两手还放在腿上一直不停地搓着。我走到她身边坐下来，轻声问道：“怎么了，最近是不是有什么心事？”她抬头望了我一眼，然后又低下头用哽咽的声音说道：“老师，我最近郁闷死了，不知道下一步如何面对？不知道自己将来能干什么？”“怎么会有这样的想法呢？”我听了她的回答感到有些惊讶。她说：“前一段时间我报了几次医院的招聘考试，连笔试都没有通过。我真的怀疑自己的能力和知识是否能适应这个社会。”“在学校获得的那些荣誉和学到的专业操作技能，我感觉作用不大，社会能认可我吗？”听到这里，我心里有些明白了，我说：“你要相信自己在学校的积累和锻炼，作为一名学生干部，你比其他同学更有优势。”“谢谢老师的培养，可是我从学生会主席位置上退下来后，重新做一名普通学生使我感到很迷茫，仿佛又回到了大一那个懵懂无知的时候。”她沮丧地说道。我微笑着对她说：“这个时候你就要学会调整自己的心态，全面地认识自己，提高自身承受挫折的能力……”

二、分析与应对

从她的话语中可以感受到，她的心理落差非常大，再加上几次考试失败，她接受不了这个现实，使她内心产生了挫折感和失落感。在王同学的心里，在校时的成绩与荣誉只是过去，未来能否得到社会的认可，却十分忐忑，面对理想与现实的冲突，她感到不知所措。

了解到这些，我明白了她困惑与无助的原因。这时我想到，像她这样在大学期间表现十分优秀的学生，在走向就业的道路上都能遇到这么大的心理挫折，那么其他同学肯定也会遇到同样的问题，甚至可能比她的更严重。我告诉她：“偶尔的失意是正常的，关键是不能放弃自己，大四是从学校走向社会的过渡期，应该学会时刻接受生活的改变。一要学会客观地评价自己，调整心态，不能因为一两次的失利就产生挫折感，尤其你作为一名党员，更要在大四这个关键时期起到模范带头的作用，面对困难要正确认识自己，树立正确的态度。二要学会正确归因，提高自己的挫折承受能力，学会感恩，提高自信心。虽然退出了学生会的舞台，但是你作为一名普通同学更要积极地配合班级和院系的工作。三要树立正确的就业心态，明确奋斗目标，执着追求。一个有远大目标和理想、生活充实的人决不会轻易地被打败。”

我们的谈话持续了一个多小时，在交谈即将结束时，她站起来向我深深地鞠了个躬，说道：“谢谢您的关心和鼓励，放心吧，我一定会找回从前的我。我向您保证，我一定能走出心理的阴霾，绽放我的青春风采。”在她转身的一刹那，我们两个都流泪了。她流的是幸福的眼泪，是对未来的自信与努力；我流的是欣慰的眼泪，是对学生的祝福与期盼。

接下来的日子，她经常找我交流谈心，每次我都认真帮助她解决生活中遇到的困惑，一起分享成功的喜悦。尤其是在准备医院招聘考试期间，我们一起准备笔试和面试，从言谈举止到着装服饰，每一个细节我都帮她仔细地推敲，就业指导课上、办公室里都留下了我们努力的身影。随着时间的推移，她又恢复了往日的自信和活力，在某医院招聘的笔试和面试中，她均取得了第一名的好成绩。生活中的她也重新回到了朋友中间，校运动会上又看见她那阳光自信的笑脸和努力拼搏的身影。就业是大学生人生道路上的一个转折点，是从“自然人”走向“社会人”的一次历史性跨越，是对大学生综合素质，特别是心理素质的一次大检验。而随着大学毕业生就业制度的改革，供需见面、双向选择、自主择业的就业机制使大学生在心理上产生了强烈的震动。大学生涉世未深，缺少社会经验，自我调节能力差，心理容量小且脆弱，面对分配制度的改革，人才竞争的激烈，在就业过程中容易产生较大的心理压力和挫折心理，这成了一种普遍现象。

三、工作成效及反思

辅导员在大学生就业中发挥着重要的作用。作为大学生学习、生活的直接管理者和指导教师，辅导员与学生朝夕相处，彼此之间容易建立起深厚友谊，较容易走进大学生内心深处，赢得他们的信任。辅导员通过与学生的长期接触，能够掌握其性格特点与爱好特长，熟悉学生的心理状态，了解学生的思想状态、家庭背景、平时表现等。因此，辅导员可以根据每个学生的特点，开展个性化的就业指导，帮助其进行客观分析，正确认识自我，培养大学生符合个体情况的就业技巧，从而提高其就业竞争力。

作为学生干部的王同学求职受挫后，内心有较强的挫败感和失落感。此时，辅导员及时介入，抓住主要矛盾和关键症结，用爱心、耐心和细心，春风化雨般化解了王同学内心的困惑，将温暖的阳光洒向她的心田。最终，使她克服了困难、增强了自信，顺利地就业。

参考文献

[1] 高校毕业生等青年就业创业政策汇编［N］. 中国组织人事报，2023-05-30（4）.

[2] 潘永忠，刘华. 大学生职业生涯规划与就业创业指导［M］. 北京：中国协和医科大学出版社，2016.

[3] 宋云希. 识别就业陷阱　预防就业风险［J］. 湖南医科大学学报（社会科学版），2007，9（2）：85-87.

[4] 李志艳. 浅析大学生就业权益的维护［J］. 产业与科技论坛，2019，18（4）：33-34.

[5] 张硕秋. 大学生职业生涯发展与指导 [M]. 北京：清华大学出版社，2020.

[6] 杨金娥，李斌山. 大学生就业指导［M］. 北京：科学出版社，2009.

[7] 王瑛. 职业发展与就业指导［M］. 北京：高等教育出版社，2017.

[8] 郑文捷，杨磊. 新发展格局下，高校毕业生就业指导何去何从［J］. 中国大学生就业，2021（18）.

[9] 谢宝国，赵一君，杨光萍. 大学生涯规划与职业发展[M]. 北京：教育科学出版社，2016.